DE LA

RÉVISION DES PROCÈS

CRIMINELS ET CORRECTIONNELS

ET DES INDEMNITÉS A ACCORDER

AUX VICTIMES D'ERREURS JUDICIAIRES

Par

ANDRÉ SEVESTRE

Docteur en droit

Avocat à la Cour d'appel de Paris

PARIS

LIBRAIRIE MARESCQ AÎNÉ

A. CHEVALIER-MARESCQ & Cie, ÉDITEURS

20, RUE SOUFFLOT, 20

1899

RÉVISION DES PROCÈS

CRIMINELS ET CORRECTIONNELS

ET DES INDEMNITÉS A ACCORDER

AUX VICTIMES D'ERREURS JUDICIAIRES

DE LA

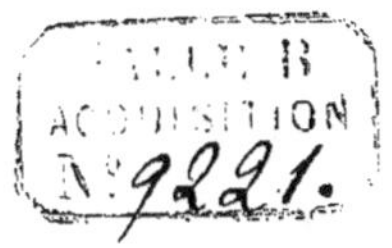

RÉVISION DES PROCÈS

CRIMINELS ET CORRECTIONNELS

ET DES INDEMNITÉS A ACCORDER

AUX VICTIMES D'ERREURS JUDICIAIRES

PAR

ANDRÉ SEVESTRE

Docteur en droit
Avocat à la Cour d'appel de Paris

PARIS
LIBRAIRIE MARESCQ AÎNÉ
A. CHEVALIER-MARESCQ & Cⁱᵉ, ÉDITEURS
20, RUE SOUFFLOT, 20
1899

ERRATA

Page 11, ligne 23, *lire* aussi *au lieu de* ainsi.

Page 32, note 1, ligne 1, *lire* obvier *au lieu de* obéir.

Page 39, ligne 16, *lire* passages *au lieu de* paysages.

Page 55, ligne 22, *lire* prenant *au lieu de* prenons.

Page 91, ligne 22, *lire* déclarait *au lieu de* déclarant

Page 100, ligne 20, *lire* passage *au lieu de* paysage.

Page 101, ligne 12, *lire* eût *au lieu de* est.

Page 114, note, ligne 1, *lire* au début de *au lieu de* au début ce.

Page 118, ligne 20, *lire* possible, dit le *au lieu de* possible, le.

Page 140, ligne 19, *lire* ne peuvent *au lieu de* peuvent.

Page 154, ligne 22, *lire* sur un vote *au lieu de* par un vote.

Page 173, ligne 3, *lire* le garde des sceaux *au lieu de* la garde des sceaux.

Page 180, ligne 9, *lire* 1895 *au lieu de* 1805.

Page 197, ligne 1, *lire* prouver *au lieu de* pouver.

Page 200, ligne 19, *lire* rétractation *au lieu de* rétraction.

Page 202, ligne 1, *lire* ramenait *au lieu de* ramènerait.

Page 206, ligne 20, *lire* élimination *au lieu de* élimitation.

Page 220, ligne 27, *lire* semblé *au lieu de* sembé.

Page 221, ligne 20, *lire* procédé *au lieu de* pocédé.

Page 222, ligne 17, *lire* ou *au lieu de* au.

Page 277, ligne 14, *lire* chapitre 14 *au lieu de* chapitre 54.

Page 298, ligne 15, *lire* estimons *au lieu de* estimions.

Page 347, ligne 26, *lire* les conditions et l'organisation *au lieu de* les conditions de l'organisation.

OUVRAGES CONSULTÉS :

Laboulaye. — Essai sur les lois criminelles des Romains. Paris, 1845, 1 vol. in-8.

Griolet. — Autorité de la chose jugée, 1868, 1 vol. in-8.

Accarias. — Précis de droit romain.

Henrion de Pansey. — De l'autorité judiciaire en France, 1827, 2 vol. in-8.

Chénon. — Histoire de la cassation. Paris, 1882, 1 vol. in-8.

Brillon. — Dictionnaire des arrêts, 1727, 6 vol.

Serpillon. — Commentaire sur l'ordonnance de 1670. Lyon, 1767, 2 vol.

Jousse. — Traité de la justice criminelle, 1771, 4 vol.

Muyart de Vouglans. — Institutes au droit criminel, 1757, 1 vol.

Soulatges. — Traité des crimes, 1762, 2 vol. in-8.

Rousseaud de la Combe. — Matières criminelles.

Michelet. — Histoire de France.

Henri Martin. — Histoire de France.

Esmein. — Histoire de la procédure criminelle.

Brissot de Warville. — Théorie des lois criminelles, 1781, 2 vol. in-8.

Merlin. — Recueil alphabétique de questions de droit.

Carnot. — De l'instruction criminelle, 1829-1830, 3 vol. in-4.

Le Graverend. — Traité de législation criminelle, 1830, 2 vol. in-4.

Tarbé. — Lois et règlements à l'usage de la Cour de cassation, 1840, 1 vol. in-4.

Faustin-Hélie. — Traité de l'instruction criminelle, 1867, 8 vol. in-8.

Dalloz. — Répertoire de jurisprudence générale, au mot cassation.

Bonneville de Marsangy. — Amélioration de la loi criminelle.

Jules Favre. — Mémoire pour la famille de Lesurques.

Delangle. — Réquisitoire dans l'affaire Lesurques, 1869.

Sirey. — Recueil général des lois et arrêts, année 1867.

Moniteur universel, 11 et 12 mai 1867.

Bernard. — Revue critique de législation, 1870.

Pascaud. — Revue critique de législation, 1888, p. 597.

Sevestre

Nicolas. — Revue critique de législation, 1888, p. 548.

Worms. — Compte rendu de l'Académie des sciences morales et politiques, 1884, t. CXXII, p. 653.

Gazette des Tribunaux. — Nos des 4, 5, 9, 11, 12 décembre 1897 (affaire Vaux).

Journal officiel. — 27 juin 1890 (affaire Borras) ; 31 décembre 1891, 6 janvier 1892, 25 février, 7 avril, 28 juin 1892, 18 novembre 1893, 10, 13, 14 février 1894, 3 mars, 31 juillet 1894 ; 11 et 28 février 1899, 1er et 2 mars 1899.

Péan. — Thèse, 1895. Paris.

Lemoine. — Thèse, 1896. Paris.

Jardin. — Thèse, 1897. Caen.

Mayer. — La question de la revision des procès criminels et correctionnels et des indemnités à accorder aux victimes d'erreurs judiciaires, 1894, 1 vol. in-8.

Berlet. — De la réparation des erreurs judiciaires, 1896. Paris.

Bulletin des arrêts de la Cour de cassation rendus en matière criminelle.

Le Poittevin. — Revue générale des prisons, 1895, p. 940 et 1242.

Journal des lois nouvelles, année 1896, p. 2.

Camoin de Vence. — Revue générale des prisons, 1894, p. 324.

De Krzymuski. — Revue générale des prisons, 1894, p. 806.

Réparation des erreurs judiciaires en Hongrie. Revue générale des prisons, 1896, p. 970.

Revue générale des prisons, 1895, p. 917 ; 1896, p. 3, 298.

Glasson. — Histoire du droit et des institutions en Angleterre, 6 vol. in-8.

Seligman. — Revue politique et parlementaire, juillet 1895, p. 94.

Boissonade. — Projet de Code de procédure criminelle pour l'empire du Japon, 1882.

Bertrand. — Traduction du Code d'instruction criminelle autrichien, 1873, 1 vol. in-8.

Annuaire de législation étrangère, années 1886, 1888, 1889, 1892, 1894, 1896, etc.

DE LA RÉVISION

DES PROCÈS CRIMINELS ET CORRECTIONNELS

et des indemnités à accorder

AUX VICTIMES D'ERREURS JUDICIAIRES

Dans toutes les législations parvenues à un certain degré
de perfection, il a existé, et il existe aujourd'hui encore un
principe, qui domine aussi bien les jugements criminels
que les jugements civils, c'est le principe de l'autorité de
la chose jugée. En matière civile, il faut qu'à un certain
moment les deux parties s'inclinent devant la décision de
la justice, sans pouvoir invoquer contre elle aucune voie
de recours : de même en matière criminelle, il faut que la
condamnation pénale devienne, à un moment donné, inat-
taquable. S'il en était autrement, les procès n'auraient plus
de fin : l'autorité des décisions de la justice serait nulle, s'il
suffisait toujours de prétendre que le juge a commis une
erreur pour remettre tout en question. Aussi de très bonne
heure dans l'histoire des législations admit-on ce principe,
que la sentence du juge doit être tenue pour vraie : c'est
ce que les Romains exprimaient par cet adage : *Res judicata pro veritate habetur.*

En matière civile, la nécessité de ce principe apparaît manifeste : sans lui, il n'y aurait plus aucune stabilité dans les fortunes, la propriété de chaque bien pourrait être l'objet de contestations sans fin. En matière pénale, les motifs qui ont fait admettre le principe de l'autorité de la chose jugée ne sont pas moins importants : « l'intérêt de la so-« ciété, le prestige indispensable au magistrat pour l'exer-« cice de sa fonction, la sécurité des acquittés, qui ne doi-« vent pouvoir être jugés une seconde fois pour le même « fait » (1).

Mais, il ne faut pas l'oublier, ce principe ne repose que sur une présomption : il doit donc disparaître devant une certitude d'erreur. Quel que soit le degré de perfection qu'ait atteint le législateur, il est impossible de supprimer complètement les chances d'erreur : tout au plus peut-on les réduire, par de bonnes lois d'organisation judiciaire et de procédure criminelle. Faut-il donc faire prévaloir l'autorité de la chose jugée sur l'erreur certaine ? Cela ne répondrait pas du tout au but qu'a poursuivi le législateur en l'établissant. « La chose jugée, dit Faustin Hélie (2), n'a « pas d'autre fondement que l'utilité générale. Or l'utilité « générale n'exige pas que, dans le cas où l'erreur d'un « jugement serait reconnue, ce jugement soit néanmoins « maintenu. Il y a quelque chose de supérieur à ce prin-« cipe, si puissant qu'il soit, c'est la justice elle-même, et « les juges s'élèvent dans l'estime des peuples quand ils

1. Cf. Rapport du Conseiller d'Etat Jacquin.
2. Rapport dans l'affaire Lesurques.

« savent reconnaître les méprises, si rares d'ailleurs, qui
« peuvent se glisser dans leurs actes ».

Supposons une erreur judiciaire manifeste : un individu
a été condamné à une peine criminelle ou correctionnelle,
il a épuisé en vain toutes les voies de recours, le jugement
est devenu définitif, la condamnation irrévocable. Puis, on
découvre que cet individu est innocent : par exemple, le
véritable auteur du fait est arrêté et se reconnaît coupable.
Il va falloir faire tomber cette condamnation injuste : une
grâce ne suffira pas, il faudra un nouveau jugement pour
déclarer hautement l'erreur commise et rendre à l'innocent
condamné l'honneur qui lui a été injustement ravi : il faudra de plus, dans la mesure du possible, réparer le préjudice matériel qu'a causé la condamnation. Tel est l'objet,
le but de la revision. Une législation serait incomplète si,
après avoir organisé avec tout le soin possible la défense
des accusés, après leur avoir donné toutes les garanties
d'impartialité dans le choix des juges, elle ne prévoyait pas
la possibilité d'une erreur judiciaire, et ne se préoccupait
pas des moyens de la réparer. Tel est cependant encore aujourd'hui le cas de la législation anglaise, et tel fut aussi le
cas de notre droit français, pendant une partie de la période intermédiaire.

Lorsque l'Assemblée Constituante, supprimant l'ancienne
procédure criminelle, eût établi le jugement par jurés, la
procédure orale et contradictoire, la publicité des débats,
elle crut avoir prévenu par là même toute cause possible
d'erreur de fait dans les jugements. Mais peu de temps
après, en 1793, une erreur judiciaire manifeste venait dé-

montrer l'imprévoyance de la loi, et amenait la Convention à réinscrire la revision dans notre législation.

Et qu'on ne vienne pas dire que la revision des erreurs judiciaires porte atteinte à l'autorité de la chose jugée : aussi bien dans le droit romain que dans l'ancien droit et dans le droit actuel, les deux théories furent admises concurremment ; et si, de 1789 à 1793, la revision fut supprimée, nous venons de voir, et nous aurons plus tard l'occasion de nous étendre un peu sur ce point, que ce ne fut pas sous l'empire de la nécessité du respect dû aux jugements. « Ce qui met véritablement en échec la chose jugée, dit « M. Jacquin, c'est la condamnation erronée, c'est le fait « que l'erreur éclate, patente, irrécusable, aux yeux de « tous, que la conscience publique est profondément émue « et remuée à l'idée de la constatation injuste du déshon-« neur d'un homme qui n'a pas failli à l'honneur, à la pen-« sée qu'un innocent a subi une peine pour un fait dont il « n'était pas l'auteur. De ce jour-là, le principe a reçu la « plus grave des atteintes ; on aura beau proclamer son « autorité, la présomption ne saurait prévaloir contre la « certitude contraire ; vouloir nier celle-ci sous prétexte « de l'intérêt du principe, ce serait le compromettre. La « proclamation de l'erreur, sa reconnaissance par la justice « même qui a été induite par les circonstances à la com-« mettre, devient le seul moyen de calmer l'émotion trop « fondée de la conscience publique, de réparer, dans la « mesure du possible, l'échec subi par le principe. La ré-« vision apparaît ainsi, non seulement commandée par « une raison d'humanité et de justice à l'égard du con-« damné innocent, mais aussi, et surtout peut-être, comme

« le correctif nécessaire, pour restituer au principe de la
« chose jugée toute l'autorité qui lui est indispensable, et
« qui risquerait de s'affaiblir, si l'on avait la prétention de
« le maintenir contre toute évidence ».

Mais si la révision n'est pas incompatible avec le principe de l'autorité de la chose jugée, c'est à la condition qu'elle soit maintenue dans des limites assez étroites, qu'elle ne soit admise que pour des motifs très graves. Une législation serait mauvaise qui, poussant à l'excès le soin d'éviter les erreurs judiciaires, permettrait de remettre sans cesse en question un même procès criminel. Comme l'a fort bien dit l'exposé des motifs de la loi du 29 juin 1867 : « Quand un accusé paraît devant la justice, toutes
« les garanties lui sont données pour que la vérité se
« fasse jour, et le juge qui condamne doit avoir la cer-
« titude de la culpabilité. L'arrêt une fois rendu, nous
« devons à l'arrêt ce que nous devions à l'accusé ; il faut,
« pour détruire cette décision définitive, avoir aussi la cer-
« titude de son erreur. Nous voulons un démenti donné à
« la sentence ou par la nature des choses, ou par une au-
« tre sentence. En dehors de cet éclatant démenti, l'auto-
« rité de la chose jugée doit prévaloir comme la sanction
« nécessaire de toute organisation judiciaire durable ».
Peut-être y a-t-il un peu d'exagération à restreindre aussi étroitement l'application de la révision, il n'y en a pas moins là une idée très juste, et que le législateur ne doit pas perdre de vue. Lorsque l'erreur est certaine, il faut que la condamnation disparaisse ; mais s'il n'en est pas ainsi, l'autorité de la chose jugée doit conserver tous ses droits. Une bonne législation sur la matière doit tenir

compte de ces deux règles essentielles : 1° La chose jugée
ne doit pouvoir être écartée qu'en présence d'une certitude
d'erreur ; 2° Quand cette certitude se produit, la révision
doit toujours être possible.

Il ne faut pas qu'un individu injustement condamné soit
dans l'impossibilité de faire reconnaître l'erreur sous
laquelle il succombe : il ne faut pas non plus qu'un coupable justement condamné puisse, pour des motifs futiles,
remettre en question un procès définitivement jugé. Telles
sont les deux idées opposées que doit chercher à concilier
la théorie de la révision : assurer la réparation des erreurs
judiciaires, et en même temps faire respecter l'autorité de
la chose jugée, voilà le double but que doit poursuivre le
législateur en notre matière. Il ne sera pas facile, sans
doute, de donner *a priori* une énumération limitative des
cas où la révision sera possible, qui satisfasse en même
temps aux deux intérêts en jeu : c'est à cette difficulté qu'il
faut attribuer les modifications successives qu'a subies
notre législation, et qui ont abouti en dernier lieu à la loi
du 8 juin 1895, qui a réalisé un sensible progrès.

Si en effet nous jetons un rapide coup d'œil sur les changements apportés depuis un siècle à notre législation sur
la révision, nous voyons qu'ils sont toujours survenus à la
suite d'une erreur judiciaire sensationnelle, produisant
dans l'opinion une émotion profonde, à cause de l'impossibilité où se trouvait la législation antérieure de la réparer.
L'assemblée constituante avait, nous l'avons vu, supprimé
la révision, par un sentiment de confiance exagéré dans la
perfection de la nouvelle procédure criminelle. A la suite de
l'erreur judiciaire de 1793, où deux individus furent con-

damnés à seize ans de fers pour vol d'un mouchoir, alors que le délit n'avait pu être commis que par une seule personne, intervint la loi du 15 mai 1793, qui n'admettait la révision que pour inconciliabilité des jugements. « Des faits « nouveaux y firent ajouter dans le Code de 1808 deux nou- « veaux cas, la constatation de l'existence de la victime « prétendue du crime commis, et de la condamnation pour « faux témoignage d'un ou plusieurs des témoins à charge « entendus au procès » (1). C'est à l'émotion produite par l'affaire Lesurques qu'est due la réforme de 1867, dont la disposition principale est d'accorder le droit d'agir *post mortem* aux proches du condamné. Enfin, sans les affaires Vaux et Borras, la loi du 8 juin 1895 n'aurait sans doute pas été votée. La théorie moderne de la révision s'est donc formée progressivement, au fur et à mesure des besoins ; cela s'explique très bien par la presque impossibilité de donner *a priori* une formule répondant exactement au principe, posé dès l'origine, que la révision doit être possible toutes les fois que l'erreur est certaine, et ne doit l'être que dans ce cas.

Pour avoir une idée exacte de la législation actuelle sur la révision, il faut donc d'abord se rendre compte du développement historique de cette institution : nous étudierons ensuite le droit actuel, et nous terminerons par l'examen des critiques qu'on peut peut-être lui adresser, et des réformes qui seraient peut-être désirables.

Mais il ne suffit pas, pour réparer une erreur judiciaire, de déclarer, à la suite d'une procédure de révision, nulle

1. Rapport Jacquin.

et non avenue la condamnation qui a frappé un innocent.
Il faut aussi, à côté du préjudice moral, se préoccuper du
préjudice matériel : nous arrivons ainsi à la théorie des
indemnités aux victimes d'erreurs judiciaires, théorie que
nous étudierons parallèlement à celle de la révision, à
laquelle elle se lie étroitement. Le principe de la responsabilité pécuniaire de l'Etat en matière d'erreurs judiciaires
a été vivement discuté, et, jusque dans ces dernières années, il a trouvé des adversaires considérables. Les partisans de la responsabilité, et il y en avait déjà sous l'ancien régime, n'ont pas eu complètement gain de cause, car
la loi de 1895 en reconnaissant aux tribunaux le droit de
refuser l'indemnité n'admet pas sans restriction le principe
de l'obligation juridique de l'Etat : encore n'est-il pas bien
certain qu'elle ait voulu l'admettre. Pendant longtemps,
tous les gouvernements se sont montrés nettement hostiles
à la responsabilité pécuniaire de l'Etat ; et cela est d'autant plus remarquable que la déclaration du garde des
sceaux Lamoignon, à l'occasion de l'ordonnance criminelle
de Louis XVI du 8 mai 1788 (1), semble admettre le principe de cette responsabilité, non pas seulement en faveur des
personnes condamnées injustement, mais en faveur des
accusés reconnus innocents. Après avoir dit que les frais
de l'impression et de l'affiche du jugement d'absolution
seraient supportés par le domaine du roi, la déclaration
ajoute : « Nous désirons et nous espérons pouvoir leur
« procurer dans la suite les dédommagements auxquels ils

1. *Recueil Général des anciennes lois françaises* par Jourdan et
Isambert, 1788.

« ont *droit* de prétendre », et plus loin : « en attendant
« que nous puissions compenser pleinement les dommages
« soufferts, nous voulons, etc. ».

Nous aurons également à nous occuper de cette question
des indemnités aux personnes détenues préventivement qui
ont été ensuite acquittées, ou qui ont été l'objet d'une ordonnance ou d'un arrêt de non-lieu. Ce sont, elles aussi,
bien qu'à un degré moindre que les personnes injustement
condamnées, des victimes d'erreurs judiciaires. Plus de
cent ans après la déclaration de 1788, la nouvelle loi sur la
réparation des erreurs judiciaires est restée muette à leur
égard : toutefois ce ne fut pas sans hésitation, car si la rédaction définitive de la loi ne leur accorde aucune indemnité, il n'en était pas de même de la proposition de loi
adoptée par la Chambre des députés, ni de la proposition
de la commission du Sénat. Il est même assez probable,
avec le courant d'opinion actuel, qui s'est surtout développé
dans ces dernières années, que s'il intervient dans un avenir plus ou moins éloigné une nouvelle loi sur notre matière, elle reconnaitra, en faveur des accusés déclarés innocents, le principe d'une indemnité. Aussi, bien que l'objet
principal de notre étude doive être la loi du 8 juin 1895,
nous nous occuperons ainsi de cette question accessoire,
qui se rattache tout naturellement à la théorie de la réparation des erreurs judiciaires.

Nous diviserons notre étude en trois parties. Dans une
première partie, nous étudierons le développement juridique de l'institution, ses origines romaines, les propositions
d'erreur et les lettres de revision dans l'ancien droit français : la disparition de la revision au début de la période

intermédiaire ; puis le système du Code d'Instruction criminelle, l'affaire Lesurques et la loi du 29 juin 1867 qui en est la conséquence : les diverses tentatives qui ont été faites avant ces dernières années pour faire admettre le principe de la responsabilité pécuniaire de l'Etat vis-à-vis des victimes d'erreurs judiciaires : nous résumerons enfin l'état de la législation à la veille de la loi de 1895.

Une seconde partie sera consacrée à l'étude de la loi du 8 juin 1895, travaux préparatoires et analyse de la loi.

Enfin, dans une troisième partie, nous essayerons d'apprécier cette loi. Nous passerons en revue les principales législations étrangères, pour tirer de la comparaison un jugement sur notre loi actuelle. Nous examinerons enfin, au point de vue du droit comparé, la question de la responsabilité pécuniaire de l'Etat, soit vis-à-vis des personnes injustement condamnées, soit à l'égard des personnes détenues préventivement.

PREMIÈRE PARTIE

HISTOIRE DE LA RÉVISION

CHAPITRE PREMIER

LES ORIGINES ROMAINES. — LA SUPPLICATIO.

Il arrive presque toujours, dans les législations qui n'ont pas encore atteint leur développement complet, que la langue juridique, insuffisamment fixée, emploie, suivant les cas, des expressions différentes pour désigner une même institution : ou qu'à l'inverse, une même expression désigne tour à tour des institutions différentes ; enfin, il n'est pas rare que, à l'origine des législations, une même institution réponde à des besoins multiples, qui nécessitent, dans des législations plus avancées, plusieurs institutions absolument distinctes les unes des autres. Le motif en est facile à saisir. Une législation ne se forme pas d'un seul bloc, elle se développe au fur et à mesure des besoins ; lorsqu'un besoin nouveau se fait sentir, il est assez naturel de chercher d'abord si, parmi les institutions préexistantes, il n'en est pas une qui pourrait y satisfaire ; et, s'il s'en trouve une qui poursuive un but à peu près analogue, on cherchera à l'utiliser, en étendant son champ d'application. Souvent, en pareil cas, la même expression continue à désigner les deux fonctions de l'institution. De là de sérieuses difficultés, lorsqu'il s'agit de rechercher dans une législation primitive les origines d'une institution qui, comme la revision, correspond déjà à un état assez avancé de civilisation.

La législation Romaine, si parfaite à tant d'égards, n'a pas connu de théorie bien nette des voies de recours, surtout au temps de la République. Aujourd'hui, il existe contre les jugements des voies de recours ordinaires, comme l'appel, des voies de recours extraordinaires, comme la cassation ou la revision, qui toutes répondent à des besoins différents. A Rome au contraire, non seulement la langue juridique n'a jamais été bien nette sur ce point ; mais peut-être pourrait-on soutenir qu'on n'a jamais eu une notion exacte des rôles juridiques différents de chacune de ces voies de recours.

Nous connaissons imparfaitement la législation pénale des Romains. Nous savons qu'elle reposait sur la distinction fondamentale entre les *crimina publica* et les *delicta privata*. Cette distinction partait de cette idée que certains crimes intéressent directement l'Etat, parce qu'ils menacent la sécurité publique, tandis que d'autres ne sont après tout que des affaires personnelles entre deux particuliers ou plutôt deux familles, des atteintes à la propriété privée, non à la société entière. En matière de délits privés, le soin de la répression était exclusivement réservé à la partie lésée, et la répression, poursuivie par une action soumise aux règles de la procédure civile ordinaire, consistait dans l'obtention d'une peine pécuniaire. Au contraire les délits publics, portant atteinte à la sécurité de la société, donnaient lieu à une répression, qui pouvait être réclamée par tous les citoyens, et qui consistait dans une peine publique poursuivie par une procédure tout à fait distincte de celle qu'on suivait en matière civile.

Plus tard, lorsque l'Etat eût pris conscience de ses devoirs envers les individus, il tendit à se substituer à l'offensé, pour punir lui-même toutes les infractions à la loi, toutes les atteintes à la vie, à l'honneur ou à la propriété des individus. Certains délits privés furent alors considérés comme pouvant donner lieu à l'application d'une peine, infligée par le magistrat au nom de la société ; la victime du délit eut dès lors le choix entre la voie civile, tendant à l'obtention d'une amende pécuniaire, et la voie criminelle, tendant à faire infliger à l'auteur du délit une peine publique. Seuls les *crimina publica* sont véritablement du domaine du droit pénal, c'est d'eux seuls que nous avons à nous occuper.

Comment les *crimina publica* étaient-ils jugés à Rome ? Si nous laissons de côté la période royale, durant laquelle la juridiction criminelle appartint probablement aux rois, avec peut-être un droit d'appel (*provocatio*) au peuple pour les affaires capitales, nous voyons que, pendant presque toute la république, les crimes furent jugés par l'assemblée du peuple, qui statuait directement ou par l'organe de commissaires élus. Les comices votaient sur la peine proposée par le magistrat accusateur comme ils eussent voté sur un projet de loi, n'ayant pour guide que la coutume ou leur bon plaisir : c'étaient les comices par centuries, pour les crimes pouvant entraîner des condamnations capitales, les comices par tribus, pour les crimes commis par des fonctionnaires. D'assez bonne heure, les comices se contentèrent de déléguer la recherche et la connaissance (*quæstio*) des affaires à des commissaires spécialement désignés pour la cause. Ces *quæstiones*, d'abord toutes spéciales, devinrent parfois plus générales, s'appliquant à tout un genre de crimes ; puis, vers la fin de la République et le commencement de l'Empire, intervinrent les lois de *judicia publica*, qui pour la première fois donnèrent au droit pénal de Rome une base solide et des règles précises : elles substituèrent aux comices et aux commissions provisoires les *quæstiones perpetuæ*, établirent d'une façon précise la définition de chacun des crimes dont devaient connaître les jurés, ainsi que la peine que le préteur devait appliquer en cas de condamnation. Tous les crimes ne firent pas, à vrai dire, l'objet de lois spéciales, de *judicia publica* : ceux qui n'avaient pas été spécialement prévus restèrent soumis aux comices, ou à des *quæstiones* particulières, dites *extraordinariæ*. Mais en somme le peuple, jusqu'à l'Empire, resta encore de droit le juge souverain (1).

Il était assez naturel que, dans ces conditions, le peuple s'attribuàt, au cas où il croirait avoir commis une erreur, la faculté de juger à nouveau les crimes, et d'annuler à l'occasion le premier jugement. A une époque où même en matière civile, l'autorité de la chose jugée, comme il arrive dans toutes les législations primitives, était à peu près nulle, rien d'étonnant à ce qu'en matière pénale elle fût écartée toutes les fois qu'une erreur apparaîtrait comme possible. Les effets des jugements criminels étaient suspen-

1. Cf. Laboulaye, *Essais sur les lois criminelles des Romains*, etc.

dus par *l'intercessio* des tribuns et par la *provocatio* (appel)
ad populum. Le peuple Romain usa souvent de ce pouvoir,
soit pour annuler des condamnations et réhabiliter des condamnés, soit même pour juger ou renvoyer devant une
quæstio extraordinaria des accusés déjà absous.

Il ne s'agit donc pas là à proprement parler d'une véritable révision, puisque la révision, nous le verrons plus
tard, a essentiellement pour but la réparation d'une erreur
judiciaire commise au préjudice d'un condamné ; c'est une
manifestation de la souveraineté du peuple, qui, en sa qualité de juge souverain, s'arroge le droit de tenir pour non
avenu un jugement antérieur (1).

Il existe dans l'histoire de la République Romaine un
grand nombre d'exemples de réhabilitation : Camille, Po-
pilius, Métellus, Marius, Cicéron, etc. La revision ainsi
comprise, reposant sur le bon plaisir du peuple, dispensée
de toute condition d'admissibilité, prononcée souvent pour
des motifs futiles, devait forcément conduire à des abus ;
et l'on s'explique les critiques adressées par Cicéron à ces
réhabilitations arbitraires, souvent insuffisamment motivées : « *judiciorum perturbationes, rerum judicatarum in-
firmationes, restitutio damnatorum* » (*in lege agr.* II, 4). (2).

Il ne faudrait sans doute pas pousser jusqu'au bout la
comparaison, mais on peut chercher, dans ce pouvoir du

1. Nous trouvons déjà là un exemple de l'inexactitude de la terminologie
romaine en notre matière, *provocatio* signifiant proprement appel. —
L'*intercessio* ne donnait pas au magistrat qui l'exerçait le pouvoir de
réformer l'acte attaqué, de substituer sa décision à celle qu'on lui déférait,
mais seulement de paralyser l'acte, de l'empêcher d'être exécuté : ce
n'était en somme qu'un simple veto.

2. Cf. Griolet, *Autorité de la chose jugée*, p. 192.

Sevestre   2

peuple romain de juger à nouveau les procès criminels, déjà jugés par les comices ou par des commissions choisies par lui, les origines de la revision moderne. Ce n'est pas la revision telle que nous la concevons aujourd'hui, respectueuse de l'autorité de la chose jugée, renfermée dans d'étroites limites et réduite aux cas où l'erreur judiciaire est à peu près démontrée ; c'est une revision libre de toutes conditions de recevabilité, admise le plus souvent pour des motifs politiques ; se confondant parfois avec l'appel (lorsque le premier jugement a été rendu par une commission, et non par les comices).

Nous allons la trouver un peu perfectionnée dans le droit impérial. Sous l'empire, ce n'est plus le peuple qui est juge souverain, c'est l'empereur. Entre ses mains se concentre la toute puissance, il possède tous les attributs de la souveraineté. C'est de lui qu'émane toute justice, il se forme une véritable hiérarchie judiciaire dont il est le sommet. Des voies de recours se dégagent, et relient entre elles les différentes juridictions : l'appel est possible, de quelque autorité qu'émane la décision judiciaire (sauf exception pour les sentences de l'empereur et celles du préfet du prétoire, qui le représente directement). Les parties sont admises à remonter, d'appel en appel, toute la hiérarchie judiciaire, au moins jusqu'à l'époque de Justinien, qui décide qu'une même sentence ne peut jamais donner lieu à plus de deux appels.

A côté de l'appel apparaît une institution, où l'on est généralement d'accord pour rechercher les origines de la révision, c'est la *supplicatio*. Lorsque le condamné avait épuisé la voie de l'appel, et était parvenu au dernier échelon de la hiérarchie, au préfet du prétoire, il lui était encore permis de s'adresser à la sagesse où à la clémence de l'empereur pour faire tomber sa condamnation (1)..

Grâce à la *supplicatio,* les affaires jugées en dernier ressort étaient elles-mêmes soumises à un nouvel examen.

La plupart des auteurs généralisent l'application de la *supplicatio.* « Sous Constantin et ses successeurs, dit Dalloz, les accusés, de quelque état qu'ils fussent, et par quelques juges qu'ils eussent été condamnés, avaient recours à l'autorité du prince pour en obtenir la permission de faire revoir leurs procès. » Et ailleurs il dit : « Sur des lettres accordées par le prince, les juges étaient autorisés s'il y avait lieu à prononcer la rétractation de leurs jugements ». Il paraît bien résulter en effet de plusieurs textes, notamment des lois **33** et **35** *De Re judicata,* au Digeste, que l'*in integrum restitutio* pouvait être obtenue, grâce à des lettres adressées à l'Empereur, contre des décisions entachées d'erreur, lorsqu'il y avait eu des manœuvres frauduleuses de la part de l'adversaire ; et rien dans ces textes n'indique qu'il s'agissait seulement des décisions du préfet du prétoire. Il semble bien que cette *in integrum restitu-*

---

1. Cela résulte entre autres textes de la loi unique au Code *de sententiis præfectorum prætorio,* VII, 42, dont voici la traduction : « Nous accordons aux parties qui plaident devant le très considérable tribunal de la préfecture du prétoire, si elles affirment être lésées contre le droit, la liberté, non d'appeler, mais de supplier, que la sentence ait été rendue pour la curie, ou dans une vue quelconque d'utilité publique, ou pour toute autre cause : car il n'y a pas d'intérêt public à refuser aux particuliers le secours des lois. Ainsi donc, qu'elles aient la faculté d'adresser à notre divinité des supplications contre les décisions judiciaires de la préfecture du prétoire, dans un délai de deux ans, qui doit être compté à partir du remplacement du juge ».

tio fût possible en même temps que l'appel : en effet, le but poursuivi par ces deux voies de recours est très différent : le demandeur en restitution ne se plaint que de lui-même ou de son adversaire, tandis que l'appelant critique la décision rendue (loi 17 au Digeste, *De minoribus*). C'est à raison du caractère injurieux de l'appel qu'il n'était pas admis contre les décisions du préfet du prétoire : il n'existait qu'une seule voie pour les faire annuler, l'*in integrum restitutio*, obtenue au moyen d'une supplicatio adressée à l'empereur. Quoi qu'il en soit, les textes n'emploient le terme de *supplicatio* que lorsqu'il s'agit des décisions du préfet du prétoire.

La *supplicatio* avait pour effet la rétractation du premier jugement. Il y a doute sur le point de savoir si elle était recevable avant que le magistrat qui avait rendu la sentence fût sorti de charge ; en tous cas, elle cessait de l'être deux ans après cette époque. Mais ce qui rend en somme son caractère juridique très confus, c'est qu'elle n'était admissible qu'une seule fois, et dans le dernier état du droit, qu'elle était interdite relativement aux décisions rendues sur un second appel. Il semblerait donc qu'on la considérât comme une sorte d'appel, et qu'on la fît rentrer, comme lui, parmi les voies de recours ordinaires ; de même qu'on ne pouvait interjeter appel plus de deux fois, de même, après le second appel, la supplication n'était plus possible (1). Nous trouvons donc encore là une confusion entre l'appel et la revision : l'absence de terminologie précise et uniforme sur ce point dans la langue juridique romaine

1. Cf. Accarias, II, p. 780.

nous empêche de savoir d'une façon absolue si la *suppli-catio* était bien une véritable révision ou si elle remplaçait seulement l'appel, à l'égard des sentences du préfet du prétoire. Tout ce que nous pouvons dire, c'est que la première opinion a été celle de nos anciens auteurs (1). Comme il fallait trouver pour toutes les institutions juridiques de notre ancien droit une origine romaine, ils ont vu dans la *supplicatio* l'institution destinée à assurer la réparation des erreurs judiciaires, quelle que fût la juridiction qui les eût commises En tous cas cette voie de recours était admise, contrairement à notre conception actuelle de la révision, aussi bien en matière civile qu'en matière criminelle.

L'effet de la *supplicatio* dépendant exclusivement du bon plaisir du prince, il en résultait l'arbitraire le plus complet, d'où un manque absolu de stabilité de la chose jugée. Une théorie juridique satisfaisante de la revision doit au contraire échapper à l'arbitraire, être renfermée dans des limites précises. Nous allons retrouver le même défaut dans l'ancien droit français, et ce n'est qu'avec notre Code d'instruction criminelle que nous arriverons à une meilleure conception de la réparation des erreurs judiciaires.

1. Cf. Jousse, II, p. 775 : « La loi 33 au Digeste, *De Re judicata*, indique la voie de se pourvoir contre les jugements injustes en matière criminelle : on présentait sa requête pour faire rétracter le jugement, et le Prince accordait des lettres qui autorisaient les juges à le faire, en cas qu'ils trouvassent que la justice le permit. »

CHAPITRE II

ANCIEN DROIT FRANÇAIS : PROPOSITIONS D'ERREUR ET REQUÊTES CIVILES

Il ne faut pas chercher une trace quelconque de la revision dans la période barbare ; le procès criminel consiste le plus souvent en un duel entre l'accusateur et l'accusé, ou bien parfois dans des épreuves appelées ordalies : le vainqueur du duel, ou bien celui qui supporte victorieusement l'épreuve a gain de cause. C'est le jugement de Dieu : un pareil jugement exclut fatalement toute voie de recours.

Il en est de même de la période féodale, avec quelques perfectionnements. Le duel est toujours le principal moyen pour les juges de se former une conviction. Seulement le duel ne termine pas toujours le procès, car le vaincu peut relever la sentence et lancer un défi aux juges : c'est l'appel de faux jugement, première voie de recours : l'appelant provoque au combat tous les membres de la Cour féodale, et s'il est vaincu, il est aussitôt décapité (1).

Ce n'est guère qu'au xiiie siècle, avec le réveil de la monarchie, qui impose sa suprématie au pays tout entier, et jette les bases d'une société régulière, que l'on voit apparaître une justice véritable, fondée sur le droit et non plus sur la force. Déjà en 1190, Philippe-Auguste avait créé,

1. Cf. Péan, p. 168 et suiv.

au-dessus des prévôts chargés de rendre la justice dans le domaine royal, des baillis ayant pour mission d'en surveiller l'administration dans les provinces, d'évoquer les cas royaux, de faire cesser les dénis de justice, de casser au besoin et de réformer certains jugements. C'était le commencement d'une hiérarchie judiciaire : en bas, le prévôt ; — au-dessus le bailli ; — en haut, le roi. Aussi l'usage des voies de recours ne tarda-t-il pas à se généraliser. En même temps la pratique du duel judiciaire tendait a disparaître, et saint Louis l'interdisait expressément, ainsi que l'appel de faux jugement.

C'est au règne de saint Louis que l'on fait généralement remonter les origines de la révision dans notre ancien droit français. A cette époque apparaît une institution nouvelle, dont le nom nous ramène au droit romain, la supplication. En quoi consistai-t-elle ? « On voit par diffé-« rents textes des établissements de Saint-Louis, dit Henrion de Pansey, qu'à cette époque les Cours le Roy, c'est-« à-dire les cours établies dans les domaines de la couronne, « telles que les prévôtés de Paris et d'Orléans, jugeaient « en dernier ressort ; que cependant on pouvait attaquer « leurs jugements, mais uniquement par la voie de la sup-« plication ; que ces supplications s'adressaient au Roi lui-« même, lorsque la partie condamnée se plaignait d'une « erreur de droit, et que, toutes les fois qu'elle ne repro-« chait aux juges que des erreurs de fait, c'était devant eux « qu'elle devait porter sa supplication. »

Ainsi la voie de la supplication remplaçait l'appel contre les décisions, rendues en dernier ressort, des cours royales ; de même, sous l'empire romain, la *supplicatio* per-

mettait d'attaquer les sentences du préfet du prétoire, contre
lesquelles l'appel n'était pas recevable. Il existe une très
grande analogie entre ces deux institutions, dont l'une paraît
d'ailleurs avoir été copiée sur l'autre ; cela tient à ce que
l'organisation de la monarchie française, à la fin du moyen
âge, a été imitée de celle de l'empire romain. De même
qu'à Rome il existait une hiérarchie judiciaire, ayant à son
sommet l'empereur, de même les théories des légistes, au
xiiie siècle, affirment le droit de législateur et de juge suprême du Roi ; non seulement il est juge souverain dans
les limites de son domaine, mais il constitue encore la dernière voie de recours contre les jugements rendus dans
toutes les provinces du royaume, en sa qualité de chef de
la hiérarchie féodale. « On en appelle au roi des juridictions seigneuriales, des sentences rendues par ses officiers,
enfin de ses propres sentences ; mais comme les préjugés
anciens gardaient encore leur force et que l'appel éveillait
toujours l'idée d'un reproche d'iniquité et de félonie, on ne
pouvait se pourvoir à l'égard des décisions du roi et des juges
royaux, que par voie de supplication et non par voie d'appel » (1). Nous retrouvons là exactement la même idée qui
avait fait exclure en droit romain la *provocatio* ou appel
contre les sentences du préfet du prétoire (cf. Loi 17 au
Digeste, *De minoribus*, etc.). (2).

1. Péan, p. 172.
2. Etablissements de saint Louis, II, 15 : « Souplication doit être faicte
« en cort le Roy et non appel, car appel contient félonie et iniquité : se-
« lon droit escrit en code en la loi unique qui commence : *Litigantibus*,
« et Code *de sententiis præfectorum prætorio*, et en la Digeste *De mi-*
« *noribus* en la loi *Præfecti*, où il est écrit de cette matière, que l'on
« doit souploier au Roy que il le jugement voye ou face voir, et se il n'est
« contre droit que il le fasse tenir et cutériner par la costume du pays ».

Mais il semble, à en croire Henrion de Pansey, que la supplication de l'ancien droit ait été quelque chose de plus perfectionné déjà que la supplication romaine, puisqu'elle s'adressait tantôt au Roi, tantôt au juge qui s'était prononcé, suivant qu'il s'agissait d'une erreur de droit ou de fait. Si cette affirmation était exacte, il y aurait déjà eu là un bien grand progrès, bien inattendu à une époque où le droit sortait à peine des ténèbres du moyen âge. C'est en effet parfois une grosse difficulté que la distinction de l'erreur de droit et de l'erreur de fait, et il serait étrange que les jurisconsultes du xiiie siècle l'aient dégagée, alors que plusieurs siècles après les confusions sur ce point étaient encore fréquentes. Nous ne pensons donc pas qu'il faille, comme on l'a soutenu, chercher dans la supplication adressée au roi les origines de la cassation, et dans la supplication adressée au juge celles de la révision ou de la requête civile.

En réalité, nous trouvons une fois de plus la confirmation de notre observation du début, qu'il ne faut pas chercher dans une législation qui n'en est qu'à sa période de formation une théorie complète des voies de recours ; les distinctions entre l'appel, la cassation, la révision, correspondent à un développement assez avancé du droit. Comme en droit romain, nous trouvons, à côté de l'appel proprement dit, une voie de recours contre des décisions en dernier ressort, émanant d'une juridiction qui représente directement le pouvoir royal ou impérial ; cette voie de recours a pour but la réparation d'une erreur judiciaire possible, mais elle n'est pas soumise plus que l'appel à des conditions spéciales de recevabilité. Nous nous rallions donc à l'opinion de

M. Chênon (p. 16) qui ne voit en somme dans la supplication, aussi bien sous saint Louis que sous Théodose, qu'une sorte d'appel. Quant à la distinction entre l'erreur de fait et l'erreur de droit, elle ne résulte pas clairement du tout de la comparaison des deux textes invoqués par Henrion de Pansey (cf. Chênon, p. 16, note). Il y avait bien, à côté de la supplication adressée au roi, une supplication adressée au juge lui-même, mais c'était toujours la même institution, poursuivant le même but. La supplication adressée au juge devait être présentée le jour même du prononcé du jugement.

Ainsi, après plusieurs siècles, on peut soutenir que l'état de la législation sous saint Louis, au point de vue spécial qui nous occupe, était sensiblement la même que sous Justinien. Nous avons dit que la *supplicatio* de la loi *Litigantibus* n'était pas une institution suffisamment distincte de l'appel pour qu'on pût y voir avec certitude une première forme de la revision ; la même solution s'impose pour la supplication des établissements de saint Louis.

Un progrès considérable se trouva réalisé dans l'organisation judiciaire par la création du Parlement. Lorsque la suprématie royale fût acceptée par toute la France, de gré ou de force, que la monarchie féodale fût devenue une monarchie absolue, à l'imitation de l'empire romain, l'ancien conseil du Roi, incapable de remplir à la fois toutes ses attributions gouvernementales, administratives, et judiciaires, se divisa en plusieurs corps, ayant chacun des fonctions séparées, Conseil d'Etat, Cour des comptes, Cour judiciaire ou Parlement. D'abord ambulatoire, le Parlement devint sédentaire à Paris vers le milieu du règne de saint

Louis. L'ordonnance de Philippe le Bel du 23 mars 1302 en fit une véritable Cour suprême, la seule même du royaume, car elle recevait tous les appels et jugeait en dernier ressort. Mais, comme il était possible qu'il rendît des arrêts entachés d'erreur, l'article 12 de l'ordonnance réservait au Roi un certain contrôle sur ses décisions : « Nous voulons, déclarons et même ordonnons que les « jugements, arrêts et sentences, qui proviendraient de « notre Cour ou de notre Conseil commun soient maintenus « et mis à exécution sans aucun appel. Mais s'ils paraissent « contenir quelque ambiguïté ou erreur, qui les fasse avec « raison soupçonner, qu'on sache que leur correction, « interprétation, révocation ou déclaration appartient à « nous ou à notre conseil, soit à une plus grande partie « de notre conseil, soit à l'examen attentif de notre délégué « spécial, et qu'elle porte avec notre permission spéciale « sur toutes choses préalablement demandées ». Le diplôme qui contenait cette permission était appelé lettres de grâce de dire contre les arrêts, « dénomination inspirée, dit M. Chênon, par le respect qu'on avait dès lors pour l'autorité de la chose jugée ». L'ordonnance ne disait pas si ces lettres devaient être adressées au Conseil du Roi, ou au Parlement, ou à l'un des deux indifféremment. Ce silence fut la source de graves conflits ; mais ces conflits ne se produisirent pas dès le début ; car pendant quelque temps, voici comment les choses se passèrent : les lettres étaient adressées au Parlement ; le roi venait en personne le présider, et sous son contrôle, la Cour réformait ses propres décisions.

Mais des abus ne tardèrent pas à se produire, les maîtres

des requêtes, chargés de la rédaction de ces lettres, s'arrogèrent le droit, au lieu de les renvoyer toutes devant le Parlement, d'adresser celles qu'ils jugeraient à propos au Conseil du roi, qui révisait lui-même les jugements, comme si le prince leur en eut donné le droit par une attribution spéciale : l'arbitraire se trouvait ainsi substitué à la justice. Il en résulta naturellement une recrudescence sensible du nombre des demandes de lettres de grâce de dire contre les arrêts ; le Parlement, atteint dans sa souveraineté, et ne voulant pas reconnaître cette suprématie du Conseil du roi, protesta contre ses abus, et en **1320** le roi Philippe le long, se plaignant qu'on sollicitât sans raison la réformation des arrêts les plus justes, et donnant raison au Parlement, rendit une ordonnance pour déclarer que les lettres de grâce de dire contre les arrêts seraient renvoyées aux cours desquelles les jugements étaient émanés, c'est-à-dire au Parlement et à la Chambre des comptes.

Peu de temps après, les lettres de grâce de dire contre les arrêts prirent le nom de propositions d'erreur.

Le même abus, un instant arrêté par l'ordonnance de **1320**, se reproduisit bientôt en s'aggravant. Par un édit de **1331**, Philippe de Valois décida que nul ne pourrait obtenir les lettres de proposition d'erreur qu'après avoir donné caution de payer une double amende au roi et des dommages-intérêts à la partie adverse, si l'on ne trouvait pas dans l'arrêt attaqué les erreurs invoquées. Puis il rendit l'ordonnance de décembre **1344**, qui posait d'une façon très nette les règles de la proposition d'erreur (1).

1. Ceux qui veulent proposer erreurs doivent mettre les erreurs par écrit et les bailler aux maistres ordinaires de l'Hostel.

Les arrêts du Parlement ne pouvaient, aux termes de cette ordonnance, être attaqués que par la voie de la proposition d'erreur, et en vertu de lettres expédiées à cet effet ; ces lettres devaient être délibérées dans le Conseil du roi, et contenir les erreurs que l'on reprochait à l'arrêt. Elles ne pouvaient être adressées qu'au Parlement, qui seul avait le droit de réformer ses arrêts. Le Roi concourait à ces grands actes de justice en se rendant en personne au Parlement ou en s'y faisant représenter par des membres de son conseil qu'il déléguait à cet effet. « Au mépris de cet
« ordre de choses, continuait l'ordonnance, le crédit et
« l'intrigue obtiennent souvent des lettres de révision, sans
« alléguer aucune erreur ; on parvient à tromper la religion
« du prince, au point d'obtenir des ordres qui suspendent
« l'exécution des arrêts ; enfin les lettres à l'effet de réviser,
« corriger ou annuler les arrêts, ne sont pas toujours adres-
« sées au Parlement. Nul ne pourra se pourvoir directement
« ou indirectement, expressément ou tacitement, contre un
« arrêt de notre Parlement, sans avoir observé les forma-
« lités indiquées ci-dessus : on ne pourra articuler d'autres
« griefs que ceux consignés en la requête adressée au Par-
« lement ; à cet effet, elle sera attachée sous le contre-scel
« des lettres royales. Il n'en sera point donné contre les
« jugements interlocutoires. Enfin la proposition d'erreur
« ne sera plus un motif d'ordonner qu'il sera sursis à l'exé-
« cution des arrêts, parce qu'ils sont toujours présumés
« conformes à la justice. »

Nous nous trouvons donc maintenant en présence d'une institution nettement distincte de l'appel, soumise à des règles précises. Ce n'était pas encore, à vrai dire, notre révision moderne, car les propositions d'erreur avaient lieu aussi bien en matière civile qu'en matière criminelle. De plus, nous l'avons dit, la distinction entre les erreurs de droit et les erreurs de fait n'existait pas encore ; la même voie de recours servait à les réparer. D'ailleurs, comme le fait remarquer Henrion de Pansey, les erreurs de droit étaient très rares à cette époque, étant donné le peu d'importance des lois écrites. « Le droit, dit M. Chênon, s'était « formé tout entier par la coutume, et la coutume, on la « prouvait par enquête : si donc les tribunaux y contreve- « naient en croyant l'appliquer, ils ne commettaient point « d'erreur de droit, mais une simple erreur de fait sur les « résultats de l'enquête. Ils ne violaient aucune loi, en in- « terprétant mal les dépositions des témoins. » Autre rai- son donnée par Jousse (1) : « Les propositions d'erreur « n'avaient *ordinairement* lieu que quand le juge errait en « fait, et non quand il errait en droit, soit par impéritie ou « autrement, parce qu'à l'égard de cette seconde erreur « les juges souverains ne sont jamais réputés s'être trom- « pés. »

Ailleurs, Jousse déclare au contraire catégoriquement que « la proposition d'erreur était un moyen pour faire « rétracter un arrêt ou un jugement en dernier ressort, « quand ce jugement avait été rendu sur une erreur de fait, « car à l'égard de l'erreur de droit elle n'a *jamais* été reçue « contre ces sortes de jugements ». Mais nous pensons qu'il y a là une inexactitude ; ce qui était vrai dans le der- nier état du droit, après le xvi° siècle, à une époque où la

1. II. p. 773.

distinction entre l'erreur de droit et l'erreur de fait s'était fait jour, ne l'était pas encore au xiv° siècle.

L'ordonnance de 1344 fut exécutée pendant tout le règne de Charles V : mais sous Charles VI, les principes sur lesquels reposait l'organisation judiciaire furent entièrement méconnus. La France fut pendant de longues années déchirée entre les partis et les factions : le roi, faible d'esprit, cessa de concourir avec le Parlement au jugement des propositions d'erreur. Le conseil du roi, statuant le plus souvent en son absence, tendit de nouveau à élargir sa compétence et à se constituer juridiction souveraine en face du Parlement : la faction dominante évoquait au conseil du roi, c'est-à-dire devant elle, les procès de ses partisans, et les jugeait elle-même : et si le Parlement avait déjà prononcé contre ses intérêts, elle cassait l'arrêt et statuait au fond de l'affaire (1). « Dans de tels désodres, « dit M. Chênon, il devait être rarement question de la « proposition d'erreur. A quoi bon s'arrêter à rechercher « minutieusement si un arrêt renferme des causes suffi- « santes de rétractation, quand on peut procéder par la « voie plus courte et préférée de l'évocation ? »

Sous Charles VII il arriva encore quelquefois que l'importunité des grands surprit au pouvoir royal des ordres

---

1. Pasquier, *Recherches de la France*, II, 6 : « Ceux qui avaient la « force et puissance par devers eux pour gouverner toutes choses à leur « appétit, faisaient évoquer les négoces qu'il leur plaisait par devers le « conseil du roi, qui était composé ou de Bourguignons ou d'Orléanais, « selon que les uns ou les autres des deux factions avaient le crédit en la « cour du roi Charles VII, qui lors était mal disposé de son bon sens : « et par cette voie frustraient ceux de la Cour de Parlement des causes « qui leur étaient affectées ».

pour suspendre le jugement des affaires, ou arrêter l'exécution des sentences. Cette interruption du cours de la justice se faisait au moyen de lettres d'état. L'ordonnance de Montils-lès-Tours, de 1453, voulant empêcher le retour de ces abus, déclare formellement que les juges ne doivent obtempérer à ces lettres que s'ils les trouvent « civiles et raisonnables » (1). Malgré tout, Louis XI dépouilla fréquemment les tribunaux par évocations et commmissions extraordinaires : toutefois il n'abusa pas du droit de casser les arrêts des parlements (2). Sous Charles VIII, les évocations, soit directes, soit après cassation, devinrent tellement nombreuses (3) que le roi institua pour en connaître, le 2 août 1497, une nouvelle cour souveraine, le Grand Conseil.

Mais ces évocotions, ces cassations, n'avaient plus le même objet que les propositions d'erreurs : elles étaient motivées par les contrariétés d'arrêts, la transgression des lettres d'état : il s'agissait bien réellement d'une violation de la loi, d'une erreur de droit ; et nous avons vu que dans la pratique la proposition d'erreur supposait une erreur de fait. Par là même commence à se faire jour cette grande distinction entre les erreurs de droit et les erreurs de fait :

1. « Voulant obéir à telles fraudes et malices, nous ordonnons que do-
« rénavant telles lettres ne soient passées en nos chancelleries : et en
« outre que si, par importunité, telles lettres d'état étaient données et
« passées, nous ordonnons et commandons à tous nos baillifs et à tous
« les justiciers de notre royaume, qu'ils n'obéissent ne obtempèrent en
« aucune manière, etc ».

2. Plusieurs parlements avaient été créés pendant le cours du xv° siècle.

3. Cf. les motifs de cette augmentation du nombre des évocations dans Chénon, p. 24.

et, ne conservant aux propositions d'erreur que leurs applications les plus fréquentes, les auteurs les écartent en matière d'erreurs de droit : « L'erreur proposée doit être erreur de fait, car aucun n'est recevable à proposer erreur de droit ». Il semble que désormais la proposition d'erreur perde son caractère ambigu, pour devenir une véritable révision.

Cette distinction ne fut pas la seule, en ce commencement du xvi° siècle. On établit une sous-distinction entre les errreurs de fait : on reconnut que les unes inculpaient le juge de prévention ou d'ignorance, tandis que d'autres procédaient du dol des parties ou du fait des officiers ministériels, comme les soustractions de pièces et les nullités de procédure. Contre les premières, on continua à agir par la proposition d'erreur : pour les autres, on établit de nouvelles lettres, dites *Lettres en forme de requête civile* (1). Mais comme généralement on accusait les arrêts à la fois de ces deux espèces d'erreurs, la chancellerie continua d'employer indistinctement la dénomination de proposition d'erreur. C'est ainsi qu'on trouve dans l'édit de Chanteloup, en 1545, l'affirmation que la proposition d'erreur est la seule voie ouverte contre les arrêts des cours souveraines. Cette confusion entre la proposition d'erreur et la requête civile avait disparu vers la fin du xvi° siècle, car à cette époque Charondas formule assez nettement la distinction : « Il y a deux moyens ordinaires permis par les or-« donnances royaux pour se pourvoir contre les arrêts, à

1. Le nom de lettres de requête civile vient de ce qu'elles ne doivent rien contenir de blessant pour le juge, qu'on accuse, non pas de s'être trompé, mais d'avoir été trompé.

Sevestre 3

« savoir la requête civile et la proposition d'erreur. La
« requête civile se fonde sur le dol et surprise de la par-
« tie, et quelquefois concerne le faict des juges : la pro-
« position d'erreur est d'erreur de fait, parce que l'on ne
« présume y avoir erreur de droict aux arrêts de la cour ».

Il ne faudrait pas croire toutefois que les différences
entre la proposition d'erreur et la requête civile aient été
aussi profondes que pourrait le faire croire ce passage de
Jousse : « Il fallait recourir au prince pour avoir ces lettres
« de proposition d'erreur : il y a là une véritable grâce
« contraire au droit commun, puisqu'elle tend à détruire
« un jugement qui n'est pas sujet à l'appel : à la différence
« de la requête civile, qui est une voie de justice et non
« de grâce, fondée sur le dol ou sur d'autres moyens sem-
« blables, qui n'attaquent ni les juges, ni la substance du
« jugement, mais la forme : au lieu que la proposition d'er-
« reur est une ressource contre le fond même du jugement,
« et qui, par conséquent, ne peut s'accorder que comme
« une grâce ». Il ne faudrait pas prendre à la lettre cette
affirmation que les requêtes civiles n'attaquent que la
forme : au fond, le but poursuivi était le même, et ce qui
le prouve, c'est que, comme nous le verrons bientôt, la
requête civile absorba à un moment donné la proposition
d'erreur.

Les propositions d'erreurs avaient été, au commencement
du XVIᵉ siecle, soumises à des formalités assez rigoureuses,
tendant à en diminuer le nombre. D'abord, l'ordonnance
de Louis XI de 1479 avait fixé à deux ans le délai pendant
lequel on pouvait agir par proposition d'erreur, plus un

délai d'un an pour mettre le procès en état de juger (1).
L'ordonnance de Villers-Cotterets d'août 1539, art. 136,
limita le premier délai à un an, à compter de la pronon-
ciation de l'arrêt, et l'article 138 voulut que le jugement fût
prononcé dans les cinq ans, ou plus exactement que dans ce
délai le procès fût mis en état par le demandeur, puisque
le jugement est de la pure volonté des juges. Avant de
renvoyer la cause au Parlement, les maîtres des requêtes
devaient examiner si l'erreur invoquée existait bien réellement. L'ordonnance de Villers-Cotterets élevait la consi-
gnation préalable à 240 livres parisis. De plus la proposition d'erreur ne pouvait être présentée qu'une fois.

Ces mesures ne tardèrent pas à être éludées : les parties,
pour y échapper sans violer ouvertement les ordonnances,
imaginèrent de se faire délivrer des lettres de nouvelle
espèce, qu'on appela Lettres pour être reçu à alléguer nullités, griefs et contrariétés. Ces lettres n'étaient soumises
à aucune formalité, et étaient adressées, non au Parlement,
mais au grand Conseil. Mais dès 1545, l'édit de Chanteloup, rendu par le chancelier Olivier, abolit ces lettres « de
nouvelle invention » : « Déclarons qu'à l'avenir nul ne sera
« reçu à contrevenir aux arrêts de nos cours souveraines
« par voie de nullités et contrariétés d'arrêts : ains se pour-
« voiront par propositions d'erreur, avec les solennités et
« dans les délais prescrits par nos ordonnances. » L'édit
ordonne de plus que tous les procès pendants au grand con-

---

1. Si par importunité ou autrement lettres étaient obtenues pour avoir,
outre ledit temps, lettres de grâce pour être reçu à proposer erreur, elles
seront nulles, de nul effet et valeur, et ordonne qu'il n'y soit nullement
obtemppéré.

seil en conséquence de ces lettres « soient renvoyés en
icelles de nosdites cours où ils auront été jugés. » M. Chênon fait remarquer très justement que l'édit, sous le même
nom de proposition d'erreur, confondait la proposition d'erreur proprement dite et la requête civile.

Ainsi donc, une fois de plus, dans cette lutte entre le
Conseil du roi et le grand Conseil contre les Parlements,
ceux-ci l'emportaient et ressaisissaient la prérogative de
reviser et de corriger eux-mêmes toutes les erreurs de fait.
L'édit de Chanteloup fut confirmé par l'ordonnance d'Orléans de 1560, art. 38, et l'ordonnance de Moulins (1566),
art. 61. Cette dernière ordonnance décidait que les lettres
en forme de requête civile seraient renvoyées en la chambre où le procès aurait été jugé. Il y avait là un inconvénient assez grave ; en effet, adresser ces lettres à la chambre qui avait rendu l'arrêt, c'était mettre les juges dans la
nécessité de s'entendre dire à eux-mêmes qu'ils s'étaient
trompés, ce qui choquait la dignité de la magistrature ;
aussi un édit rendu en interprétation de l'ordonnance de
Moulins décida-t-il que « toutes les fois que la partie se
plaindrait du fait et faute du juge, la requête civile serait
renvoyée à une autre chambre » (1).

La confusion entre les erreurs de fait et les erreurs de
droit disparut en grande partie avec la fin du xvie siècle.
L'ordonnance de Blois, de mai 1579, constate la première,
avec autant de netteté que le comporte l'imparfaite termi-

1. Nous pensons qu'il s'agissait là plutôt des lettres de proposition d'erreur que des lettres en forme de requête civile, car lorsque la partie se
plaint du fait et de la faute du juge, nous quittons le terrain de la requête
civile pour entrer dans celui des propositions d'erreur.

nologie de l'époque, dans ses art. **92** et **208**, l'existence de deux sortes de voies de recours bien distinctes contre les jugements en dernier ressort, les unes fondées sur une erreur de fait, et tendant à la rétractation des sentences, les autres fondées sur une erreur de droit et tendant à leur cassation : « Déclarons que les arrêts de nos cours souve- « raines ne pourront être cassés ni rétractés que par les « voies de droit, qui sont la requête civile et la proposition « d'erreur, et par la forme prescrite par nos ordonnances ; « voulons que les ordonnances faites tant par nous que « par les rois nos prédécesseurs soient inviolablement gar- « dées... Déclarons les jugements, sentences et arrêts don- « nés contre la forme et la teneur d'icelles, nuls et de nul « effet et valeur ». Ce grand progrès est dû au développe- ment du droit écrit ; tant que le droit demeure presque pure- ment coutumier, on n'a pas à se préoccuper de la cassation des arrêts pour contravention aux lois : une seule voie de recours suffit ; mais du jour où les ordonnances se multi- plient, où la rédaction des coutumes restreint considérable- ment l'arbitraire dans le domaine du droit, à côté de la ré- tractation des arrêts pour erreur de fait vient se placer la cassation pour erreur de droit : si le mot n'est pas encore employé, la chose désormais existe.

Ainsi, à dater de cette fin du xvie siècle, le caractère ju- ridique de la proposition d'erreur et de la requête civile se précise ; ces deux voies de recours sont réservées aux erreurs de fait. Ce qui les distingue encore de la révision, c'est qu'elles sont admises aussi bien en matière civile qu'en matière criminelle ; et ce n'est qu'avec l'ordonnance de 1670 que nous trouverons une institution poursuivant

exactement le même but que la révision moderne. — Mais
à quoi bon cette dualité ? Nous avons dit que les propositions d'erreur accusaient le juge de prévention ou d'ignorance, tandis que les requêtes civiles invoquaient simplement la faute du demandeur ou le dol de son adversaire.
De là des différences nombreuses, dans le détail desquelles
nous croyons inutile d'entrer, quant aux conditions de
recevabilité, quant à l'autorité à laquelle la demande doit
être adressée, etc. Malgré tout il semble qu'on les ait parfois employés indifféremment. D'ailleurs la coexistence de
ces deux voies de recours ne fut pas de longue durée.
Lorsque l'ordonnance de 1667 abrogea l'emploi de la proposition d'erreur (1), il y avait près de quarante ans qu'elle
avait à peu près disparu en fait ; elle avait en effet de
grands inconvénients : « Elle dégradait la magistrature,
« dit Henrion de Pansey (p. 213), en inculpant le juge
« d'ignorance et de partialité ».

D'autre part, la requête civile donnait lieu elle-même à
des abus ; l'avocat général de Pibrac disait, dans un discours au Parlement de Toulouse : « La requête civile est
« aujourd'hui aussi fréquente que les appellations ». Elles
s'obtenaient facilement dans les petites chancelleries établies près des Parlements, on pouvait les opposer même
aux jugements préparatoires et interlocutoires. Aussi les
rédacteurs de l'ordonnance de 1667 spécifièrent-ils toutes
les erreurs, tous les griefs, qui pourraient à l'avenir être

---

1. Ordonnance de 1667, titre 35, art. 32 : « Ne seront les arrêts et ju-
« gements en dernier ressort rétractés sous prétexte de mal jugé au fond,
« s'il n'y a ouverture de requête civile ».

employés comme ouverture de requête civile, et fixèrent définitivement la procédure à suivre à leur égard.

Des deux voies de recours qui, du xive au xviie siècle, avaient tenu lieu de révision dans notre droit français, il n'en restait donc en 1667 qu'une seule, la requête civile, et renfermée dans d'étroites limites. Suffisante en matière civile, où la rétractation des jugements rendus en dernier ressort ne doit être admise que dans des cas tout à fait exceptionnels, comme en cas de dol des parties, elle ne pouvait suffire en matière criminelle. C'est cette lacune, existant en fait depuis une quarantaine d'années, et créée en droit par l'ordonnance de 1667, qu'a voulu combler l'ordonnance de 1670 par l'institution d'une voie de recours nouvelle contre les erreurs de fait, spéciale, celle-là, à la matière criminelle, la *Revision*.

A en croire certains payages de Jousse, il semblerait que, dès avant l'ordonnance de 1670, la révision existât comme voie de recours spéciale contre les jugements en dernier ressort rendus au criminel. « Ce n'est pas l'ordonnance « de 1670 qui a introduit la révision : elle était en usage « depuis longtemps, même depuis l'ordonnance de novem- « 1479, et l'ordonnance de Blois, art. 92 » (1). Il en donne comme exemple les affaires de *révision* Cabrière et Men- dol, en 1549, — des officiers de Cambrai, en 1555, — de l'amiral Chabot, en 1540 — du maréchal de Biès, du baron de Liseur, — de M. de Vaux, conseiller au Parlement de Toulouse, etc. ; enfin il en trouve la preuve dans ce fait

______

(1) Ces ordonnances déclaraient que la proposition d'erreur et la requête civile étaient les deux seules voies de droit contre les erreurs de fait.

qu'il est parlé de lettres de révision dans l'art. 14 de la
déclaration du roi du **22** octobre **1648**.

Nous croyons qu'on peut donner de cet emploi prématuré
du mot de révision une explication très simple. Les propositions d'erreur, nous l'avons dit, s'appliquaient aussi
bien en matière civile qu'en matière criminelle. Ces lettres
de révision dont il est question bien avant **1670**, n'étaient
pas autre chose que les lettres de proposition d'erreur en
matière criminelle ; il semble bien, en effet, résulter d'un
autre texte de Jousse que l'expression de proposition d'erreur était parfois réservée aux demandes en matière civile :
« Les lettres de révision sont en matière criminelle ce
« qu'étaient autrefois les propositions d'erreur en matière
« civile ». D'ailleurs nous verrons que la révision était
soumise à peu près aux mêmes règles que les propositions
d'erreur.

CHAPITRE III

L'ORDONNANCE DE 1670. LES LETTRES DE REVISION DANS LE DERNIER ÉTAT DE L'ANCIEN DROIT.

« Les lettres de révision, dit Jousse, sont des lettres que
« le roi accorde pour revoir et examiner de nouveau le
« procès criminel d'une personne condamnée contradictoi-
« rement par arrêt ou jugement en dernier ressort, afin de
« révoquer la condamnation, s'il y a lieu, et de renvoyer
« le condamné, ou sa mémoire, absous des cas qui lui ont

« été imposés, avec restitution et rétablissement dans ses
« biens confisqués et dans sa réputation et bonne renom-
« mée. Ce n'est pas en vertu de ces lettres que le con-
« damné qui vient à être justifié rentre dans ses biens et
« droits, mais en vertu du jugement qui le déclare inno-
« cent ; et alors la restitution a lieu, non seulement contre
« le roi, mais encore contre tous ceux qui ont acquis la
» confiscation, soit par don, acquisition ou autrement. »
La définition donnée par Muyart de Vouglans nous montre
malheureusement que la revision, d'après l'ordonnance de
1670, avait encore un rôle complexe, et que l'on n'en avait
pas encore nettement dégagé la notion exacte et précise :
« Les lettres de revision sont accordées par le roi pour faire
« revoir et juger de nouveau un procès criminel, *soit à*
« *cause des vices, de nullité dont il peut être infecté dans*
« *la forme, soit à cause de l'injustice évidente qu'il ren-*
« *ferme au fond* ». Il y a là une confusion manifeste entre
les rôles respectifs de la révision et de la cassation ; cette
confusion, que nous avons déjà rencontrée dans l'étude de
la proposition d'erreur, n'avait donc pas entièrement disparu avec l'ordonnance de Blois.

Dans quelle mesure faut-il ajouter foi à cette définition ?
Voilà ce qu'il est assez difficile de dire, en présence des
contradictions multiples des auteurs en cette matière. Serpillon, un des commentateurs de l'ordonnance de 1670,
déclare à un endroit que les lettres de révision sont accordées pour revoir de nouveau un procès criminel, *tant à*
cause des nullités que de l'injustice au fond ; et ailleurs :
« Des moyens de nullité dans la procédure ne suffiraient
« pas pour obtenir des lettres de révision, mais ils seraient

« suffisants pour se pourvoir en cassation au Conseil con-
« tre l'arrêt ou jugement en dernier ressort, etc. ».

Nous croyons que cette seconde proposition est seule exacte ; ce qui a pu, selon nous, donner lieu à une confusion, c'est que la révision était admise en effet dans certains cas, très particuliers d'erreur de droit ; par exemple, lorsque la peine prononcée n'était pas proportionnée à la nature du crime, ou bien lorsque le condamné prouvait qu'il n'y avait eu, dans l'objet du procès, aucune espèce de délit qui méritât une instruction criminelle : comme si on avait condamné les héritiers du coupable à des peines afflictives, et non pas seulement aux réparations pécuniaires (Tolozan). Dans ces hypothèses, où nous n'hésiterions pas aujourd'hui à voir des ouvertures à cassation, nos anciens auteurs voyaient des moyens de révision, bien qu'il s'agît d'erreurs de droit. Ils étaient donc conduits à dire que les demandes en révision pouvaient aussi bien se fonder sur des erreurs de droit que sur des erreurs de fait. Seulement cette terminologie imparfaite augmenta la confusion, et nous venons de voir que Muyart de Vouglans attribuait à la révision le rôle de la cassation, puisqu'il en faisait une voie de recours contre les nullités de procédure. Jousse tombe dans la même confusion en énumérant, parmi les cas où la révision était possible, à côté de la condamnation prononcée sur faux titres ou sur le témoignage de faux témoins, le cas où le juge était incompétent pour connaître de l'affaire.

Nous pouvons laisser de côté ces confusions qui, après tout, ne portent pas une grave atteinte au caractère juridique de la révision. C'est avant tout, sous l'empire de l'or-

donnance de 1670 comme aujourd'hui, une institution
destinée à réparer les erreurs judiciaires : si nos anciens
auteurs ne la distinguent pas toujours très bien de la cassation, qui conduit parfois indirectement au même but,
lorsque le jugement annulé pour vice de forme, incompé-
tence, erreur de droit, est en même temps contraire à l'é-
quité, il ne faut pas s'en étonner : la révision descend en
ligne directe de la proposition d'erreur, et la proposition
d'erreur a longtemps rempli simultanément les fonctions
de révision et de cassation.

Au point de vue des conditions d'admissibilité, il y avait,
entre l'ancien droit et notre droit actuel, cette différence
essentielle qu'on pouvait demander des lettres de révision
toutes les fois que l'erreur paraissait certaine. Il n'y avait
pas, comme aujourd'hui, des cas de révision limitativement déterminés. La seule déclaration d'un condamné sur
le point d'être exécuté, qu'il était l'auteur d'un crime pour
lequel un autre individu avait été condamné, pouvait quelquefois suffire pour qu'on ordonnât la revision d'un procès. « Il faut toujours, dit Jousse, qu'un jugement injuste,
« qui a fait perdre la vie ou l'honneur à un citoyen, soit
« rétabli, soit que l'injustice de ce jugement vienne du
« juge même, soit qu'elle vienne des parties. Il suffit que
« ce jugement puisse être reconnu injuste, de quelque
« manière que ce soit, pour donner lieu à la révision. » Il
n'était pas besoin d'une évidence, un simple doute raisonnable suffisait.

Ce système peut paraître dangereux, et susceptible d'a-
mener des abus : en réalité, ces lettres n'étaient jamais
admises et entérinées qu'en grande connaissance de cause :

la procédure assez compliquée des demandes de révision,
que nous examinerons bientôt, en était une garantie sérieuse. Il fallait invoquer de graves présomptions d'erreur : le moyen par lequel on alléguerait, dit Jousse, que
la condamnation a été prononcée sur des preuves insuffi-
santes, lorsqu'il n'est rien survenu de nouveau depuis le
jugement, ne pourrait jamais être regardé comme un
moyen suffisant de révision. « Les lettres de révision, dit-il
« ailleurs, ne doivent être admises que difficilement, et
« quand on a de bons et puissants moyens, et cela à cause
« des inconvénients qui pourraient en arriver, si on les
« accordait facilement ; parce que c'est mettre une seconde
« fois sous les yeux des juges le même procès qu'ils ont
« déjà jugé, et rendre en quelque sorte leurs jugements
« illusoires ; au lieu qu'on ne doit pas donner légèrement
« atteinte à l'autorité des choses jugées, suivant cette règle
« que *Res judicata pro veritate habetur.* »

Les lettres de révision étaient admises contre les jugements définitifs (arrêts, jugements présidiaux ou prévôtaux)
prononçant une peine afflictive, ou entraînant l'infamie,
tant pour l'accusé que pour la veuve et ses héritiers par
voie de conséquence ; elles ne l'étaient probablement pas,
selon Jousse, contre les condamnations à l'admonition, ou
à des injonctions ou défenses, ou à de simples dommages-
intérêts, « parce que la revision des procès n'a été établie
« qu'en faveur de l'innocence, pour des crimes qui inté-
« ressent le public » (1).

---

1. La révision doit être admise contre la question préparatoire, bien
que ce ne soit pas un jugement définitif, parce que c'est une peine qui devient définitive dans son exécution (Jousse).

Le bénéfice de la révision était en principe réservé aux accusés condamnés contradictoirement ; les accusateurs ou plaignants ne pouvaient jamais l'obtenir, en vertu de la maxime *non bis idem* ; les condamnés par contumace pas davantage, puisqu'ils avaient un moyen bien plus simple de se faire juger de nouveau, se constituer prisonniers. Quant à la femme et aux enfants et héritiers du condamné, il fallait distinguer, suivant que le condamné était encore vivant ou non. Dans le premier cas, ces personnes ne pouvaient demander la révision, le condamné étant seul vériblement intéressé à l'obtenir : à moins que celui ci ne fût dans l'impossibilité d'agir, étant au cachot ou au secret. Dans le second cas, comme il ne s'agissait que de réhabiliter la mémoire du condamné, tous ceux qui y avaient intérêt pouvaient demander la révision : étaient considérés comme personnes intéressées les parents héritiers du défunt, jusqu'au 5° degré, et ceux qui portaient le nom et les armes du défunt, en quelque degré qu'ils fussent (1).

1. Nous avons déjà cité quelques exemples de révision, antérieurs à l'ordonnance de 1670. En voici d'autres, les uns antérieurs, les autres postérieurs à cette ordonnance. En 1409, révision du procès de Jean de Montagu, seigneur de Marcoussis, décapité à Paris, suivie de la réhabilitation de sa mémoire. En février 1449, les héritiers de Jeanne d'Arc sont reçus à purger sa mémoire. L'amiral Chabot, gouverneur de Bourgogne, condamné à de grosses amendes et privé de son gouvernement, est rétabli dans tous ses biens, droits et honneurs par l'arrêt du 29 mars 1541. Le chancelier Poyet, qui avait présidé les commissaires chargés de juger l'amiral Chabot, condamné le 23 avril 1545 par toutes les chambres du Parlement de Paris à 10.000 livres d'amende, 5 années d'exil et à la perte de sa dignité de chancelier, obtient l'année suivante des lettres de révision. Rémond Pélisson, Président du Parlement de Chambéry, condamné par un arrêt du Parlement de Dijon de 1552, obtient des lettres de révision et est absous par arrêt du 13 octobre 1576. Le 27 janvier 1600, le Par-

Les lettres de révision pouvaient être demandées en tout temps, même après plus de trente années ; aucune prescription n'est admise en matière de révision, dit Jousse, parce que cette voie a été établie en faveur de l'innocence ; l'art. 16 du titre XVI de l'ordonnance de 1670, qui fixe un délai de trois mois, ne parle que des lettres d'abolition, de rémission et de pardon. Nous remarquons à cet égard une différence avec les lettres de proposition d'erreur, qui ne pouvaient être demandées que dans un court délai (un an ou deux, suivant les époques).

La procédure des lettres de révision était très scompliquée ; l'ordonnance de 1679 avait été modifiée et complétée sur ce point par le règlement du conseil du **28 juin 1738**, partie Iʳᵉ, titre VII. En voici les principaux traits (1):

1° Le condamné doit exposer les faits avec ses circonstances par une requète en forme de vu d'arrêt, à laquelle doit être jointe la copie signifiée, ou une expédition en

lement de Paris, à la suite d'une déclaration faite par un condamné, rend un arrêt de revision en faveur d'un nommé Boulanger. La veuve du sieur de Beaupré fait rétablir la mémoire de son mari par un arrêt du Conseil du 9 septembre 1622. Dans l'affaire du sieur Langlade et de sa femme, condamnés par arrêt du 16 février 1688, pour vol, des lettres de révision sont accordées et aboutissent à un arrêt d'acquittement du 17 juin 1693, etc.

1. Ordonnance de 1670, titre XVI, art. 8. Pour obtenir des lettres de revision de procès, le condamné sera tenu d'exposer le fait, avec ses circonstances, par requête qui sera rapportée en notre conseil, et renvoyée, s'il est jugé à propos, aux maitres des requêtes de notre hôtel, pour avoir leur avis, que nous voulons ensuite être rapporté à notre conseil ; et si les lettres sont justes, il sera ordonné qu'elles seront expédiées et scellées ; et pour cet effet, elles seront signées par un secrétaire de nos commandements. Art. 9. L'avis des maitres des requêtes de notre hôtel, et l'arrêt de notre conseil seront attachées sous le contre-scel des lettres de révision, et l'adresse sera faite à celle de nos cours où le procès aura été jugé.

forme de l'arrêt ou du jugement en dernier ressort qui donne lieu à la demande.

2° Cette requête doit être signée d'un avocat au conseil. Contrairement à ce qui avait lieu pour les propositions d'erreur, il n'était pas nécessaire de la faire signer par deux anciens avocats, ni de consigner au préalable une somme représentative d'une amende ou de dommages-intérêts en cas d'échec.

3° Lorsque, sur le rapport qui est fait de cette enquête, elle paraît mériter un plus grand examen, on ordonne que les charges et procédures du procès seront apportées au greffe des requêtes de l'hôtel, et les maîtres de l'hôtel donneront leur avis sur la demande.

4° Le rapporteur rend compte de cet avis au conseil ; si les lettres de révision demandées paraissent justes, un arrêt ordonne qu'elles seront expédiées et scellées ; elles doivent être auparavant signées par un secrétaire des commandements du roi, et ne peuvent être expédiées qu'en la grande chancellerie. -- L'avis des maîtres des requêtes et l'arrêt du conseil doivent être attachés sous le contre-scel des lettres de revision.

5° Les lettres de révision doivent être adressées aux cours où le procès a été jugé (1). Néanmoins, s'il y a quelque

1. Il y avait dans certains parlements des règles particulières pour la révision des procès. Les révisions de Franche Comté se portaient au Parlement de Bourgogne ; plus tard, en vertu d'une déclaration du roi du 20 janvier 1680, les procès jugés à la grand'chambre du Parlement de Besançon devaient être portés à la 2e Chambre ; ceux de la 2e à la 3e ; et ceux de la 3e à la grand'chambre. Ces procès devaient être examinés par huit nouveaux juges, avec le rapporteur, et un de ceux qui avaient assisté au premier jugement ; s'il y avait moins de huit juges, on appelait les

cause de suspicion contre ce tribunal, ou quelque faute de
sa part commise dans l'instruction ou le jugement, on renvoie à une autre Cour souveraine, si la révision se fait contre
un arrêt, ou au grand conseil, ou aux maîtres des requêtes
de l'hôtel, s'il s'agit de la révision d'un jugement présidial
ou prévôtal (Cf. Serpillon, commentaire sur l'ordonnance
de 1670) ; jamais on ne renvoie au même présidial qui a
jugé (1).

Ce principe, d'après lequel les lettres de révision étaient
adressées aux mêmes juges qui avaient déjà rendu la sentence attaquée, est absolument repoussé aujourd'hui :
Jousse constate d'ailleurs que, même de son temps, il était
rejeté en Allemagne et au Pays-Bas. On le fondait principalement sur cette idée, qu'il ne faut pas, comme le crai-
gnaient certains adversaires de la révision, qu'elle puisse
être confondue avec l'appel, en raison de la défaveur qui
s'attache à cette voie de recours ; en renvoyant les lettres
de révision à d'autres juges, on semblait rendre les premiers jugements sujets à l'appel ; tandis qu'il n'y a rien de
blessant, pour employer l'expression de Jousse, à en appeler du juge mal informé au juge mieux informé. Cette considération d'ailleurs nous paraît très inexacte, et Rousseaud

plus anciens conseillers des autres chambres (Brillon, V. 998)). Un édit
d'août 1692 soumit les habitants de la Franche-Comté aux mêmes règles
que ceux des autres provinces. — Le Parlement de Tournay avait également sur ce point un édit particulier. A l'inverse, une déclaration du roi
de février 1682 ordonnait que les requêtes civiles présentées contre les
arrêts rendus en la chambre Tournelle du Parlement de Toulouse fussent
toujours plaidées et jugées en ladite chambre Tournelle, et jamais en la
grand'chambre.

1. Il existe cependant un arrêt du Conseil du 25 juin 1765, renvoyant
au Présidial de Quimper la revision d'un procès prévôtal).

de la Combe est bien mieux inspiré lorsqu'il dit (p. 389) :
« Quoique l'art. 9 de l'ordonnance de 1670 déclare que la
« révision des procès sera renvoyée devant les juges qui
« avaient jugé le procès, cette disposition n'est pas tou-
« jours suivie, et même on renvoie ordinairement la révi-
« sion devant d'autres juges, *car enfin on a de la peine à*
« *détruire son propre ouvrage* : ce qu'il faut éviter princi-
« palement en matière criminelle, où il s'agit quelquefois
« de la vie » (1).

6° Les parties peuvent produire devant les juges auxquels elles sont renvoyées de nouvelles pièces, à condition
d'en donner copie à la partie adverse, qui pourra y répondre dans certaines conditions de délai. Puis, quand le tout
aura été communiqué à la partie publique, il doit être procédé au jugement des lettres. Il est permis aux parties, pour
se pourvoir en lettres de révision, d'avoir communication
des procédures criminelles sur lesquelles la condamnation
est intervenue.

7° L'ordonnance de 1670, titre XVI, art. 28, condamnait
à 300 livres d'amendes envers le roi et 150 envers les parties, les demandeurs en révision qui succombaient. Au contraire le règlement de 1738, titre VII, art. 2, supprima toutes condamnations d'amende en matière de révision des
procès criminels.

Avec toutes ces formalités, toutes ces épreuves successives par lesquelles devaient passer les demandes en révision, il était peu à craindre qu'il en résultât des abus, et

---

1. Cf. l'affaire des officiers du présidial de Mantes, 1er septembre 1699.

Sevestre   4

l'on comprend que les législateurs de l'ancien droit n'aient pas cru devoir limiter les cas où elles seraient recevables (1).

Ce qui distingue profondément la révision de la proposition d'erreur, c'est que, nous l'avons dit, la revision n'était pas admise en matière civile. L'ordonnance de 1667 avait entièrement aboli la proposition d'erreur, et celle de 1670 ne la rétablit, sous le nom de révision, qu'en matière criminelle. « Disposition fort juste, dit Dalloz, car si l'huma-
« nité ne permet pas d'abroger l'usage de la révision dès
« que c'est la vie, la liberté ou l'honneur des citoyens qui
« sont en jeu, il en est autrement lorsqu'il s'agit d'un inté-
« rêt purement civil. Il importe au repos des familles, alors
« qu'une décision souveraine est intervenue et que toutes
« les voies juridiques ont été mises en usage, de ne plus
« renouveler des contestations irrévocablement et contra-
« dictoirement décidées entre les parties. »

D'ailleurs, l'ordonnance de 1670 avait laissé subsister, en matière civile, la requête civile. La question s'est posée, dans le silence de la loi, de savoir si la requête civile avait subsisté en matière criminelle, concurremment à la révision. Nous ne dirons que quelques mots de cette question, qui pourrait nous entraîner à de trop longs développements.

Selon Jousse, les requêtes civiles étaient admises en matière criminelle. A l'égard des jugements préparatoires ou d'instruction rendus incidemment au cours d'une pro-

---

1. Ces formalités pouvaient être, il est vrai, simplifiées. Rousseaud de la Combe dit que le renvoi de la requête aux maîtres des requêtes pour avoir leur avis n'était pas de nécessité, que cela dépendait principalement du chancelier ; en tous cas, il fallait un arrêté du Conseil admettant la révision pour pouvoir faire expédier les lettres au Grand Sceau.

cédure criminelle, ce serait, dit-il, une injustice d'ôter cette ressource, tant aux accusés, qui ne peuvent alors se pourvoir par lettres de révision, qu'aux parties civiles, qui ne peuvent jamais en obtenir. A l'égard des jugements définitifs en dernier ressort, la requête civile n'était pas admise en principe au profit de l'accusateur, en vertu de la maxime *non bis in idem* ; on s'appuyait en ce sens sur un texte du Digeste, au titre *De minoribus* ; exception était faite pour les crimes atroces, et lorsque l'accusé avait falsifié ou supprimé les charges, corrompu les témoins, ou usé d'artifices pour se procurer l'absolution. Au contraire, le condamné pouvait toujours se pourvoir par requête civile contre un jugement définitif. Il pouvait y avoir intérêt, dit Jousse, parce que, si la révision était plus favorable en ce qu'il n'y avait pas de délai pour se pourvoir, comme pour la requête civile, et qu'elle permettait de juger le rescindant et le rescisoire par un même jugement, alors que l'autre voie exigeait deux jugements successifs, les lettres de requête civile avaient par contre l'avantage de s'obtenir dans les petites chancelleries ; on ne pouvait les refuser quand on alléguait un des moyens portés en l'art. 34 du titre XXXV de l'ordonnance de 1667.

En sens contraire, Muyart de Vouglans et Soulatges semblent avoir considéré la révision comme ayant absorbé depuis 1670 les cas de requête civile au criminel. Telle parait bien être en effet l'opinion de Soulatges, dans cette comparaison qu'il fait entre la révision et la requête civile, et qui montre très exactement les rôles différents de ces deux voies de recours : « *Les lettres de révision sont en « matière criminelle ce que sont les requêtes civiles en ma-*

« *tière civile*, si ce n'est qu'en entérinant les lettres de ré-
« vision on peut juger le rescindant et le rescisoire par un
« seul et même jugement ou arrêt, c'est-à-dire qu'on peut
« rétracter la condamnation prononcée contre l'accusé, et
« en même temps le relaxer de l'accusation et lui adjuger
« des dommages-intérêts, le cas y échéant ; au lieu qu'en
« jugeant les requêtes civiles, le rescindant et le rescisoire
« ne peuvent pas être jugés par le même arrêt, et que les
« parties peuvent seulement être remises au même état
« qu'elles étaient avant la condamnation ». Il admettait
toutefois que les parties civiles pouvaient invoquer la requête civile, n'ayant pas la voie de la révision, lorsque
l'absolution avait été obtenue par l'accusé au moyen de
pièces fausses.

La jurisprudence n'était pas moins partagée que la
doctrine sur la question. En 1710, l'avocat général Benoist
de Saint-Port soutint que, s'il fallait éviter sans doute
qu'on n'attaquât journellement les arrêts en matière criminelle, on ne pouvait cependant refuser à la partie civile
le droit de recourir à la requête civile, lorsque l'acquittement résulterait du dol de l'accusé ou de la fausseté des
informations. Mais le grand Conseil trancha la question en
sens inverse.

Au fond, l'intérêt de cette controverse était assez minime,
car les requêtes civiles étaient rares en matière criminelle.
« Bien qu'il y ait des exemples de requête civile en matière
« du grand criminel, dit Serpillon, le recours aux lettres
« de revision est bien plus ordinaire, parce qu'en statuant
« sur la demande en entérinement de lettres on juge le
« fond, tandis qu'en matière de requête civile, il n'est pas

« permis de prononcer en même temps sur le rescindant
« et le rescisoire ».

A supposer que la requête civile ait été parfois admise
en matière criminelle après l'ordonnance de 1670, elle n'a
joué en tous cas qu'un rôle fort restreint. On peut dire,
sans commettre une grave erreur, que la révision a été, de
1670 à 1789, comme elle l'est encore aujourd'hui, la seule
voie de recours contre les jugements en dernier ressort au
criminel ayant pour but la réparation des erreurs judiciaires (1).

L'ancien droit français possédait donc, à la veille de la
Révolution, une théorie assez juridique de la révision ; elle
n'était pas parfaite, sans doute, puisqu'elle usurpait souvent
le rôle de la cassation, puisqu'elle était soumise à l'arbitraire du Conseil, en l'absence de cas de révision délimités ;
mais enfin, l'ancienne procédure ouvrait largement aux
victimes d'une erreur judiciaire les moyens de faire effacer
la condamnation qui les avait frappées.

Seulement il ne suffit pas qu'une législation permette de
réparer les erreurs judiciaires, il faut surtout qu'elle se
préoccupe de les éviter ; c'est le rôle d'une bonne loi
d'instruction criminelle. Or, si notre ancienne procédure
remplissait à peu près la première de ces fonctions, elle
donnait prise à de graves critiques relativement à la seconde. Lorsque, au xviiie siècle, le grand mouvement phi-
losophique qui devait donner le jour à la Révolution com-

1. L'arrêt d'absolution, sauf réserve expresse contenue dans les lettres
de revision, n'empêchait pas l'ancien jugement de condamnation de subsister quant aux dépens et aux intérêts civils, et même quant aux confis-
cations et amendes.

mença à combattre toutes les institutions établies, il ne se préoccupa guère de chercher une meilleure organisation de la révision, mais bien plutôt de la rendre inutile, par une transformation complète de l'instruction criminelle. Au point de vue de la réparation des erreurs judiciaires, le mouvement ne porta guère que sur deux points : la réparation pécuniaire, la question des indemnités, sur laquelle nous aurons l'occasion de revenir, et aussi la date des exécutions capitales. D'après l'ordonnance de 1670, les arrêts devaient être exécutés le jour même où ils avaient été prononcés : la révision ne pouvait donc guère s'appliquer qu'à la mémoire des condamnés, de sorte que les erreurs judiciaires les plus graves devenaient irréparables. L'édit du 8 mai 1788 donna satisfaction aux critiques fort justes adressées à cet état de choses, en établissant qu'aucune condamnation à mort ne pourrait être exécutée moins d'un mois après qu'elle aurait été prononcée (sauf les jugements rendus pour des cas de sédition ou d'émotion populaire). Il fallait que chaque condamné eût le temps nécessaire pour solliciter la clémence et la justice du roi (1).

Tout l'effort des philosophes et des publicistes du xviiie siècle, juristes ou hommes de lettres, se porta donc contre l'instruction criminelle. Et, il faut le reconnaître, cette procédure était de nature à multiplier les erreurs judiciaires. Il faut lire dans le discours de l'avocat général Servan l'effrayant tableau de tous les obstacles que devait surmonter l'accusé pour faire éclater son innocence. Comme le fait très justement remarquer M. Péan, ce fut l'exagération

1. Cf. *Lois nouvelles*, année 1896, p. 2.

et la fausse interprétation d'une idée juste qui donna naissance à tous les abus. Partant de ce principe que les preuves de la culpabilité devaient être aussi claires que le clair
jour luisant à midi, comme disait Bouteiller, on en arriva
à exiger l'aveu de l'accusé ; et comme cet aveu ne s'obtenait ordinairement pas de plein gré, on eut recours à la torture. D'une façon plus générale, le système des preuves
légales, qui était celui de l'ancienne procédure, devait conduire fatalement aux pires erreurs. Tout contribuait d'ailleurs à étouffer la défense : l'instruction était absolument
secrète ; l'accusé n'avait droit ni à l'assistance d'un conseil,
ni à la communication des pièces, ni à la citation des témoins à décharge. L'accusé d'aujourd'hui était presque fatalement le condamné de demain ; et s'il avait l'énergie de
résister à la torture, il en sortait infirme et estropié pour
toujours. Cet état de choses put se prolonger pendant plusieurs siècles, sans soulever de sérieuses protestations ; au
xvii° siècle, il n'y eut guère que La Bruyère qui éleva la
voix contre les rigueurs exagérées de la procédure criminelle. Mais le xviii° siècle entreprit contre elles une lutte
acharnée, qui aboutit à l'ordonnance de **1788** et aux réformes de la Révolution. Prenons pour exemple les législations romaine et anglaise, tour à tour, Montesquieu, Voltaire, Beccaria, réclamèrent la publicité des débats, la
pleine liberté de la défense, le jugement par des jurés (1).

Le mouvement s'accéléra vers le milieu du xviii° siècle,
à la suite d'une série d'erreurs judiciaires, auxquelles s'attache le nom de Voltaire, et dont nous devons dire quel-

1. Esmein, p. 358 et suiv.

ques mots. D'abord, en **1762**, l'affaire Calas. Un jour, le fils d'un protestant de Toulouse est trouvé pendu : les protestants étaient encore à cette époque, dit Michelet, l'objet de persécutions odieuses ; l'une des plus atroces consistait à traîner sur la voie publique les corps des suicidés ; pour éviter cette profanation, la famille Calas chercha à cacher la cause de cette mort. De là des soupçons ; un autre fils de Calas s'était converti quelque temps auparavant au catholicisme, et s'était brouillé avec sa famille ; il n'en fallut pas davantage pour faire naître cette légende, que le père avait tué son fils, pour l'empêcher de se convertir également. Il n'y avait aucune preuve sérieuse ; mais le système des preuves légales permettait de remédier à cette insuffisance : « On admet ailleurs des demi-« preuves, dit Voltaire (1) qui au fond ne sont que des « doutes, car on sait qu'il n'y a point de demi-vérités ; « mais à Toulouse, on admet des quarts et des huitièmes « de preuves ; en sorte que huit rumeurs, qui ne sont « qu'un écho dans un bruit mal fondé, peuvent devenir « une preuve complète ».

Calas fut condamné et exécuté. La veuve et les enfants de la victime, après avoir passé eux-mêmes par les horreurs de la question, se réfugièrent à Genève et allèrent implorer la pitié de Voltaire. Celui-ci déjà tout-puissant à cette époque, informé du caractère extraordinaire de ce procès, prit en mains la cause de la veuve, et entreprit hardiment la réhabilitation du condamné. Soutenu dans cette lutte contre les Parlements par le ministre Choiseul,

1. *Commentaire du Livre des Délits et des peines*, ch. **XXIII**.

et surtout par l'opinion publique, qui embrassa avec ardeur la cause de la famille Calas, il finit par obtenir la révision du procès. L'arrêt du Parlement de Toulouse fut cassé par un tribunal extraordinaire de cinquante membres des requêtes, la mémoire de Calas réhabilitée et une indemnité accordée à sa famille (9 mars 1765). « Jamais, dit Henri Martin, la justice et la vérité n'avaient remporté une plus belle et plus difficile victoire. »

Peu de temps après le supplice de Calas, et au moment où Voltaire commençait à élever la voix en sa faveur, une autre erreur judiciaire faillit se produire dans des conditions presque identiques, Une jeune fille protestante, enlevée à ses parents et enfermée dans un couvent, s'échappa, et, dans sa fuite, périt par accident ; le père appelé Sirven, fut accusé du même crime que Calas ; peut-être, insinue Michelet, voulut-on prouver par là à Voltaire que c'était chose fréquente chez les protestants de sacrifier leurs enfants à leurs croyances, que Calas pouvait bien être par conséquent coupable. La famille Sirven prit la fuite, à travers les neiges des Cévennes ; la mère mourut de misère et de douleur pendant le voyage ; le père et son autre fille arrivèrent à Genève, et y trouvèrent, comme les Calas, la protection de Voltaire. Condamnés à mort par coutumace à Toulouse, ils ne parvinrent à faire reconnaître leur innocence qu'après la chute des Parlements.

En 1766, un crucifix placé sur un pont d'Abbeville ayant été mutilé pendant la nuit, les soupçons se portèrent sur deux jeunes officiers de dix-huit ans, la Barre et d'Etallonde. Ce dernier s'enfuit ; l'autre fut condamné sur de vagues présomptions par le présidial d'Abbeville à être brûlé vif, après avoir eu la langue et la main droite coupées. Le Parlement de Paris, confirma la sentence, en accordant au condamné la faveur d'être décapité. Voltaire ne parvint pas à l'arracher à l'échafaud, où il monta le 1er juillet 1766. Plus triste encore fut le procès de Lally-Tollendal, victime jetée au ressentiment populaire, dit Henri Martin, à la suite de la perte de l'Inde. Accusé de concussion et de trahison malgré tous ses services, il obtint des anglais, dont il était le prisonnier, de revenir en France pour se justifier, Choiseul, voulant le sauver, le fit avertir de l'ordre d'arrestation. Au lieu de s'enfuir, Lally alla se constituer prisonnier à la Bastille. Il y resta dix-neuf mois avant d'être interrogé et de savoir devant quel tribunal il devrait répondre. Renvoyé devant la Grand'Chambre et la Tournelle assemblées, il fut condamné après une procédure interminable, le 6 mai 1766, à être décapité, non pour haute trahison ou concussion, mais sous le vague prétexte d'avoir trahi les intérêts du roi, de vexations et abus d'autorité. Choiseul demanda sa grâce au roi ; Louis XV, vrai responsable de la perte de l'Inde, se montra inflexible, et la condamnation fut exécutée. Voltaire, qui n'avait pu arracher aux tribunaux cette grande victime, seconda puissamment le fils de Lally dans sa campagne pour réhabiliter son père. Après douze ans d'efforts, en 1778, il obtint la cassation de l'arrêt de condamnation par le Conseil du roi ; la révision du procès fut déférée au Parlement de Bourgogne, et la mémoire de Lally fut réhabilitée.

Voltaire s'était donc fait en quelque sorte le grand réparateur des erreurs et iniquités judiciaires de son temps. Dans d'autres causes moins célèbres, il sauva encore la vie ou l'honneur d'accusés prêts à succomber sous d'injustes préventions. Son but n'était pas seulement de se poser en -champion de la justice méconnue, mais peut-être plus encore de prouver la nécessité de réformer une législation criminelle qui pouvait conduire à de pareilles atrocités. Une partie considérable de l'œuvre littéraire de Voltaire est consacrée à cette grave question (1). Ce que l'opinion publique réclame avant tout, c'est le respect des droits de la défense ; la publicité, l'assistance d'un avocat, l'abolition de la torture, la théorie des preuves morales. Plus tard, elle réclamera le jugement par les jurés. S'exagérant les avantages de cette institution, elle croit que l'établissement du jury supprimera toute chance d'erreur judiciaire : « Chaque accusé, « dit Voltaire, est jugé par ses pairs (en Angleterre) ; il n'est « réputé coupable que quand ils sont d'accord sur le fait. « C'est la loi qui les condamne sur le crime avéré, et non « sur la sentence arbitraire des juges ». C'est en partant de cette idée de l'infaillibilité du jury que nous verrons les législateurs de la Révolution supprimer complètement la révision.

La nouvelle impulsion donnée par Voltaire au mouvement réformateur du XVIIIe siècle emporta bientôt le pays tout entier. Sans doute il y eut des résistances de la part de la magistrature. Muyart de Vouglans, Séguier, pour ne citer que ceux-là, soutinrent avec éloquence les avantages

---

1. Histoire d'Elisabeth Canning. Mémoires pour les Calas. Relation de la mort du chevalier de la Barre. La méprise d'Arras. Procès criminel du sieur Montbailly et de sa femme. Commentaire sur le traité des délits et des peines. Traité de la tolérance. Prix de la justice et de l'humanité, etc. cf. Esmein, p. 369.

de l'ancienne procédure. Mais même dans le monde judiciaire, l'esprit de réforme ne tarda pas à pénétrer : nous avons déjà indiqué le discours de rentrée de l'avocat général Servan, en 1766, où il réclamait la réforme de l'ordonnance de 1670, et en combattant hardiment tous les abus. D'autres l'imitèrent, en particulier Hérault de Séchelles, en 1786.

En même temps, les sociétés savantes et les académies de province poursuivaient d'une manière détournée un but identique, en mettant au concours des questions de législation criminelle. En 1777, la Société économique de Berne (1) établit un prix de 1.200 fr. pour l'auteur du meilleur mémoire sur le sujet suivant : « Composer et rédiger un plan complet et détaillé de législation criminelle sous ce triple point de vue : 1º des crimes et des peines proportionnées qu'il s'agit de leur appliquer ; 2º de la nature et de la force des preuves et des présomptions ; 3º de la manière de les acquérir par la voie de la procédure criminelle, en sorte que la douceur de l'instruction et des peines soit conciliée avec la certitude d'un châtiment prompt et exemplaire, et que la société civile trouve la plus grande sûreté possible pour la liberté et l'humanité ». Voltaire envoya 1.000 fr. de plus et publia une réponse à ces questions sous ce titre : Prix de la justice et de l'humanité (2).

En 1780, l'Académie de Châlons-sur-Marne mit au concours le sujet suivant : « Des moyens d'adoucir la rigueur des lois pénales en France, sans nuire à la sûreté publi-

---

1. Cf. Esmein, p. 388.

2. Parmi les concurrents se trouvaient Brissot de Varville, le futur girondin, et Marat.

que ». Chose curieuse, et qui montre combien étaient vives à cette époque les attaques contre la législation de l'ordonnance de 1670, la société, en publiant les discours, déclarait ceci : « Dans un temps où le zèle contre les anciens « préjugés dégénère trop souvent en innovations encore « plus dangereuses, la société s'est fait une loi d'exclure « du concours tout mémoire qui ne serait pas écrit avec « tout le respect dû à la religion et au Gouvernement ». Deux mémoires, sur vingt, furent couronnés : celui de Bernardi, avocat au Parlement d'Aix, et celui de Brissot de Warville, qui n'est qu'une réduction de celui qu'il avait écrit pour l'Académie de Berne. Ils réclamaient les mêmes réformes qu'avaient réclamées avant eux Voltaire et Beccaria, que devaient enregistrer bientôt les cahiers des Etats généraux de 1789. L'une de ces réformes, l'abolition de la torture, avait été réalisée, au moins pour la question préparatoire, par la déclaration du 25 août 1780.

Une nouvelle série d'erreurs judiciaires vint, par l'émotion qui en résulta, porter un dernier coup à l'ordonnance de 1670. Les mémoires justificatifs pour les innocents injustement condamnés, remplaçant les plaidoyers impossibles puisque la défense n'existait pas, demandèrent tous les uns après les autres les réformes nécessaires. Dans le mémoire présenté en 1785 au Parlement de Toulouse par l'avocat Lacroix pour Catherine Estinès, condamnée comme parricide, sur une procédure falsifiée, à être brûlée vive, l'auteur termine ainsi : « Qui sait si le bruit de mes mal- « heurs, parvenant jusqu'aux pieds du trône, cet exemple, « ajouté à tant d'autres, ne hâtera pas la réforme de nos « lois criminelles, si ardemment désirée de tous les gens

« de bien ». De même, le mémoire justificatif rédigé par l'avocat Godard, et signé de plusieurs avocats célèbres, en faveur de cinq individus condamnés pour vol en 1780 par le Parlement de Dijon, et plus tard reconnus innocents à la suite de la découverte des vrais coupables, cherche à tirer parti dans le même sens de l'erreur judiciaire commise : « Cette grande erreur... déterminera enfin, n'en doutons « pas, cette réforme désirée depuis si longtemps et avec « tant de raison dans notre législation criminelle ». Citons encore, en 1786, la revision du procès de la fille Salmon, condamnée au feu en 1772, puis après une première révision, à la prison jusqu'à plus ample informé, qui donna lieu à deux mémoires de l'avocat Lecauchois.

La plus célèbre de ces erreurs fut le procès des trois roués. Trois individus avaient été condamnés en 1785 pour vol nocturne aux galères perpétuelles, par le bailliage de Chaumont, puis à la roue par le Parlement de Paris (1) : un sursis fut obtenu, un pourvoi en cassation formé. Un mémoire justificatif parut bientôt, sans nom d'auteur, mais on sut qu'il avait été composé par le président Dupaty, du Parlement de Bordeaux. Il s'élevait avec une force extraordinaire contre les rigueurs de l'ordonnance criminelle. Son mémoire eut un retentissement énorme, il se vendit à profusion dans toute l'Europe. « Dans ce moment d'effer- « vescence, constate Ségnier, un cri général s'est élevé « contre notre ordonnance criminelle. » Et si pour un instant les défenseurs de l'ordonnance triomphèrent, par la

1. Cf. Esmein, p. 393.

suppression du mémoire de Dupaty, ce ne fut qu'un cours répit.

Moins de deux ans après, la pression de l'opinion publique arrachait à Louis XVI le principe d'une réforme générale de l'ordonnance de 1670. L'édit du 8 mai 1788 proclamait la nécessité d'une réorganisation, et, en attendant la réforme d'ensemble, abrogeait plusieurs abus (notamment, nous l'avons vu, l'exécution des condamnations capitales avant un délai d'un mois). Deux mois plus tard, le 5 juillet 1788, était rendu l'arrêt du conseil concernant la convocation des Etats généraux. Avec cette convocation nous entrons dans la période intermédiaire.

Il nous a paru utile de présenter ce rapide historique des erreurs judiciaires au xviiie siècle, pour expliquer le silence des lois révolutionnaires sur la révision. La Révolution, qui n'est autre chose que l'explosion des idées philosophiques du xviiie siècle, avait, comme Montesquieu ou Voltaire, au point de vue de la législation criminelle, un idéal : le droit anglais. Or, dans cette législation, on trouvait le respect des droits de la défense, la publicité des débats, le jury ; on ne trouvait pas la révision. Se faisant illusion sur la perfection des réformes introduites, les législateurs de l'époque intermédiaire crurent la révision inutile et la supprimèrent. Partout pendant la période intermédiaire, l'influence de la philosophie du xviiie siècle se fait ainsi sentir : la transformation de la législation criminelle est une conséquence directe des erreurs judiciaires du xviiie siècle.

Nous avons terminé l'histoire de la révision dans l'ancien droit français. Nous allons la retrouver bientôt, dégagée de toutes les confusions commises par les anciens auteurs, ayant cette fois un caractère juridique bien déterminé. La Supplication de saint Louis, les lettres de proposition d'erreur et de révision, sont les étapes successives par lesquelles a passé l'institution destinée à réparer les erreurs judiciaires. D'abord confondue avec l'appel, puis avec la cassation, elle s'en sépare définitivement avec le Code de **1808.**

CHAPITRE IV

LA PÉRIODE INTERMÉDIAIRE.

Le premier soin de l'Assemblée Constituante, en matière de procédure criminelle, fut de réaliser les réformes projetées par l'édit du 8 mai 1788. La loi des 8-9 octobre 1789 abolissait définitivement la question (1), introduisait l'information par des notables, la défense de l'accusé, la publicité des débats, la nécessité de motiver les arrêts. Elle écartait la révision, et la loi du 17 août 1792 constatait bientôt après implicitement cette suppression, en ne maintenant la revision devant le tribunal de cassation que pour les jugements antérieurs à la publication du décret de 1789.

Nous avons déjà indiqué un des motifs de cette suppression, l'imitation du droit anglais. Mais pour qu'il prenne toute sa valeur, il faut attendre la loi de 1791, établissant

---

1. La question préparatoire seule avait disparu en 1780, on avait maintenu la question pour arracher au coupable les noms de ses complices.

la procédure par jurés. La réforme de 1789 réalisait sans
doute une amélioration considérable dans la situation des
accusés, elle n'était pas de nature à inspirer cette confiance
absolue que l'on eut un moment dans le jury. Il faut donc
chercher d'autres motifs : M. Tarbé (1) en indique un, qui
ne justifie pas à vrai dire l'abandon complet de la révision,
mais explique très bien pourquoi, alors que l'ordonnance
de 1670 admettait cette institution sans limitation d'aucune
sorte, notre législation actuelle l'a resserrée dans d'étroites
limites : « Quand les instructions étaient secrètes, dit-il, et
« les informations écrites, rien n'était plus naturel qu'une
« revision fondée sur les mêmes éléments de conviction,
« sur les mêmes témoignages et procès-verbaux : la ques-
« tion de temps était indifférente. Mais après un débat pu-
« blic et solennel, seule base légale de la condamnation,
« conçoit-on aussi facilement la révision d'un procès sou-
« verainement jugé? »

La véritable cause de la disparition de la révision, avant
même l'introduction du jury, a été fort bien mise en lumière
par M. Péan. La révision, telle qu'elle fonctionnait sous
l'ancien régime, était une partie de la justice retenue, les
lettres de révision étaient comptées parmi les lettres de
grâce : or la justice retenue avait donné lieu à une foule
d'abus, on lui reprochait avec raison d'éviter souvent aux
classes privilégiées les rigueurs de la justice. Presque
tous les cahiers des Etats généraux de 1789 en demandaient la suppression. Au nom du grand principe de l'égalité de tous les citoyens devant la loi, en haine de l'arbi-

2. Cf. p. 329.
Sevestre   5

traire, la Constituante voulut empêcher « toute intervention, « même bienfaisante, du pouvoir absolu dans les affaires « judiciaires. » En même temps que le droit de grâce, elle supprima en conséquence les lettres de révision, sans tenir compte des rôles essentiellement différents de ces deux institutions, la grâce étant une faveur adressée à des coupables, ou tout au moins à des condamnés qui ne peuvent prouver leur innocence, et la révision étant, au contraire une réparation due à l'innocent.

Le besoin de la révision ne se fit pas sentir pour les jugements rendus sous l'empire de la loi de 1789, ni dans les premiers temps où l'on appliqua la procédure par jurés, en vertu de la loi du 16-29 septembre 1791. Mais une difficulté se présenta pour la révision des procès criminels antérieurs à la loi de 1789 qui, ayant été jugés d'après l'ancienne ordonnance, devaient bénéficier de la voie de recours qui en tempérait les inconvénients. Regulièrement, le conseil privé pouvait seul accorder des lettres de révision : le conseil privé n'existant plus, il fallait désigner l'autorité qui allait le remplacer dans cette attribution. Ce fut l'objet de la loi du 17 août 1792 ; art. 2... Le tribunal de cassation connaîtra des demandes en révision formées au ci-devant conseil jusqu'au moment de sa suppression, et de celles qui, dans le délai de trois mois à compter de la publication du présent décret, pourront être formées par devant lui pour jugements criminels en dernier ressort rendus avant la publication du décret d'octobre 1789. Ces demandes seront portées à la section de cassation, etc. — Art. 3. En ordonnant la révision, le tribunal renverra les parties à se pourvoir par devant le tribunal du district remplaçant le siège qui avait fait l'instruction, pour y procéder au choix de l'un des sept tribunaux d'appel...

Le jugement par jurés, tel qu'il était organisé par la loi du 16-29 septembre 1791, semblait bien de nature à écarter toute chance d'erreur judiciaire, et l'on comprend dans une certaine mesure que les législateurs s'y soient trompés. Il fallait en effet dix voix sur douze pour la condamnation, et encore si le tribunal pensait, à l'unanimité, que le jury s'était trompé, les trois jurés adjoints étaient joints aux douze titulaires pour une nouvelle délibération, et il fallait alors douze voix pour la condamnation (1). Et malgré ces garanties, qui nous paraissent même aujourd'hui excessives, une erreur judiciaire se produisait moins de deux ans après : la grâce, qui n'aurait d'ailleurs été qu'une compensation insuffisante, étant impossible, il fallut bien rétablir la révision dans la législation : mais le décret du 15 mai 1793 ne l'admettait que dans le cas unique d'inconciliabilité de deux jugements : « Si un accusé a été condamné pour un « délit et qu'un autre accusé ait aussi été condamné comme « auteur du même délit, en sorte que les deux condamna- « tions ne puissent se concilier et fassent la preuve de l'in- « nocence de l'une ou de l'autre partie, l'exécution des « deux jugements sera suspendue, quand même on aurait « attaqué l'un ou l'autre sans succès au tribunal de cas- « sation ». Il est bien certain aujourd'hui que jamais un pourvoi en cassation ne pourrait empêcher postérieurement une demande en revision ; mais il y a cent ans on croyait encore utile de le dire, chacune de ces institutions n'ayant

1, Cf. Rapport Bérenger.

pas, sous l'ancien droit, son rôle absolument distinct de celui de l'autre. Le tribunal criminel le plus voisin était appelé à connaître de l'affaire.

Le 22 frimaire an III, un décret vint défendre d'admettre aucune demande en révision des jugements criminels, portant confiscation des biens, rendus et exécutés pendant la révolution. Véritable loi de circonstance, d'ailleurs absolument injuste.

Le code de brumaire an IV resta muet sur la révision. La plupart des auteurs se sont fondés sur ce silence pour soutenir que le nouveau Code avait abrogé implicitement la loi de 1793, que la révision avait par suite de nouveau disparu de notre législation. « Le législateur de l'an IV, « dit Dalloz, semble en être revenu à cette idée de l'in-« compatibilité de la voie de la révision avec l'institution « du jury, et avoir craint, en admettant la révision, d'at-« taquer la base même de la procédure criminelle. On re-« doutait alors que le respect dont les organes de la loi et « les arrêts de la justice doivent être environnés ne reçût « quelque atteinte d'une disposition qui, après l'accomplis-« sement de toutes les formalités et l'épuisement de toutes « les voies judiciaires, offrirait encore un moyen d'attaquer « et même de faire anéantir un arrêt définitif de condam-« nation ». Si telle avait été la pensée du législateur de l'an IV, il aurait commis une grave erreur : nous avons en effet essayé de prouver, au début de notre étude, que la révision n'était nullement inconciliable avec l'autorité de la chose jugée, à condition d'être limitée à un certain nombre de cas déterminés. Cette limitation n'existant pas dans l'ancien droit, il avait pu en résulter des abus, malgré les

formalités nombreuses auxquelles était soumise l'obtention
des lettres de révision. Mais la loi de 1793 limitant au contraire la révision à un cas unique et bien déterminé, aucun
abus n'était véritablement à craindre. Quant à cette idée
que la révision serait incompatible avec la souveraineté du
jury, elle ne résiste pas à la réflexion, cette institution
ayant toujours été admise, depuis le droit romain, contre
des sentences de cours souveraines.

Mais rien ne prouve que le législateur de l'an IV ait
voulu écarter ce cas de révision, établi, ne l'oublions pas,
par une loi spéciale. En tout cas, la cour de cassation ne le
pensa pas, et, par un arrêt du 9 vendémiaire an IX, consacra le maintien de la loi de 1793, malgré l'article 594 du
Code de brumaire. L'arrêt se fondait sur ce motif, qu' « une
loi qui établit un point de législation sur un objet spécial
ne se trouve implicitement rapportée par une loi postérieure
qu'autant que les deux lois ne peuvent s'exécuter simultanément » (1).

Tel était donc l'état de la législation en matière de révision à la veille du Code de 1808. Le législateur, voulant
écarter tout arbitraire, et poussant à l'extrême cette idée
admise aujourd'hui, que la révision, pour ne pas porter atteinte à l'autorité de la chose jugée, doit être réduite aux
cas où l'erreur judiciaire est manifeste, avait limité au seul

---

1. On peut voir une autre preuve du maintien de la loi de 1793 dans
la lettre adressée en l'an IX par le ministre de la justice Lambrecht à l'accusateur public de Seine-et-Oise, à propos de l'affaire Lesurques-Dubosc :
« Il faut tâcher de rendre constant entre ces deux individus si la culpabilité de l'un entraine nécessairement l'innocence de l'autre, ou si tous les
deux peuvent être convaincus du même crime. *Je crois devoir à ce sujet
vous rappeler la loi du 15 mai 1793.* »

cas d'inconciliabilité de deux jugements le champ d'application de la révision. Le caractère de cette institution avait changé, depuis l'ancien régime, par suite de la transformation de la procédure criminelle (1).

Les erreurs judiciaires étaient devenues plus rares, le principe de l'autorité de la chose jugée s'était affermi. La révision cessait d'émaner du Conseil du roi, c'est-à-dire d'être une partie de la justice retenue, un acte d'arbitraire, pour devenir une institution régulière, soumise à des règles étroites qui excluaient au contraire tout arbitraire. Sa disparition au commencement de l'époque intermédiaire a l'avantage de séparer complètement les deux phases de son évolution historique. Dans le droit romain et pendant tout l'ancien régime, son caractère ne se dégage pas nettement ; elle se confond plus ou moins avec d'autres voies de

1. Voici en quels termes M. Pinard, rapporteur de la loi du 29 juin 1867, explique l'absence de limitation de la révision sous l'ancien régime : « Sous l'ancienne monarchie française, la révision était facile en « présence d'une procédure toujours écrite et en face d'un système de « preuves légales qui s'imposait au juge. Dans cette procédure écrite que « gardaient vivantes les archives du greffe; le juge reviseur retrouvait la « complète physionomie de l'affaire : dans ce système des preuves légales, « il avait une base qui lui permettait d'affirmer si la poursuite avait pu « aboutir ou non à une condamnation. La révision était en outre aussi « nécessaire qu'elle était facile : dans ce milieu tourmenté d'une société « qui allait se renouveler, régnaient l'incertitude des juridictions, les évo- « cations arbitraires, les jugements par commissions, la sévérité souvent « exagérée des peines ; au sommet de la hiérarchie une cour suprême « n'imposait pas encore à tous les organes de la justice l'accomplissement « des formalités tutélaires qui permettent d'arriver à la vérité. La révi- « sion illimitée était un mal relatif, corrigeant un autre mal... Plus une « organisation judiciaire est défectueuse, plus le législateur octroie libé « ralement le droit de révision ; plus vous la perfectionnerez, plus le droit « de révision se restreint. »

recours, elle est soumise au pouvoir arbitraire du souverain. Dans le Code d'instruction criminelle, au contraire, la révision se distingue de toutes les autres voies de recours, sans faire jamais double emploi avec aucune d'elles ; elle dépend exclusivement du pouvoir judiciaire, et ne peut être accordée que dans des cas strictement déterminés. « Sous « le régime de l'ordonnance de 1670, dit Faustin Hélie, où « les accusés étaient jugés sur une instruction secrète, sur « des preuves légales et par des juges permanents, les « arrêts n'avaient pas le même caractère de certitude « qu'aujourd'hui, le législateur avait dû affranchir de toutes « limites la révision. Nos jugements par jurés offrent au « contraire, bien plus de garanties de vérité. C'est pour « cela que, si l'ancienne procédure, féconde en erreurs « judiciaires, avait dû faire de la révision *un droit com-* « *mun* (1), notre procédure nouvelle avait d'abord rejeté « une voie de recours qui semblait une atteinte au principe « de l'immutabilité des décisions du jury, et qu'il était « difficile d'employer à la suite d'une procédure orale qui « ne laisse aucune trace. Mais à la suite de quelques « erreurs, le législateur dut transiger avec le principe : la « révision fut donc établie, mais avec une application plus « restreinte ; elle n'a été introduite que comme une *excep-* « *tion* ». Ces quelques lignes caractérisent, mieux que nous ne saurions le faire, les changements apportés par la Révolution au rôle juridique de la révision.

1. Cette affirmation n'est pas tout à fait exacte, car nous avons vu que si l'ordonnance de 1670 avait autorisé la révision sans restriction, elle y avait apporté ce tempérament que la demande ne pouvait être formée qu'en vertu de lettres émanées de l'autorité souveraine, qui ne les accordait qu'en connaissance de cause.

CHAPITRE V

LE SYSTÈME DU CODE D'INSTRUCTION CRIMINELLE.

Au moment de la rédaction du Code d'instruction criminelle, la question était donc à peu près entière de savoir s'il fallait maintenir la révision dans notre législation, et dans quelles limites. La loi du 15 mai 1793, admettant la revision dans le cas de l'existence simultanée de deux condamnations inconciliables, ne pouvait pas être invoquée très sérieusement en faveur du maintien, car si nous avons admis, avec la Cour de cassation et Carnot, qu'elle avait survécu au Code de brumaire an IV, telle n'était pas l'opinion du conseiller d'Etat Berlier, dans son exposé des motifs de la loi contenant les chapitres 1 à 3 du titre 3 du livre II du Code d'instruction criminelle. Il se montre cependant partisan de la révision, pourvu qu'elle soit limitée à un petit nombre de cas. « Longtemps, dit-il, on a cru que « toute révision, quelque plausible qu'en fût le motif, était « incompatible avec l'institution du jury ; en admettant « des causes de révision, on eût craint d'attaquer la base « même sur laquelle repose tout notre système de procé- « dure criminelle. *Cette crainte serait sans doute légitime,* « *s'il s'agissait de généraliser la révision, et de l'appliquer* « *hors un petit nombre de cas où il y a, soit erreur évidente,* « *soit du moins une juste présomption d'erreur.* » C'est bien là, en effet, l'idée fondamentale du système du Code d'instruction criminelle : on n'a pas voulu faire de la révision un second degré de juridiction en matière criminelle ; pour éviter ce résultat, on a limité les cas où elle serait admise.

D'autre part, on a compris qu'il était impossible, en présence d'une erreur judiciaire manifeste, de se retrancher derrière le respect dû aux décisions du jury. Nous croyons d'ailleurs que, lorsque la révision fut supprimée, de 1791 à 1793, ce ne fut pas, comme le dit Berlier, par crainte d'affaiblir l'autorité de ces décisions, mais seulement parce que l'on croyait à leur infaillibilité. Les esprits plus clairvoyants qui admirent au contraire, même avec la nouvelle procédure, la possibilité d'une erreur, ne crurent pas « que les décisions du jury dussent être plus fortes que l'évidence qui viendrait les détruire ». Et lorsque des erreurs judiciaires vinrent justifier ces appréhensions, la révision ne trouva plus, du moins dans son principe, d'adversaires sérieux.

Seulement dans quelles limites allait-on introduire la révision dans la nouvelle législation ? Berlier répond : « Lorsqu'il y a soit erreur évidente, soit du moins une juste présomption d'erreur. » Cette formule était encore susceptible de bien des interprétations ; et ce qui le prouve, c'est qu'elle conviendrait aussi bien au système de la loi de 1895 qu'à celui de la loi de 1867 ou du Code d'instruction criminelle. Le législateur de 1808 se montra très circonspect : on n'a pas voulu admettre comme moyens de révision, dit Berlier, « ces déclarations collusoires et banales par lesquelles un homme poursuivi et condamné pour un crime se charge sans aucun risque du crime d'autrui. » On crut avoir prévu toutes les circonstances où une erreur judiciaire pourrait apparaitre manifeste en admettant la révision dans les trois cas suivants : 1° art. 443, si l'accusé a été condamné pour un crime à raison duquel un autre accusé a déjà été condamné, lorsque les deux condamnations ne peuvent se concilier ; 2° art. 444, s'il résulte des pièces communiquées des indices suffisants de l'existence de la personne prétendue homicidée, et dont la mort supposée a déterminé la condamnation ; 3° art. 445, dans le cas de condamnation portée sur un débat dans lequel des témoins à charge ont été prévenus de faux témoignage, et depuis condamnés à raison de ce crime.

Passons rapidement en revue les règles spéciales au système du Code d'instruction criminelle qui ont disparu avec les réformes postérieures (1).

1. Texte des articles du Code d'instruction criminelle relatifs à la révision. Art. 443. Lorsqu'un accusé aura été condamné pour un crime, et qu'un autre accusé aura aussi été condamné par un autre arrêt comme auteur du même crime, si les deux arrêts ne peuvent se concilier, et sont la preuve de l'innocence de l'un ou de l'autre condamné, l'exécution des deux arrêts sera suspendue, quand même la demande de cassation de l'un ou de l'autre aurait été rejetée.

Le ministre de la justice, soit sur la réclamation des condamné ou de l'un d'eux, ou du Procureur général, chargera le Procureur général près la Cour de cassation de dénoncer les deux arrêts à cette Cour.

Ladite Cour, section criminelle, après avoir vérifié que les deux condamnations ne peuvent se concilier, cassera les deux arrêts, et renverra les accusés, pour être procédé sur les actes d'accusation subsistants, devant une Cour autre que celles qui auront rendu les deux arrêts.

Art. 444. Lorsqu'après une condamnation pour homicide il sera, de l'ordre exprès du ministre de la justice, adressé à la Cour de cassation, section criminelle, des pièces représentées postérieurement à la condamnation, et propres à faire naitre de suffisants indices sur l'existence de la personne dont la mort supposée aurait donné lieu à la condamnation, cette Cour pourra préparatoirement désigner une Cour royale pour reconnaitre

Une première règle, écartait la révision, non seulement
en matière de simple police, mais aussi en matière correc-

l'existence et l'identité de la personne homicidée, et les constater par l'interrogatoire de cette personne, par audition de témoins, et par tous les
moyens propres à mettre en évidence le fait distinctif de la condamnation.

L'exécution de la condamnation sera de plein droit suspendue par l'ordre du ministre de la justice jusqu'à ce que la Cour de cassation ait prononcé, et, s'il y a lieu ensuite, par l'arrêt préparatoire de cette Cour.

La Cour désignée par celle de cassation prononcera simplement sur
l'identité ou la non-identité de la personne ; et après que son arrêt aura
été, avec la procédure, transmis à la Cour de cassation, celle-ci pourra
casser l'arrêt de condamnation et même renvoyer, s'il y a lieu, l'affaire à
une Cour d'assises autres que celles qui en auraient primitivement connu.

Art. 445. Lorsqu'après une condamnation contre un accusé, l'un ou
plusieurs des témoins qui avaient déposé à charge contre lui seront poursuivis pour avoir porté un faux témoignage dans le procès, et si l'accusation en faux témoignage est admise contre eux, ou même s'il est décerné
contre eux des mandats d'arrêt, il sera sursis à l'exécution de l'arrêt de
condamnation, quand même la Cour de cassation aurait rejeté la requête
du condamné.

Si les témoins sont ensuite condamnés pour faux témoignage à charge,
le ministre de la justice, soit d'office, soit sur la réclamation de l'individu
condamné par le premier arrêt, ou du procureur général, chargera le Procureur général près la Cour de cassation de dénoncer le fait à cette Cour.

Ladite Cour, après avoir vérifié la déclaration du jury, sur laquelle le
deuxième arrêt aura été rendu, annulera le premier arrêt, si par cette
déclaration les témoins sont convaincus de faux témoignage à charge contre
le premier condamné ; et pour être procédé contre l'accusé, sur l'acte
d'accusation subsistant, elle le renverra devant une cour d'assises autre
que celles qui auront rendu, soit le premier soit le second arrêt. Si les accusés de faux témoignage sont acquittés, le sursis sera levé de droit et
l'arrêt de condamnation sera exécuté.

Art. 446. Le témoin condamné pour faux témoignage ne peut être
entendu dans les nouveaux débats.

Art. 447. Lorsqu'il y aura lieu de reviser une condamnation pour la
cause exprimée en l'article 444, et que cette condamnation aura été portée
contre un individu mort depuis, la Cour de cassation créera un curateur
à sa mémoire, avec lequel se fera l'instruction, et qui exercera tous les
droits du condamné.

Si par le résultat de la nouvelle procédure, la première condamnation

tionnelle. Seules, les condamnations à des peines afflictives ou infamantes avaient paru au législateur dignes de
motiver son intervention en cas d'erreur judiciaire. Peu
importait d'ailleurs la juridiction qui avait rendu l'arrêt,
que ce fût la Cour d'assises ou le Conseil de guerre, etc.

Il y avait là une grave lacune, qui ne devait être comblée
que par la loi de 1867. Il est manifeste qu'une condamnation à plusieurs années de prison est assez grave pour trou-
bler une vie entière et que dans la pratique, contrairement
aux termes de la loi, l'infamie s'attache aussi bien au vol
simple qu'au vol qualifié, et même davantage à certains
délits punis de peines correctionnelles, qu'à des crimes
beaucoup plus graves. Peut-être le législateur de 1808 a-
t-il pensé que la grâce pourrait toujours arrêter l'exécution
d'une peine qui paraîtrait injustement prononcée, et que la
réhabilitation ne tarderait pas, s'il s'agissait effectivement
d'un honnète homme, à venir effacer jusqu'à la trace de la
condamnation : mais ces deux institutions ne font pas double emploi avec la révision, leurs buts sont essentiellement différents, elles ne peuvent donc servir à la remplacer.

Un autre argument pour repousser la révision des procès
correctionnels était celui-ci : en matière de police simple
ou correctionnelle, il existe deux degrés de juridictions, ce
qui constitue une garantie assez complète pour éviter une
erreur judiciaire. Cet argument devait entraîner comme
conséquence l'admission de la révision en matière correc-

se trouve avoir été portée injustement, le nouvel arrêt déchargera la mémoire du condamné de l'accusation qui avait été portée contre lui.

tionnelle, lorsqu'il n'y avait qu'un degré de juridiction, c'est-à-dire lorsque c'était la cour d'assises qui statuait, le fait incriminé, d'abord qualifié crime, se réduisant à un délit au jour des débats. La jurisprudence avait admis cette conséquence, l'article 443 s'attachant principalement au caractère de l'accusation et à la nature de la juridiction, plutôt qu'au caractère des peines prononcées.

D'autre part, sous le régime du Code d'instruction criminelle, la révision n'était possible, après la mort du condamné, en vertu de l'article 447, que dans le cas d'existence reconnue de la personne prétendue homicidée. Voici quel était le raisonnement suivi : si, dans le cas de deux condamnations inconciliables, les deux condamnés sont vivants, il est facile de considérer les deux condamnations comme non avenues et de soumettre les deux accusés à une nouvelle instruction commune. Mais si l'un des deux est mort, et ce sera toujours en pratique celui qui aura subi la première condamnation, l'annulation des deux arrêts aura pour résultat de créer une inégalité choquante à son détriment, alors qu'il est probablement innocent : en effet, la deuxième condamnation a été prononcée, le plus souvent, en pleine connaissance du premier arrêt, et malgré le préjugé favorable au second prévenu qui en résultait. Il y a donc tout lieu de croire que des deux condamnés, l'innocent était le premier en date : or celui-là est mort, il ne profitera donc pas de la suspension d'exécution de la peine, il ne pourra pas se défendre lors des nouveaux débats : l'autre, au contraire, sur lequel pèsent toutes les présomptions de culpabilité, jouira d'une faveur extraordinaire. Le législateur de 1808, craignant que l'admission de la révision dans cette hypothèse ne tournât uniquement à l'avantage du coupable, sans profit pour l'innocent, l'avait écartée comme dangereuse. « On irait directement, dit Berlier, contre le but que la justice doit se proposer, et il a fallu, dans ce cas, renoncer à une révision qui, dépouillée de son motif et de ses moyens, offrirait plus d'inconvénients que d'avantages ».

Ce qui a fait écarter la révision *post mortem* dans le cas de condamnation pour faux témoignage d'un des témoins à charge, c'est cette considération qu'ici l'innocence du demandeur en révision n'est pas du tout démontrée par le fait du faux témoignagnage, et qu'un débat contradictoire, impossible dans l'espèce, serait nécessaire pour faire disparaître les doutes qui subsistent sur son innocence.

Au contraire, lorsqu'on découvre que la prétendue victime d'un homicide suivi de condamnation, a existé à une époque postérieure au crime, peu importe que le condamné soit ou non décédé : il sera facile de faire la preuve de son innocence, puisqu'il suffira de prouver l'identité de la soi-disant victime. Aussi l'article 447 n'a-t-il pas fait de difficultés pour admettre, dans ce cas, la révision *post mortem*.

Nous verrons bientôt que le législateur de 1867, moins timoré que celui de 1808, a étendu la révision *post mortem* aux deux autres cas, et il a fort bien fait. L'impossibilité de rouvrir des débats contradictoires ne doit pas fermer toute porte à la reconnaissance de l'erreur judiciaire. Cette reconnaissance sera sans doute rendue plus difficile, par suite de la mort du principal intéressé ; mais si, d'une manière ou d'une autre, sa famille, ses héritiers peuvent prouver son innocence, il ne faut pas qu'un texte de loi trop restrictif leur enlève tout espoir. Quant à la faveur accordée, dans le cas de deux condamnations inconciliables au condamné vivant et probablement coupable, elle aura pour correctif la défiance toute naturelle qu'inspirera aux juges de la révision la condamnation, prononcée contre lui en connaissance de cause, et malgré l'existence d'une première condamnation pour le même crime.

Le système du Code d'instruction criminelle en matière de révision a servi de base à notre législation actuelle : la loi de 1867 et la loi de 1895 n'ont fait qu'y apporter des modifications partielles ; en élargissant ses termes trop restrictifs, elles ont conservé intacte l'idée générale, que la révision, mesure exceptionnelle, ne doit être admise que dans un certain nombre de cas limitativement déterminés, où l'erreur judiciaire est à peu près certaine. A travers les différences de rédaction, les trois cas de revision du Code de 1808 sont restés les mèmes ; nous n'avons donc pas à les étudier pour le moment, nous les retrouverons dans notre seconde partie.

Les travaux préparatoires du Code, spécialement le rapport de Berlier, ont eu le grand mérite de séparer définitivement, avec la plus grande netteté, les rôles respectifs de la cassation et de la révision. La confusion entre ces deux institutions ou plutôt leurs empiètements réciproques n'avaient jamais cessé pendant toute la durée de l'ancien régime. En effet, la proposition d'erreur, première forme de la révision, est également considérée par certains auteurs comme une source de la cassation, et nous avons vu que même après l'ordonnance de 1670, la révision avait conservé certaines applications qui, en bonne législation auraient dû revenir à la cassation. L'exposé des motifs de

Berlier tranche une fois pour toutes l'équivoque : « Rien de commun n'existe entre ces deux voies de rétractation des arrêts, sinon le but qu'on s'y propose de faire tomber une condamnation. La cassation s'applique à tous les arrêts infectés de nullités ; c'est un bénéfice accordé à tous les condamnés qui peuvent établir que la loi a été violée envers eux, — la révision n'a lieu que pour quelques cas déterminés. La cassation a son fondement dans les seules infractions à la loi — la révision peut atteindre une procédure régulière, s'il y a, d'après les caractères que la loi tracera elle-même, une erreur à réparer. » Faustin Hélie reproduit la même idée : « La cassation ne s'applique qu'aux seules infractions à la loi, la révision s'applique à l'appréciation même des faits ; elle a pour objet, non de provoquer une autre interprétation de la loi, mais de proclamer et de réparer une erreur. »

Désormais, il n'y aura plus de confusion possible entre la cassation et la révision : leurs domaines d'application seront absolument distincts ; il va sans dire que l'exercice de l'une de ces voies de recours ne mettra jamais obstacle à l'exercice de l'autre, et si le législateur de 1808 croit nécessaire de le dire expressément, dans l'article 443, c'est une survivance de la législation antérieure (cf. le décret du 15 mai 1793).

Il s'agit maintenant de rechercher si la loi de 1808 offrait assez largement les moyens de réparer les erreurs judiciaires, ou si au contraire des réformes s'imposaient.

CHAPITRE VI

LA THÉORIE DE LA REVISION GRACIEUSE.

Peu d'années après la promulgation du Code d'instruction criminelle, une circonstance vint à se produire où, l'innocence d'un condamné étant certaine, la révision était cependant impossible. Un nommé Sébastien Ellemberg avait été condamné, le 18 juillet 1806, pour complicité de vol commis sur une grand'route, à seize années de fers. Plus tard, l'auteur principal désigna son véritable complice ; les juges chargés de l'instruction acquirent la conviction de la culpabilité de ce dernier, mais on ne put le mettre en accusation, l'action publique étant prescrite à raison du laps de temps écoulé, aux termes de l'article 637 du Code d'instruction criminelle. Il était donc impossible de prononcer contre lui un arrêt qui, se trouvant inconciliable avec celui d'Ellemberg, donnerait ouverture à la révision. En attendant une modification de la loi, le grand juge proposa, au conseil privé, le 14 mars 1813, d'accorder grâce entière à Ellemberg : le conseil considéra que cette mesure était insuffisante : « Si le condamné est innocent, ce ne sont pas
« des lettres de grâce qu'on lui doit, parce que la grâce
« suppose le crime, mais des lettres d'abolition. Cependant,
« comme des lettres d'abolition ne sont pas un acte auto-
« risé dans nos institutions, il faudrait trouver un moyen
« pour faire annuler le premier jugement rendu contre

Sevestre   6

« Ellemberg, et le faire juger à nouveau. On pourrait in-
« tituler *lettres de revision gracieuse* l'acte qui renverrait
« ces sortes d'affaires à la Cour de cassation ».

L'empereur Napoléon trancha la difficulté en chargeant
le grand juge de rédiger « des lettres de revision gracieuse,
ou lettres patentes, pour renvoyer l'affaire à la Cour de cassation, en l'investissant du droit de casser le jugement en
ce qui concerne la condamnation d'Ellemberg (1). Malgré
une vive opposition, les lettres patentes furent enregistrées,
par la Cour de cassation en audience solennelle, sous la
présidence du ministre de la justice, le 8 janvier 1814. Mais
le département de la Dyle, dans lequel s'étaient passés les
faits incriminés, ayant été peu de temps après séparé du
territoire français, il devint impossible de donner suite à
l'affaire et de statuer au fond sur l'effet des lettres de revision gracieuse, et, par arrêt des chambres réunies du 7 juillet 1814, la Cour se déclara incompétente.

Cette affaire Ellemberg fut le point de départ d'une théorie, dont le principal défenseur a été Carnot, et qui, si elle
eût été admise en pratique, aurait complètement modifié
l'esprit du Code de 1808. La voici résumée en quelques
mots. Le Code d'instruction criminelle, en limitant à trois
les cas de révision, n'a pas voulu rendre impossible toute
réparation d'erreur judiciaire en dehors de ces cas : il peut
se présenter telle circonstance où l'erreur judiciaire soit
certaine, et où cependant l'on ne se trouve pas dans les ter-

---

1. « L'état actuel de la législation laissant sans recours l'innocent condamné dans le cas dont il s'agit, nous avons jugé nécessaire de suppléer à
cette insuffisance de la loi par une disposition rapprochée de ce qu'elle a
déterminé pour des faits analogues ». (Décret du 20 décembre 1843).

mes des articles 443 à 445. Ainsi, dans l'affaire Ellemberg, il y avait bien simultanément deux arrêts à peu près inconciliables, un arrêt de condamnation et un arrêt de chambre des mises en accusation paraissant établir la culpabilité d'un autre individu et reconnaissant la prescription acquise à son profit : ces deux arrêts semblaient fournir la preuve de l'innocence de l'un ou de l'autre inculpé : mais, comme ce n'étaient pas deux arrêts de condamnation, l'article 443 était inapplicable.

En pareil cas, il appartient au gouvernement de provoquer la révision gracieuse, et, dans le silence de la loi, de saisir lui-même la Cour de cassation. « Si sa majesté, « dit Carnot, usant de la puissance souveraine dont elle est « revêtue, ordonnait la révision d'un procès hors des cas « que le Code d'instruction criminelle détermine, les tri- « bunaux devraient s'empresser de déférer à ses ordres, « puisqu'ayant le droit de faire grâce, elle a nécessairement « celui d'ordonner la révision des procès que des circonstan- « ces particulières tirent de la règle commune. » Et ail- « leurs : « Si les cas de revision se trouvèrent aussi restreints « qu'ils le furent par le Code d'instruction criminelle, ce ne « fut évidemment que dans l'intime conviction où le conseil « était que, dans les cas non prévus, la révision pourrait « être ordonnée en forme gracieuse ».

Il est clair que, si cette théorie avait triomphé, on aurait pu éviter dans la suite des faits profondément regrettables, la famille Vaux, par exemple, attendant pendant de longues années la révision d'une condamnation certainement injuste, mais que les termes trop restrictifs de la loi ne permettaient pas d'attaquer. Seulement, elle aurait entraîné l'arbitraire le plus complet, puisque la réparation des erreurs judiciaires, hors les cas prévus par la loi, eût été soumise au bon plaisir du gouvernement. Il se serait donc fatalement produit, sous l'influence des considérations politiques, des faits comme ceux-ci : le gouvernement se retranchant derrière le texte strict de la loi, en présence d'une condamnation frappant un de ses adversaires : — admettant la révision dans des cas absolument douteux, pour favoriser un de ses partisans.

Au point de vue purement juridique, d'ailleurs, les arguments invoqués par Carnot sont bien faibles ; il est étrange de soutenir que, du moment que le souverain a le droit de faire grâce, il peut *a fortiori* ordonner la révision des procès en dehors des cas prévus par la loi. Le droit de grâce est un attribut de la souveraineté ; son exercice n'implique pas le moins du monde l'innocence de celui qui en bénéficie ; tout au plus, dans certains cas, pourrait-il résulter de doutes sur la culpabilité ; la grâce récompense généralement au contraire l'amendement du coupable reconnu. En aucun cas elle ne fait disparaître la condamnation. Tandis que la révision la supprime complètement ; ayant pour but la constatation judiciaire de l'innocence du condamné, elle doit échapper complètement à l'arbitraire, elle doit dépendre uniquement de la loi. Comme le dit très justement M. Tarbé (p. 330) la théorie de la revision gracieuse a pu être appliquée sous le régime impérial, « qui « avait accoutumé les esprits à voir tous les pouvoirs réu- « nis dans une même main. Mais aujourd'hui que les attri- « butions sont mieux dessinées et surtout mieux compri- « ses, que les droits constitutionnels laissent à l'autorité

« judiciaire plus d'indépendance et plus de liberté, j'ai
« peine à croire que le pouvoir exécutif se crût encore
« investi du droit de donner des juges et de créer, par une
« action exorbitante et privilégiée, un mode de révision en
« dehors des prescriptions légales. Je doute que la Cour
« voulût accueillir des mains du ministre une mission que
« la loi ne lui a pas confiée ».

M. Carnot invoque encore, à l'appui de sa thèse, les
termes trop restrictifs du Code d'instruction criminelle, qui
impliqueraient par là même la possibilité d'une révision
en dehors des cas prévus par la loi. Ce raisonnement est
en contradiction formelle avec toutes les règles d'interprétation des lois pénales.

L'affaire Ellemberg fut le seul cas d'application de la
théorie de la révision gracieuse. En 1818, elle fut invoquée
dans l'affaire de la femme Bézelée, et depuis dans celle de
Wilfred Renaut. On l'écarta dans ces deux circonstances,
bien qu'il y eût les plus graves présomptions d'innocence,
et l'on n'accorda que la grâce dans le premier cas, et la
commutation de peine dans le second (1). Mais l'insuffisance du Code d'instruction criminelle apparaissait déjà,
et un mouvement d'opinion se forma, dans le but de faci-
liter la révision. En 1822, M. de Valence, pair de France,
demanda à la chambre des pairs « que le Roi fut supplié
de proposer une loi qui reconnût en principe que la révision des arrêts de condamnation pourrait être ordonnée en
forme gracieuse ». La Chambre des pairs appela sur ce
point l'attention du gouvernement, proposant d'autre part

1. Cf. Carnot.

d'admettre la revision au cas où, deux individus ayant été condamnés par deux arrêts différents pour le même crime, les deux arrêts seraient inconciliables, et le premier de ces condamnés aurait cessé de vivre. Cette tentative, à laquelle s'attachaient les noms de Lally Tollendal, Portalis et Siméon, n'aboutit pas, et les choses restèrent dans le *statu quo*.

La théorie de la révision gracieuse fut définitivement écartée à la suite du rejet de la demande en révision déposée en 1830 contre l'arrêt de la Cour des pairs du 7 décembre 1815, qui avait condamné à mort le maréchal Ney. Les signataires de la requête s'appuyaient, d'abord sur le précédent de révision gracieuse établi par le décret du 20 décembre 1813 dans l'affaire Ellemberg, puis sur une analogie tirée de l'article 443 du Code d'instruction criminelle (1) : « Les accusateurs du maréchal, disaient-ils, en « soutenant que Louis XVIII n'avait pas été partie dans la « convention de Paris (qui interdisait toute recherche au « sujet des faits politiques ayant pu se passer sous les cent « jours) et que par conséquent cette convention n'était pas « obligatoire pour son Gouvernement, ont fait une fausse « déclaration. Or, cette déclaration, qui en induisant la « Cour des pairs en erreur, a entraîné la condamnation, « offre les caractères d'un faux témoignage à charge, d'où « il suit qu'il y a lieu à révision ». Ce raisonnement était manifestement inexact. Les déclarations du ministère public qui soutient une accusation ne constituent pas un témoignage. De plus, pour que la révision soit autorisée en cas

1. Cf. Dalloz, p. 364. *Rép.* au mot Cassation.

de faux témoignage, il faut que les faux témoins soient condamnés pour ce fait. Enfin la révision était impossible aux termes du Code, parce que le maréchal Ney était mort.

L'autre moyen de révision fut également repoussé par le rapport du ministre Barthe, qui développait avec beaucoup de force les arguments que nous avons donnés tout à l'heure pour écarter la révision gracieuse. « La grâce et la revision ne se ressemblent dans notre droit ni par leurs effets, ni par les pouvoirs d'où elles émanent. La grâce, qui ne remet que la peine et qui laisse intacts tous les droits des tiers, dérive immédiatement de la prérogative royale. La révision ne peut être que l'œuvre du pouvoir judiciaire : elle annule le premier jugement, ouvre de nouveaux débats, provoque un jugement nouveau, obligatoire pour les intérêts privés des tiers, comme pour la société. Si, pour ordonner une révision, la volonté gracieuse du monarque suffisait, il existerait dans cette volonté un degré supérieur de juridiction criminelle qui pourrait s'ouvrir ou se fermer arbitrairement dans tous les cas. Nos institutions ne permettent pas que l'ordre des pouvoirs soit ainsi troublé. La révision gracieuse, sous quelques honorables motifs qu'elle s'introduise, constituerait une double usurpation : l'une sur le pouvoir législatif, qui seul peut prévoir le cas de révision, l'autre sur le pouvoir judiciaire, qui seul a le droit de reviser. »

Ces motifs suffisaient à faire repousser la révision gracieuse ; le ministre de la justice en ajoutait un autre, qui nous semble inexact. Comme exemple des abus auxquels pourrait conduire l'admission de cette théorie, il citait l'affaire du jury d'Anvers : un individu ayant été acquitté par le jury dans un procès politique important, Napoléon avait invoqué la revision pour le faire juger à nouveau, comme ayant été acquitté à tort. « L'abus coupable qui a été fait du prétendu droit souverain de revision dans cette affaire mémorable suffirait pour enseigner quels dangers on court lorsqu'une volonté arbitraire se substitue à l'ordre établi par les lois ; car si l'on revise pour absoudre, qui empêchera de reviser pour condamner ? » Il est facile de répondre à cette question : le but même de la revision, qui n'a jamais été établie qu'en faveur des condamnés. Dans cette violation manifeste de la loi, le mot de revision n'a servi que d'apparence, de prétexte ; l'affaire du jury d'Anvers a été une conséquence du pouvoir absolu de Napoléon ; elle aurait été impossible sous un gouvernement moins despotique ; elle n'a rien à voir, selon nous, avec la théorie de la revision gracieuse, qui aurait pu être admise sous d'autres régimes sans que personne songeât à en tirer de telles conséquences.

La revision gracieuse étant ainsi repoussée, et ne permettant pas de combler, par l'initiative du gouvernement, les lacunes du Code d'instruction criminelle, celles-ci devaient se faire plus vivement sentir. La plus choquante était sans contredit la prohibition de la revision posthume. Si un accusé injustement condamné était mort avant que son innocence fût reconnue, sa famille ne pouvait obtenir la revision du procès. L'article 447 admettait bien la revision *post mortem* dans le second cas, existence de la personne prétendue homicidée ; mais ce cas était fort rare, tandis qu'il arrivait plus fréquemment que, un individu ayant été condamné pour un fait, et étant mort dans la

suite, un autre fût condamné pour le même motif, et que
les deux jugements fussent inconciliables. Ce fut ce cas, le
plus ordinaire, qui attira le premier l'attention des législateurs. Déjà en 1822, nous avons vu que la Chambre des
pairs avait adopté, le 15 avril, une proposition tendant à
permettre la revision dans cette hypothèse. Le 25 février
1836, le comte de Laborde proposait une modification dans
le même sens de l'article 443, et la Chambre des députés
ne la repoussait qu'après une longue discussion. En mai
1851, une proposition analogue de MM. Favreau et de
Riancey n'eut pas plus de succès. Toutes ces propositions
se heurtaient en effet à un argument sérieux, l'impossibilité,
en cas de mort de l'un des condamnés, de rouvrir un
débat contradictoire et égal entre eux. « Si les deux accusés ne sont plus, qui rendra au juge les impressions du
premier jury ? Si un seul est encore là pour lutter contre
une ombre, qui rétablira la physionomie des deux drames
judiciaires du passé, où ces deux hommes se défendirent
naguère avec des armes égales ? etc. » (Pinard, exposé
des motifs de la loi de 1867). Cette raison avait paru pé-
remptoire au législateur de 1808, elle avait fait écarter les
propositions de lois de 1822, de 1836 et de 1851. Mais une
nouvelle affaire de revision allait intervenir, et, par le mouvement d'opinion qu'elle allait faire naître, arracher au
législateur une réforme du Code d'instruction criminelle,
en triomphant des scrupules qui l'avaient arrêté jusque-là.

CHAPITRE VII

L'affaire Lesurques et la loi du 29 juin 1867.

Le 9 floréal an IV, le courrier et le postillon de la malle-poste de Lyon avaient été trouvés assassinés auprès de Lieusaint, entre Paris et Melun (1) : la voiture, qui contenait une somme d'argent considérable, avait été mise au pillage ; certains objets appartenant aux assassins, dont un éperon argenté, étaient restés sur le lieu du crime. Il résulta de l'enquête que la veille quatre individus avaient dîné chez un aubergiste de Montgeron, s'étaient ensuite arrêtés à Lieusaint, et en étaient partis dans la direction de Melun ; l'un d'eux, qui avait des cheveux blonds, avait demandé de la ficelle pour rattacher son éperon, qui était celui qu'on avait retrouvé.

C'étaient évidemment les auteurs du crime, avec un cinquième qui avait pris place dans la malle-poste, et n'avait pas reparu depuis. Un d'entre eux, Courriol, fut arrêté avec sa maîtresse Madeleine Brébant, et on retrouva en sa possession une partie des objets volés. Un commissionnaire de roulage de Douai, nommé Guesno, vaguement impliqué dans la poursuite et mis d'ailleurs aussitôt hors de cause, allant demander au juge de paix chargé de l'affaire, M. Daubanton, la restitution de papiers saisis, se fit accompagner par

1. Cf. Jules Favre, consultation pour la famille Lesurques.

un de ses amis, Joseph Lesurques. Deux femmes appelées
pour témoigner crurent reconnaître dans Guesno et Lesurques deux des assassins ; Lesurques était en particulier,
suivant elles, l'homme à l'éperon d'argent. Une circonstance
très grave vint augmenter les soupçons contre eux. Guesno
et Lesurques avaient déjeuné à Paris, le 12 floréal, chez un
nommé Richard, en même temps que Courriol et sa maîtresse. Ils furent donc renvoyés, avec Courriol, Richard
et un certain Bernard, devant le tribunal criminel de Melun.
Lesurques, reconnu par tous les témoins, invoqua un *alibi* ;
le 8 floréal, jour du crime, il avait passé la soirée avec deux
de ses amis, dont l'un avait fait dans la journée une opération commerciale avec un sieur Legrand, orfèvre au Palais-
Royal ; mais le livre de commerce de ce dernier présentait
une surcharge manifeste ; le 9 floréal avait été remplacé
par un 8 comme date de l'opération. Legrand, craignait
d'être poursuivi pour faux témoignage, rétracta sa déposition favorable à Lesurques ; les autres témoins de cet inci-
dent eurent beau soutenir qu'il n'y avait eu là qu'une
erreur matérielle, et continuer à affirmer que c'était bien le
8 qu'ils avaient vu Lesurques, l'impression fatale était produite ; le 15 thermidor, le jury déclarant Courriol, Lesurques et Bernard coupables d'assassinat et de vol, Richard
de recel, et acquittait Guesno.

Mais alors Courriol déclara que Lesurques et Bernard
étaient innocents ; en même temps Madeleine Brébant
affirmait que l'assassinat avait été commis par Courriol et
quatre individus non arrêtés, et qu'une fatale ressemblance
avait fait prendre Lesurques pour un certain Dubosc. Les
jours suivants Courriol désignait les vrais coupables : Dubosc

était l'homme à l'éperon d'argent, et il portait le jour du crime une perruque blonde. Le Conseil des Cinq-cents, instruit de ces graves révélations, ordonna un sursis et nomma une commission de trois membres. L'enquête n'ayant pas prouvé l'existence de Dubosc, la commission crut qu'il n'y avait là que des manœuvres destinées à tromper la justice, et, le 9 frimaire an V, Lesurques monta sur l'échafaud.

Peu de temps après, l'existence de Dubosc était démontrée. M. Daubanton, le juge de paix qui avait été le premier ouvrier de la condamnation de Lesurques, s'attacha à retrouver les vrais assassins. L'un d'eux, Dutrochat, arrêté et forcé d'avouer son crime, fit des déclarations identiques à celles de Courriol et de la fille Brébant ; Dubosc était coupable, et non Lesurques. Un autre coupable, Vidal, fut à son tour arrêté, et les témoins qui avaient cru reconnaître Guesno comme l'un des assassins, reconnurent qu'ils s'étaient trompés et que Vidal était le vrai coupable. Enfin Dubosc, plusieurs fois arrêté et évadé, fut traduit devant le jury de Versailles. Quelques témoins le reconnurent pour l'homme à l'éperon d'argent, la plupart maintinrent leur première déposition contre Lesurques. Il fut condamné à mort le 1ᵉʳ nivôse an IX, et exécuté quelques jours après. Le dernier des assassins, Roussi, déclara encore avant son exécution que Lesurques était innocent.

Voilà comment Jules Favre exposait les faits : ils étaient bien de nature à passionner l'opinion. Nous n'avons pas à émettre un avis sur l'innocence ou la culpabilité de Lesurques ; l'arrêt de la Cour de cassation en 1868, en repoussant la demande en revision pour raisons de texte, n'a pas tranché la question au fond. Ce qui est certain, c'est que l'opinion publique, à la suite de la condamnation de Dubosc, s'émut profondément en faveur de la famille Lesurques. Sans tenir compte des faits qui semblaient prouver la culpabilité, elle s'attacha exclusivement à démontrer qu'on se trouvait en présence d'une erreur judiciaire. Bien que la plupart des témoins n'eussent pas reconnu dans Dubosc l'homme aux cheveux blonds et à l'éperon d'argent, et que ce ne fût pas comme auteur principal, mais comme complice qu'il avait été condamné, on soutint que deux hommes ayant été condamnés pour un seul, l'un d'eux devait être forcément innocent. Six individus avaient été exécutés, alors que le crime n'avait été commis que par cinq personnes ; il y avait donc certainement une erreur judiciaire, et la victime n'en pouvait être que Lesurques.

En vain aurait-on répondu qu'il n'avait jamais été prouvé d'une façon absolue qu'il n'y eut que cinq assassins ; le mouvement d'opinion, une fois lancé, ne devait plus s'arrêter. Et Jules Favre ne faisait en somme que le constater lorsqu'il déclarait : « L'innocence de Lesurques éclata aux yeux de tous, et depuis lors elle a été affirmée hautement, toutes les fois qu'une discussion politique a pu s'ouvrir, par les citoyens les plus éminents, et par les plus grands pouvoirs de la nation appelés à le proclamer ». En effet, non seulement, à plusieurs reprises, des hommes politiques, des magistrats avaient proclamé l'innocence de Lesurques, mais deux fois, en 1823 et en 1835, le gouvernement, en restituant à sa famille une partie de ses biens, avait paru la reconnaitre implicitement. (1).

1. Tel était du moins l'argument de Jules Favre ; en réalité, la cause de

Que Lesurques fut ou non innocent, on ne pouvait laisser planer éternellement le doute sur sa condamnation. Or une demande en revision, seul moyen de trancher définitivement le débat, était impossible dans le système du Code d'instruction criminelle, puisque Lesurques était mort. Ce fut donc à une réforme législative, ayant pour but de permettre la revision *post mortem* au cas de deux condamnations inconciliables, que tendit l'effort des partisans de l'innocence de Lesurques. Plusieurs tentatives, d'abord auprès de Napoléon Ier, puis, sous la Restauration, auprès du duc de Berry, de la duchesse d'Angoulème, des chambres enfin, restèrent sans résultat. Ce fut l'affaire Lesurques qui motiva en 1822 la proposition du comte de Valence à la Chambres des pairs. Le ministre de la justice émit un avis défavorable ; néanmoins, pour éviter le reproche d'indifférence, le Gouvernement voulut soumettre la question au Conseil d'Etat. M. de Vatimesnil, après examen, conclut ainsi : « Ce que les esprits justes et les hommes qui savent résister à l'entrainement des idées du jour penseront, si je ne me trompe, c'est qu'il y a, quant à la culpabilité de Lesurques, doute grave, doute qui devrait déterminer son acquittement si le jugement était à rendre, mais qui ne suffirait probablement pas pour des lettres d'abolition, dans le cas où la législation les autoriserait. S'abstenir dans cet état d'incertitude me semble le parti le plus sage ». Pourtant l'affaire fut soumise aux sections du contentieux et de législation réunies ; mais le rapporteur M. Zangiacomi,

cette restitution était tout autre : la législation sous l'empire de laquelle la condamnation avait été prononcée, n'autorisait pas la confiscation des biens.

repoussa toute intervention législative : « L'innocence de Lesurques, dit-il, n'est pas établie de telle façon que, dans l'insuffisance de la loi actuelle, il faille proposer une loi nouvelle qui s'accommoderait mieux aux nécessités de la défense ». Le Conseil d'Etat émit un avis conforme.

Il serait trop long d'énumérer les tentatives faites sous les différents régimes par les partisans de Lesurques, pour obtenir une modification de la loi sur la revision. Les propositions de loi de 1836, de 1851, doivent être rattachées au mouvement en faveur de Lesurques. Ce ne fut qu'en 1864, plus de soixante ans après la condamnation de Dubosc, que l'opinion publique eut enfin satisfaction ; sur une nouvelle proposition faite au corps législatif par Jules Favre, qui demandait, au nom de la famille Lesurques, le remboursement des frais de justice par elle payés, le gouvernement s'engagea à « présenter à la prochaine session un projet de « loi modifiant l'art. 443 du Code d'instruction criminelle, « et permettant, même après la mort du condamné, la re- « vision de l'arrêt de condamnation dans les cas prévus « par ledit Code ». Tel fut le point de départ de la loi du 29 juin 1867.

Disons tout de suite, pour en finir avec l'affaire Lesurques, que lorsque la demande en revision formée par la famille en vertu de la nouvelle loi vint devant la Cour de cassation, elle fut repoussée, à la suite d'un rapport de Faustin Hélie et d'un réquisitoire du Procureur général Delangle. « Attendu, disait l'arrêt, que le jury de l'an IV a dé- « claré que Lesurques était convaincu d'avoir participé au « crime comme auteur principal, et que le jury de l'an IX « a déclaré Dubosc coupable seulement d'avoir aidé et

« assisté les auteurs du crime, il n'y a pas inconciliabilité
« des deux condamnations, la demande en revision ne peut
« donc être reçue aux termes de l'art. 443. » Les conditions
exigées par la loi pour l'admissibilité de la demande n'étant
pas remplies, il n'y avait pas lieu d'examiner la question
du fond. Cet arrêt mit fin à l'affaire Lesurques : la seule
conclusion qu'on en pouvait tirer, c'est que, malgré la réforme du Code d'instruction criminelle, il était impossible
de reviser la condamnation de l'an IV. Une nouvelle loi
n'aurait d'ailleurs peut-être servi à rien, la preuve absolue
de l'innocence du condamné étant bien difficile, après un
aussi long intervalle de temps.

La loi de 1867, à laquelle nous arrivons maintenant, n'a
fait qu'étendre les limites d'application de trois cas de revision institués par le Code d'instruction criminelle, elle n'en
a pas ajouté de nouveau (1).

---

1. Texte des nouveaux art. 443 à 447. — Art. 443. La revision pourra
être demandée en matière criminelle ou correctionnelle, quelle que soit
la juridiction qui ait statué, dans chacun des cas suivants : 1º lorsque,
après une condamnation pour homicide, des pièces seront représentées
propres à faire naître de suffisants indices sur l'existence de la prétendue
victime de l'homicide ; 2º lorsque, après une condamnation pour crime
ou délit, un nouvel arrêt ou jugement aura condamné pour le même fait
un autre accusé ou prévenu, et que les deux condamnations ne pouvant
se concilier, leur contradiction sera la preuve de l'innocence de l'un ou
de l'autre condamné : 3º lorsqu'un des témoins entendus aura été, postérieurement à la condamnation, poursuivi et condamné pour faux témoignage contre l'accusé ou le prévenu. Le témoin ainsi condamné ne pourra
pas être entendu dans les nouveaux débats.

Art. 444. Le droit de demander la revision appartiendra : 1º au ministre de la justice ; 2º au condamné ; 3º après la mort du condamné, à
son conjoint, à ses enfants, à ses parents, à ses légataires universels ou
à titre universel, à ceux qui en ont reçu de lui la mission expresse. — En
matière correctionnelle, la revision ne pourra avoir lieu que pour une

Elle a écarté l'amendement de M. Martel, qui demandait
que la revision fût autorisée pour cause d'erreur de fait
toutes les fois que l'innocence du condamné serait certaine,

condamnation à l'emprisonnement ou pour une condamnation prononçant
ou emportant l'interdiction, soit totale, soit partielle, de l'exercice des
droits civiques, civils ou de famille. — La Cour de cassation, section criminelle, sera saisie par son Procureur général, en vertu de l'ordre exprès que le ministre de la justice aura donné, soit d'office, soit sur la
réclamation des parties invoquant un des cas ci-dessus spécifiés. La demande de celles-ci sera non recevable pour les cas déterminés aux nos 2
et 3 de l'article précédent, si elle n'a pas été inscrite au ministère de la
justice dans le délai de deux ans, à partir de la seconde des condamnations inconciliables, ou de la condamnation du faux témoin. — Dans tous
les cas, l'exécution des arrêts ou jugements dont la revision est demandée
sera de plein droit suspendue sur l'ordre du ministre de la justice, jusqu'à
ce que la Cour de cassation ait prononcé, et ensuite, s'il y a lieu, par
l'arrêt de cette Cour statuant sur la recevabilité.

Art. 445. En cas de recevabilité, si l'affaire n'est pas en état, la Cour
procédera directement ou par commissions rogatoires à toutes enquêtes
sur le fond, confrontations, reconnaissances d'identité, interrogatoires et
moyens propres à mettre la vérité en évidence. — Lorsque l'affaire sera
en état, si la Cour reconnait qu'il peut être procédé à de nouveaux débats
contradictoires, elle annulera les jugements ou arrêts et tous actes qui
feraient obstacle à la revision ; elle fixera les questions qui devront être
posées, et renverra les accusés ou prévenus, selon les cas, devant une
Cour ou un tribunal autres que ceux qui auront primitivement connu
de l'affaire. — Dans les affaires qui devront être soumises au jury, le
Procureur général près la Cour de renvoi dressera un nouvel acte d'accusation.

Art. 446. Lorsqu'il ne pourra être procédé de nouveau à des débats
oraux entre toutes les parties, notamment en cas de décès, de contumace
ou de défaut d'un ou de plusieurs condamnés, en cas de prescription de
l'action ou de celle de la peine, la Cour de cassation, après avoir constaté
expressément cette impossibilité, statuera au fond, sans cassation possible
ni renvoi, en présence des parties civiles, s'il y en a au procès, et des
curateurs nommés par elle à la mémoire de chacun des morts. — Dans
ce cas, elle annulera seulement celle des condamnations qui avait été injustement portée, et déchargera, s'il y a lieu, la mémoire des morts.

Art. 447. Lorsqu'il s'agira du cas de revision exprimé au no 1 de l'arti-

Sevestre   7

bien qu'il n'existât pas deux condamnations inconciliables.
A l'appui de sa demande, M. Martel citait un grand nombre
de cas non prévus par le Code d'instruction criminelle, où
cependant l'innocence du condamné était certaine ; par
exemple, cas où le vrai coupable, arrêté depuis la condamnation, meurt après avoir avoué sa culpabilité, mais avant
son jugement ; — où le faux témoin meurt après la constatation du mensonge qui a entraîné la perte d'un innocent,
avant d'avoir été condamné ; — où le vrai coupable ne peut
être jugé, parce qu'il est atteint d'aliénation mentale ; —
où l'objet prétendu volé ayant été retrouvé, la personne
condamnée pour vol est évidemment innocente ; — où l'auteur du vol, étant le fils de la victime et ne pouvant par
suite être condamné, l'innocent puni pour ce fait ne pourra
se trouver dans le cas de deux condamnations inconciliables, etc. Il peut se faire en outre, disait-il, qu'il y ait inconciliabilité entre deux décisions de justice, sans qu'il y
ait deux condamnations : par exemple le véritable coupable, ayant moins de seize ans, est acquitté comme ayant
agi sans discernement. M. Martel proposait en conséquence
un amendement ainsi conçu, à ajouter à l'art. 443 : « Dans
tout autre cas, lorsqu'une condamnation criminelle ou correctionnelle sera attaquée pour cause d'erreur de fait, le
ministre de la justice, sur le vu du mémoire et des pièces
justificatives devra d'office saisir la Cour de cassation. »

Le commissaire du gouvernement combattit cet amendement en disant que, hors des trois cas prévus par le Code,

cle 443, si l'annulation de l'arrêt à l'égard d'un condamné vivant ne laisse
rien subsister qui puisse être qualifié crime ou délit, aucun renvoi ne sera
prononcé.

il pouvait bien y avoir présomption, mais non certitude d'une erreur, et que, s'il fallait ouvrir la porte de la revision à toutes les erreurs de fait, il n'y aurait plus de stabilité pour les jugements : « sous prétexte d'erreur, on verrait « chaque jour surgir des demandes en revision basées « sur des motifs plus ou moins plausibles, ce qui ébranle- « rait le respect dû aux arrêts de la justice ». Quant aux cas de deux décisions contradictoires, qui ne seraient pas l'une et l'autre des jugements de condamnation, le garde des sceaux répondit que la Cour de cassation ne manquerait pas, en pareille hypothèse, d'étendre le texte de la loi.

La loi du 29 juin 1867, dans sa rédaction définitive, a introduit dans la législation sur la revision deux innovations. D'abord, et c'est là son but principal, elle autorise la revision *post mortem* dans tous les cas où elle est permise du vivant du condamné ; elle se montre à ce point de vue plus large que les projets de 1822, 1836 et 1851, qui ne demandaient la revision posthume que dans l'hypothèse de deux arrêts inconciliables. En outre, elle étend la revision aux condamnations correctionnelles, ne faisant d'ailleurs en cela, comme le fait très justement remarquer Faustin Hélie, que sanctionner la jurisprudence antérieure de la Cour de cassation (1).

Le projet primitif n'ouvrait la voie de la revision en matière correctionnelle qu'au profit du condamné vivant. « La

---

1. Nous avons vu que la Cour de cassation admettait la revision en matière correctionnelle, lorsque c'était la Cour d'assises qui avait statué, et qu'il n'y avait par conséquent qu'un seul degré de juridiction. Elle avait également étendu la revision à certaines condamnations prononcées par les tribunaux militaires, mais non infamantes, comme les travaux publics.

tache infamante qu'imprime la condamnation criminelle, disait l'exposé des motifs, est toujours présumée survivre à la mort ; pour les délits, la condamnation n'a ni les mêmes conséquences, ni le même caractère ; elle ne frappe pas, à vrai dire, la mémoire du condamné ; il y a bien encore un intérêt individuel, mais non plus un intérêt social. » De plus, le projet n'admettait la revision correctionnelle que pour les condamnations à plus d'un an d'emprisonnement. « Les tribunaux correctionnels répriment souvent des faits légers qui n'affectent pas l'intérêt social ; il fallait distinguer entre les condamnations légères et les condamnations plus graves, dont le souvenir survit à l'exécution de la peine. Autoriser la revision pour toutes les condamnations correctionnelles eut été affaiblir, l'autorité de la chose jugée pour des faits sans portée. Au-dessous d'un an, la répression a paru au législateur garder son caractère de correction. »

Ces deux restrictions furent combattues par le rapporteur de la commission du corps législatif, Nogent-saint-Laurens, qui rappela ce paysage de Bonneville de Marsangy (1) : « Une « condamnation à deux mois de prison pour vol, abus de « confiance ou escroquerie, est plus moralement flétrissante « qu'une condamnation à un an et un jour pour blessures « par imprudence ; la différence fondée sur le plus ou « moins de durée de la peine n'est pas suffisamment « justifiée au point de vue de la revision. On peut sans « doute écarter la revision en cas de condamnation à « l'amende ; mais quand par erreur on a condamné un

---

1. Cf. Amélioration de la loi criminelle.

« citoyen à l'emprisonnement, qu'on l'a mis en contact
« journalier avec les pires malfaiteurs, qu'on a par là causé
« la pire des atteintes à sa considération, la société ne doit
« pas exiger qu'il demeure, sans réparation possible, sous
« le poids de cette flétrissure imméritée. »

Le corps législatif supprima complètement la première
de ces restrictions, et atténua la portée de la seconde ; se
prononçant dans le même sens que Bonneville de Marsangy,
il n'écarta la revision en matière correctionnelle que pour
les condamnations à l'amende.

L'article 443 nouveau admettait la revision « quelle que
fut la juridiction qui est statué », que ce fût la juridiction
ordinaire (Cour d'assises ou tribunal correctionnel), ou une
juridiction d'exception (conseils de guerre, tribunaux maritimes). Cela allait de soi ; la revision était prévue par
l'article 82 du Code militaire du 4 août 1857, et l'article 112
du Code maritime du 10 août 1858 ; et avant même la promulgation de ces deux lois, la Cour de cassation avait déjà
sans hésitation appliqué la revision aux juridictions militaires.

Le Code d'instruction criminelle ne limitait pas le temps
pendant lequel le condamné pouvait former sa demande
en revision. Au contraire, l'article 444 nouveau limitait ce
délai à deux ans, « à partir de la seconde des condamnations inconciliables ou de la condamnation du faux témoin ».
Il ne faut pas, a-t-on dit, que le temps puisse affaiblir ou
faire disparaître les preuves de l'innocence ou de la culpabilité du condamné. Cette raison ne s'appliquait pas au
premier cas de revision, la vie de la personne prétendue
homicidée étant un fait facile à vérifier ; aussi la loi n'a-t-

elle fixé de délai que dans les deux autres cas. Une discussion s'éleva à propos du point de départ du délai, certains députés voulant qu'il ne courût que du jour où le condamné aurait pu avoir connaissance du fait donnant ouverture à son droit. M. Fabre dit que cela allait de soi, en vertu de la maxime qu'aucune prescription ne peut courir contre celui qui ne peut agir. La rédaction définitive maintint comme point de départ le jour de la deuxième condamnation, sur l'observation du garde des sceaux que le droit du ministre de poursuivre la revision ne se prescrivait pas, et que ce serait un devoir pour lui, quel que fût le temps écoulé, d'introduire l'action en revision.

L'article 2 de la loi du 29 juin 1867 édictait, relativement à ce délai de deux ans, une disposition transitoire : « Dans tous les cas où la condamnation donnant ouverture à revision, dans les termes de l'article 443, §§ 2 et 3, serait antérieure à la présente loi, le délai fixé par l'article 444 pour l'inscription de la demande courra à partir de la promulgation (1) ».

Le Code d'instruction criminelle, qui n'admettait la revision qu'en matière criminelle, attribuait compétence quant au fond au jury, vis-à-vis des condamnés vivants, et à la Cour de cassation, vis-à-vis du condamné décédé, dans le cas unique où la revision était permise par l'article 447. Lorsque la loi de 1867 eut généralisé la revision *post mortem*, et qu'elle eût étendu cette voie de recours aux procès correctionnels, la question se posa de déterminer quelle

---

1. Nous reproduisons ici la même observation que nous avons déjà faite en parlant du Code de 1808 ; tout ce qui a subsisté de la loi de 1867 sous l'empire de la loi du 8 juin 1895, trouvera place dans notre seconde partie, consacrée à l'étude de la législation actuelle.

serait, dans les nouvelles hypothèses, la juridiction compétente. Ce fut l'occasion d'une discussion intéressante, reproduite dans l'exposé des motifs de M. Pinard, et dont nous
devons dire quelques mots.

Un premier système attribuait tous les cas de revision,
sans distinction, à la Cour de cassation. On invoquait en ce
sens le caractere élevé de cette juridiction, placée au-dessus de toutes les autres, pour assurer l'observation rigoureuse des lois. « Reviser n'implique pas un renvoi devant
« le même juge qui a rendu la première sentence, mais un
« second examen offrant des garanties égales à celles qu'a-
« vait l'accusé lors de son premier procès. Or, rompu par
« une pratique quotidienne aux affaires les plus compli-
« quées, le magistrat qui parvient à la Cour de cassation
« après une longue carrière saura, mieux qu'un autre, jus-
« tifier et proclamer l'innocence, ou au contraire déjouer
« une trame ourdie entre deux coupables ». En outre, l'arrêt rendu par la Cour de cassation aurait été motivé : « Le
« verdict n'affirme qu'un acquittement ; or derrière tout
« acquittement peut se placer le doute comme la certitude ;
« l'arrêt au contraire affirme tout ce qui est essentiel en
« matière de revision ». Enfin, la Cour de cassation revi-
sant elle-même n'aurait pas besoin, dans le cas de deux
condamnations inconciliables, de les annuler toutes les deux,
de porter une double atteinte à la chose jugée, alors que
l'un des jugements serait conforme à l'équité.

Un système contraire donnait compétence, dans tous les
cas, au jury ou à la juridiction correctionnelle. Ces deux
juridictions, disait-on, présentent des garanties spéciales
pour la saine appréciation des questions de fait. « En ma-

tière criminelle, le jury est réputé le meilleur juge de la culpabilité ou de l'innocence : il est composé d'hommes vivant de la même vie que l'accusé, jugeant humainement les conditions humaines dans lesquelles il s'est trouvé. En matière correctionnelle, le juge est placé près du délinquant, non loin du lieu où l'acte incriminé se commet, il a la connaissance exacte du milieu qu'il sauvegarde par sa répression ; s'il n'est pas choisi parmi les pairs du prévenu, comme le jury, les deux degrés de juridiction compensent pour ce dernier les garanties données à l'accusé par le solennel débat de la Cour d'assises. Ces garanties, qui étaient bonnes pour le premier procès, le seront également pour la revision. »

Le projet qui est devenu la loi du 29 juin 1867, a pris un moyen terme entre les deux systèmes. Le premier avait l'inconvénient d'enlever dans certains cas au jury une compétence reconnue par le Code d'instruction criminelle, et pratiquée depuis soixante ans. Le second avait le tort de déférer parfois au juge ordinaire un procès pour lequel le débat oral et contradictoire ne pouvait plus se renouveler. « Le jury forme sa conviction d'après l'interrogatoire, les réponses, la physionomie de l'accusé ; la défense personnelle, contradictoire est l'élément essentiel qui permet à l'homme de bien juger l'homme. Le législateur dénie formellement au jury le droit de juger un accusé qui s'enfuit. On ne pouvait affirmer plus nettement la nécessité du débat contradictoire. Si l'un des deux condamnés est vivant, et que l'autre soit décédé, le jury sera mauvais juge ; il fera au vivant une situation privilégiée, et au mort une situation d'infériorité. »

Aussi la loi de 1867 a-t-elle établi une distinction : le débat peut-il s'ouvrir à nouveau, contradictoirement comme la première fois, le jury ou le juge correctionnel seront compétents ; le débat contradictoire ne peut-il plus s'ouvrir à raison d'un fait de force majeure, qui s'impose au juge, comme le décès, l'absence, la prescription de l'action ou celle de la peine ? la Cour de cassation devient le tribunal de la revision. Cette distinction fort rationnelle, a été reproduite par la loi de 1895.

La loi de 1867 avait apporté au système du Code d'instruction criminelle en matière de revision plusieurs modifications heureuses, en permettant à la famille de l'individu injustement condamné de poursuivre la réhabilitation de sa mémoire, en étendant la revision aux procès correctionnels, en fixant, d'après une théorie juridique et rationnelle, la compétence des diverses juridictions en notre matière. Mais son œuvre était restée incomplète : d'abord, malgré les observations très justes de M. Martel, elle n'avait pas augmenté le nombre des cas de revision admis par le Code d'instruction criminelle ; la crainte de porter atteinte à la stabilité de la chose jugée l'avait emporté sur celle de voir un innocent, dans une des hypothèses énumérées lors de la discussion de la loi, supporter sans recours possible le poids d'une condamnation injuste. On comprend facilement que les termes trop généraux de l'amendement proposé par M. Martel aient effrayé le législateur, mais on pouvait chercher, et c'est en somme ce qu'a fait le législateur de 1895, une formule laissant moins de place à l'arbitraire.

L'insuffisance de la loi de 1867 s'est manifestée presque

immédiatement. Le rapport de M. Faustin Hélie dans l'affaire Lesurques semblait bien croire à l'innocence ; et pourtant il était forcé de conclure au rejet de la demande. « Il semble difficile de mieux démontrer, dit M. Bérenger, « combien il est impossible de chercher dans une limi-« tation étroite des cas, alors que leur multiplicité et leur « variété est insaisissable, la solution de la question. La « loi de 1867, en refusant de modifier un système dont le « vice s'est déjà plusieurs fois manifesté, ne devait pas « plus échapper que les dispositions précédentes à la sur-« prise des cas imprévus et aux propositions nouvelles « qu'ils devaient faire naître ».

De plus, la loi de 1867 avait complètement laissé de côté la question très importante des indemnités à accorder aux victimes d'erreurs judiciaires, jusqu'en 1895, cette question est toujours restée en dehors des textes législatifs ; mais le principe de la responsabilité pécuniaire de l'État, encore très discuté, commençait déjà vers 1867 à réunir de nombreux défenseurs. C'est cette théorie des indemnités que nous devons maintenant étudier dans son développement historique, pour avoir une idée générale de l'état de notre législation, au sujet de la réparation des erreurs judiciaires, à la veille de la loi du 8 juin 1895.

CHAPITRE VIII

LA QUESTION DES INDEMNITÉS AUX VICTIMES D'ERREURS
JUDICIAIRES ET SON ÉVOLUTION HISTORIQUE.

Il fut admis de tout temps que le dénonciateur, l'accusateur qui aurait agi de mauvaise foi serait passible de dommages-intérêts envers l'accusé reconnu innocent, et *a fortiori* envers l'individu injustement condamné par son fait. Au temps où, sous l'ancien régime, la procédure était accusatoire, il est même fort vraisemblable que cette responsabilité ait rendu inutile celle de l'Etat, ou du moins, s'y substituant dans la plupart des cas, ait enlevé à la question beaucoup de son importance.

De même, à une époque fort reculée, on voit le magistrat prévaricateur, ou celui qui a commis une faute lourde, déclaré responsable de la sentence injuste qu'il a rendue : le juge qui, sans motifs sérieux, décrète un innocent de prise de corps, est passible envers lui de dommages-intérêts (1). Comme exemple de l'extension donnée à la responsabilité des magistrats, on peut citer une ordonnance du duc de Lorraine, en 1707 : « Les juges pourront condamner aux dommages-intérêts nos procureurs et ceux des seigneurs en leur nom s'il apparaît par l'évidence du fait qu'ils ont pris des dénonciateurs inconnus, notoirement insolvables, ou de soi suspects, par un esprit de vexation ».

1. Cf. Péan.

Cette responsabilité du magistrat ou du dénonciateur, de mauvaise foi ou coupable d'une faute très grave, est chose tout à fait étrangère à la question qui nous occupe en ce moment. En dehors du cas de dol ou de faute lourde, existe-t-il une responsabilité, soit à la charge du juge ou de l'accusateur, soit à la charge de l'Etat ? L'ancien droit (si nous laissons de côté le temps où le procès criminel se réduisait à une lutte entre l'accusateur et l'accusé), répondait non. La responsabilité personnelle du juge ou du dénonciateur n'était nullement engagée lorsqu'ils agissaient de bonne foi, et la présomption leur était favorable. Quant à l'Etat, c'était un principe absolu que le Roi n'a pas d'obligations à l'égard de ses sujets. Et si quelques parlements allouèrent parfois à des inculpés reconnus innocents des dommages-intérêts, en l'absence d'un dénonciateur solvable, il n'y eut là de leur part qu'une pure libéralité aux dépens du trésor ; aucun texte de loi ne reconnaissait ce droit à une indemnité, et il ne faut voir là qu'une application arbitraire du pouvoir souverain des Parlements.

Ce n'est qu'à la fin du xviiie siècle que l'opinion publique commença à élever la voix en faveur des victimes d'erreurs judiciaires, qui venaient demander à l'Etat la réparation, au moyen d'une indemnité pécuniaire, des souffrances qu'on leur avait infligées. Jusque-là, cette idée qui nous paraît aujourd'hui si naturelle, que l'individu qui a subi à tort une longue détention a droit à une compensation pécuniaire, n'avait été émise que dans des circonstances exceptionnelles. Et depuis lors, elle a toujours été discutée ; jusque dans ces dernières années, elle a trouvé d'éloquents contradicteurs.

A vrai dire, si cette idée de responsabilité pécuniaire de l'Etat répond parfaitement à nos sentiments d'équité, elle est plus difficile à fonder sur une base juridique. D'abord, il est inexact de chercher ce fondement dans le droit positif écrit pour les particuliers, dans l'article 1382 du Code civil que l'on formule souvent ainsi dans la pratique : Toute personne qui nuit à autrui est tenue de réparer le préjudice qu'elle a causé. En effet, l'individu n'est obligé, aux termes de cet article, que lorsqu'il a commis une faute : une simple erreur n'engage pas sa responsabilité ; or les représentants du pouvoir judiciaire, lorsqu'ils se trompent, ne sont généralement pas en faute, car c'est un devoir pour eux d'agir avec célérité, et d'arrêter les personnes soupçonnées pour prévenir la fuite des coupables et la disparition des preuves. Le principe de la responsabilité privée ne peut donc justifier, dans la grande majorité des cas, la resposabilité de l'Etat (1).

On a fait alors intervenir l'idée d'un contrat entre la société et l'individu. « A l'origine de toute organisation sociale, les citoyens lésés par un crime ou un délit avaient le droit d'en tirer vengeance et réparation. Peu à peu des associations humaines se formèrent et soutinrent les droits de leurs membres ; puis la famille et la tribu s'absorbèrent dans les nations, et la solidarité sociale fut substituée à la solidarité familiale ou de la tribu. La justice rendue par la société prit la place de la vengeance individuelle. Chaque individu en renonçant à l'exercice de son droit dans l'intérêt de la sûreté de tous, acquit des droits aux garan-

1. Cf. Nicolas, Des réparations aux victimes d'erreurs judiciaires. *Revue critique*, 1888, p. 548 et suiv.

ties sociales, en vertu desquelles le citoyen ne saurait être troublé impunément par qui que ce soit. Dans ces conditions, la société ne doit-elle pas encourir la responsabilité des fautes qu'elle peut commettre en exerçant des poursuites et en prononçant des condamnations, au même titre que l'auraient encourue, en cas d'agissements injustes, les individus aux droits desquels elle a été subrogée ? Elle est garante de la sécurité qu'elle s'est engagée à procurer aux citoyens, et par conséquent tenue à réparation » (1). A cela on a répondu que la société n'avait pu, ni promettre l'infaillibilité de ses mandataires, ni contracter l'engagement de n'inculper qu'à coup sûr. Quand la bonne foi de l'Etat n'est pas mise en suspicion, les citoyens qui ont contracté avec la société en auront obtenu ce qu'elle pouvait donner ; ses erreurs accidentelles doivent être considérées comme des cas fortuits, et pas plus que l'application de l'article 1382, l'idée de contrat ne peut servir de base à une demande en indemnité (2).

On a encore invoqué, dans le sens de la responsabilité de l'Etat, l'argument suivant : la société est tenue dans certains cas d'indemniser les individus des sacrifices qu'elle impose à quelques-uns dans l'intérêt de tous. « Quand l'Etat veut exproprier quelqu'un, c'est-à-dire lui enlever son champ ou sa maison pour cause d'utilité publique, il ne le

1. Cf. Pascaud, *De l'indemnité à allouer aux individus indûment condamnés ou poursuivis en matière criminelle, correctionnelle ou de police. Revue critique*, 1888, p. 597 et suiv.

2. Cf. Worms, *De l'Etat au regard des erreurs judiciaires. Compte-rendu de l'Académie des sciences morales et politiques*, 1884, tome CXXII, p. 653.

peut sans une indemnité préalable. Or l'Etat ayant, par hypothèse, enlevé à un particulier plus qu'un bien corporel, la liberté, peut-être la vie, ne semble-t-il pas qu'il doive aussi de ce chef, au moins après coup, une indemnité, lorsque la peine a été injuste, et qu'elle ne peut se défendre que par un intérêt de préservation publique ? » M. Pascaud voit ici une application du principe général qu'il formule ainsi : « Le sacrifice exigé dans l'intérêt général ne cesse de donner lieu à une indemnité au profit des individus que quand il frappe l'universalité des citoyens sans exception ». Ce système a été vivement combattu par M. Worms, qui écarte toute espèce d'assimilation entre l'expropriation et la perte de la vie ou de la liberté. « L'expropriation, dit-il, est volontaire, pesée, préméditée, et le renoncement demandé au propriétaire comporte des évaluations très approximatives. Au contraire, lorsqu'un méfait a été commis, la société est troublée, l'autorité a le devoir absolu de rassurer les citoyens, elle serait certainement responsable de son inertie : quoi d'étonnant qu'il lui arrive parfois de s'égarer avec les meilleures intentions du monde ? L'autorité n'a pris aucune initiative, son rôle est purement défensif ; loin de lutter pour un profit, elle veut seulement conjurer le retour d'un péril ; elle n'agit pas spontanément et après mûre réfléxion, mais contrainte et forcée, sans pouvoir s'abstenir ». On ne peut pas considérer l'indemnité à allouer à l'innocent comme le prix de sa liberté.

D'après un système qui fut soutenu, lors des travaux préparatoires de la loi de 1895, par le rapporteur au Conseil d'Etat, M. Jacquin, et qui a été exposé très clairement par M. Nicolas, les victimes d'erreurs judiciaires n'ont aucun droit à une indemnité ; mais la société a l'obligation morale de réparer le préjudice qui leur a été causé, au même titre qu'elle accorde un dédommagement à ceux que viennent frapper des épidémies, des calamités imprévues. De même que la société a des devoirs de police, de protection, d'assistance, elle a le devoir d'assurer à chacun bonne et égale justice ; c'est ce devoir de justice qui l'oblige, si une erreur judiciaire a été commise, à la réparer, sans qu'il y ait à rechercher s'il y a eu faute ou erreur excusable de ses mandataires, l'injustice étant la même dans tous les cas pour l'individu qui en a souffert. On a reproché à ce système de faire de la réparation une question purement administrative, de ne pas asseoir le principe de l'indemnité sur une base assez juridique, assez solide.

Nous aurons plus tard à revenir sur ces discussions théoriques : pour le moment, nous avons voulu montrer seulement, par ce rapide exposé, à quelles difficultés se heurtait la formation d'un système législatif sur les indemnités à accorder aux victimes d'erreurs judiciaires. Le principe de la responsabilité de l'Etat, si contesté dans son fondement juridique, était de nature à effrayer le législateur par ses conséquences pratiques. Du moment en effet qu'on aurait reconnu le droit de l'innocent condamné à une indemnité, on aurait dû logiquement reconnaître le même droit à l'accusé acquitté, ou bénéficiant d'une ordonnance et non-lieu, après une détention préventive. Si la doctrine avait été unanime pour imposer au législateur cette innovation, elle aurait sans doute triomphé de ses résistances et de ses craintes ; mais jusqu'au bout elle fut très partagée, et nous n'en voulons d'autre preuve que les discussions qui s'élevèrent lors des travaux préparatoires de la loi du 8 juin 1895, et qui aboutirent à en faire, à ce point de vue, une œuvre incomplète.

A la fin du siècle dernier, le principe de l'indemnité due au condamné ou à l'accusé reconnu innocent fut proclamé à diverses reprises. En 1781, l'Académie de Châlons-sur-Marne avait ouvert un concours sur le sujet suivant : « Lorsque la société civile ayant accusé un de ses membres par l'organe du ministère public succombe dans cette accusation, quels seraient les moyens les plus praticables et les moins dispendieux de procurer au citoyen reconnu innocent le dédommagement qui lui est dû de droit naturel ». Les auteurs des deux mémoires couronnés, Philipon de la Madelaine, (Discours sur les moyens d'indemniser l'innocence) et Brissot de Warville (Le sang innocent vengé) admirent d'une façon absolue le droit à l'indemnité pour toute personne relaxée des poursuites. C'était une exagération.

En 1788, le même principe était reconnu, sous une forme il est vrai un peu vague, mais d'une façon solennelle, par le garde des sceaux Lamoignon, dans son discours à propos de l'ordonnance criminelle de Louis XVI, qui supprimait certains abus de la procédure. « Le roi s'est occupé « des dédommagements que vous décernez aux innocents « lorsqu'ils ont subi, sur de faux indices, les rigueurs « d'une poursuite criminelle... Sa Majesté à vu avec la « plus grande surprise que la législation de son royaume « n'avait encore rien statué en leur faveur et que, s'il ne se « trouvait pas au procès une partie civile qui pût être « condamnée aux frais de l'impression et de l'affiche du « jugement d'absolution, cette faible indemnité n'était

« même pas accordée à l'innocence. Le roi s'occupe de
« ces réparations, qu'il regarde comme une *dette de justi-*
« *ce*... En attendant qu'il puisse atteindre ce but, il veut
« que ces jugements d'absolution soient imprimés et affi-
« chés aux dépens de son domaine, etc. (1)

Dans un assez grand nombre de bailliages, les cahiers
rédigés en vue de la convocation des Etats généraux se
prononcèrent en faveur d'une indemnité envers les accusés reconnus innocents (2). Chose assez curieuse, ils laissent
de côté, pour la plupart, la question des réparations dues
aux individus condamnés injustement. Peut-être considé-
raient-ils que cette réparation leur serait due *a fortiori*, si
elle était accordée aux simples accusés ; ou bien, à raison
des souscriptions et des libéralités de toutes sortes dont
bénéficiaient toujours les victimes de condamnations injustes, leur situation paraissait-elle moins digne d'intérêt.
Voici en quels termes s'exprimaient les cahiers de Paris :
« La législation, en établissant une peine contre le coupable, doit aussi établir une réparation pour l'innocence injustement accusée. Ainsi tout accusé déchargé pourra réclamer la publication de l'affiche du jugement et des indemnités proportionnées au dommage qu'il aura souffert dans
son honneur, sa santé ou sa fortune. Cette indemnité sera
prise sur les biens du dénonciateur *et subsidiairement sur
les fonds assignés pour cet objet* ».

Cette manifestation du sentiment public devait avoir son
contre-coup à la constituante. Dès le commencement de

---

1. Nous avons déjà cité au début de notre étude un autre passage de
cette déclaration.

2. Cf. Pascaud.

1790, Duport soumit à l'Assemblée un projet de loi ainsi conçu : « Lorsqu'un accusé aura été acquitté, il pourra présenter requête pour obtenir de la société une indemnité ; sur laquelle requête il sera statué par le tribunal criminel. Il sera fait avec le produit des amendes et autres deniers qui y seront appliqués, un fonds de secours pour indemniser les accusés qui auront été déchargés de l'accusation ». Et il soutenait son projet par le raisonnement suivant : « Cette indemnité est une dette de la société et un dédommagement de la perte qu'elle a occasionnée à l'accusé : elle doit l'acquitter, car tous les hommes rassemblés ne sont pas plus dispensés d'être justes qu'un seul homme ». Ce système aboutissait à faire allouer parfois des indemnités à de véritables criminels, dont l'acquittement était dû au seul défaut de preuves ; c'était l'idée déjà émise par Brissot. Elle devait effrayer le législateur de 1791. En effet, après une courte discussion, la proposition fut rejetée. Parmi les objections qui lui furent adressées, certaines étaient très faibles, entre autres celle de Lanjuinais qui, « craignant que certaines personnes ne se livrassent au honteux métier de se faire accuser dans le but d'obtenir ensuite une réparation » demandait que l'on déterminât combien de fois un accusé pourrait être indemnisé.

La convention refusa également d'inscrire dans la loi le principe de la réparation envers les accusés reconnus innocents ; mais elle rendit à plusieurs reprises des décrets spéciaux accordant des indemnités à certains individus acquittés. Indemnités très faibles pour la plupart, destinées uniquement à payer les frais de retour de ces personnes dans leurs pays.

Le Code d'instruction criminelle est resté absolument muet sur la question des indemnités à accorder aux victimes d'erreurs judiciaires. Il ne semble même pas qu'elle ait été soulevée lors de la discussion des art. 443 et suivants (1) : on n'en trouve aucune trace, ni dans le rapport de Berlier au Conseil d'Etat, ni dans celui de Cholet au corps législatif. Et elle ne reparait dans les travaux parlementaires qu'en 1867, sous la forme d'un amendement au projet de loi sur la revision.

Mais dans l'intervalle, le principe de l'indemnité avait trouvé dans la littérature juridique, de nombreux défenseurs, Merlin, Le Graverend, Dupin, Bonneville de Marsangy (2), Faustin Hélie l'avaient énergiquement soutenu ; et si tous n'étaient pas d'accord sur le fondement juridique de cette responsabilité de l'Etat, et par suite sur sa portée pratique, ils l'étaient du moins pour réclamer une intervention du législateur. Voici comment s'exprimait Faustin Hélie : « Quelle dette plus légitime que celle d'une indem-
« nité pour cet homme que la société a humilié sur une
« accusation fausse, qu'elle a fait asseoir sur le banc des

1. Cf. cependant plus bas un passage de Target.
2. Voici un des arguments de M. Bonneville de Marsangy pour soutenir le principe de l'indemnité : si le coupable est tenu des frais de la procédure, c'est parce qu'il doit indemniser la société des frais qu'elle a été obligée de faire pour la poursuite et la condamnation. Mais réciproquement l'individu reconnu innocent est fondé à exiger de l'Etat la réparation du dommage que lui ont causé des poursuites et une condamnation imméritées. — Un raisonnement analogue avait été émis par Dupin (Observations sur notre législation criminelle) ; si l'accusé eût été trouvé coupable, il aurait dû à la société une réparation dans sa personne et dans ses biens ; il est innocent, la proposition est renversée ; c'est à lui que l'indemnité est due.

« criminels, qu'elle a flétri de ses soupçons, qu'elle a arraché
« à ses affaires, à sa profession, à sa famille, pour lui don-
« ner des fers ! Quelle réparation plus sacrée que celle
« d'une si terrible injustice !... Nous ne prétendons point
« assurément que tout acquittement dût être suivi d'une
« indemnité ; les juges investis à cet égard d'un bienfai-
« sant pouvoir, devraient en circonscrire l'exercice au cas
« où l'accusation aurait été injustement intentée, où elle
« aurait fait éprouver un préjudice quelconque à l'accusé ».
D'ailleurs, Faustin Hélie ne se faisait pas d'illusions sur les
difficultés que rencontrerait la reconnaissance législative
de cette responsabilité : « Le législateur, sans nier la sain-
« teté de cette dette, n'aura longtemps encore qu'un regard
« d'indifférence pour les nombreux accusés qui viennent
« annuellement sur le banc des coupables entendre, après
« de longs jours d'angoisse, un verdict d'acquittement ;
« car cette réparation serait une charge, modique à la vé-
« rité, mais nouvelle, à ajouter à la charge déjà si lourde
« des frais de justice ».

En même temps l'opinion publique ne se désintéressait
pas de la question. En 1823, la Société des sciences et des
arts de Châlons avait remis au concours le sujet déjà proposé par elle en 1781. Les deux mémoires récompensées,
ceux de MM. Vivien et Bouchené-Lefert, soutinrent le système de l'indemnité sociale envers tous les acquittés indistinctement.

En 1832, la question fut soulevée lors de la discussion
du projet de réforme du Code pénal. Voici en quels termes
s'exprimait le rapporteur, Dumont, au sujet des prévenus
renvoyés des poursuites : « L'emprisonnement préalable

est un tribut que chacun paye à la sécurité de tous ; l'innocent qu'une détention préventive a frappé ne peut obtenir
aucune réparation ».

En 1867, la théorie de la responsabilité de l'Etat vis-à-
vis des personnes injustement condamnées fut brillamment
défendue à la tribune de la Chambre par Jules Favre, Emile
Ollivier et Maurice Richard. En laissant volontairement de
côté la question des indemnités dues aux accusés reconnus
innocents, l'amendement évitait les critiques adressées en
1791 au projet de loi de Duport, et semblait de nature à
rallier tous les suffrages. Mais Jules Favre effraya le gouvernement en affirmant le droit à l'indemnité du condamné
reconnu innocent. Il aurait sans doute réussi à faire admettre l'idée d'une obligation morale de l'Etat, mais le rapporteur de la loi, Nogent St-Laurens, et le garde des sceaux
Baroche, s'élevèrent avec force contre le principe de la responsabilité, et invoquèrent contre lui tous les arguments
que nous avons indiqués plus haut (1). Ils en invoquèrent
même d'autres, qui aujourd'hui nous paraissent étranges.
« Est-il possible, le rapporteur, de mettre dans la loi qu'on
« réparera le préjudice matériel ? Qui donc paiera ? La
« Société ? Est-ce que vous trouvez la solidarité sociale
« assez grande pour que la société tout entière soit res-
« ponsable de l'erreur judiciaire commise par le jury de la
« Seine ou le jury de Seine-et-Oise, par le tribunal correc-
« tionnel de Lyon ou de Bordeaux ? La solidarité poussée
« jusque-là me paraît excessive. » M. Pascaud combat
aisément ce raisonnement. « Suivant le rapporteur, l'arrêt

1. Cf. Discussion de la loi, *Moniteur* du 11 mai 1867, p. 560 et du 12,
p. 565.

qui condamne un innocent n'est donc qu'une simple affaire d'intérêt local : il suffit de remarquer, pour prouver l'inanité de cet argument, que les auteurs du préjudice sont les propres mandataires de la société, car elle leur a donné mandat de poursuivre et de juger en son nom ». Quoi qu'il en soit, l'amendement échoua, « devant la double considération du danger qu'il y aurait à créer, en faveur de tous les griefs, de toutes les misères qui croient avoir un dommage à alléguer, un droit contre la société, et de l'extension presque illimitée à laquelle la logique ne manquerait pas de conduire, par l'assimilation, au cas de revision, des cas d'acquittement ou de décision de non-lieu » (1).

Ecarté par le Parlement, le principe de l'indemnité ne continua pas moins à se propager. Soutenu par M. Bernard dans deux articles de la *Revue critique* en 1870, il apparut même dans plusieurs discours de rentrée de Cours d'appel de province. En 1884, il trouva un adversaire dans M. Worms (2) qui, après avoir combattu les divers systèmes au moyen desquels on cherchait à fonder en droit la responsabilité de l'Etat, niait complètement cette responsabilité, et concluait par cette idée : Du moment que les magistrats ne sont pas en faute et que l'erreur judiciaire tient surtout aux circonstances, si les lois sont bonnes, et si elles sont l'expression de la volonté de tous, une action en responsabilité dirigée contre l'Etat pour des erreurs échappées à la faillibilité des juges constitue un non-sens.

Vers la même époque, la Chambre des députés était

1. Cf. Rapport Bérenger, 1893.
2. *Op. cit.*

saisie d'une proposition de loi, qui devait assurer de la manière la plus large la réparation pécuniaire des erreurs judiciaires. Si l'innocent avait été condamné en Cour d'assises, le Procureur général le traduisait devant la même Cour qui l'avait condamné, et il obtenait une indemnité proportionnée au préjudice éprouvé ; un crédit spécial était inscrit au ministère de la justice à cet effet sous le titre : Réparation des erreurs judiciaires S'il avait été condamné par un tribunal correctionnel, c'était ce même tribunal qui devait annuler son jugement, à la requête du ministère public, et le magistrat instructeur pouvait être, s'il y avait lieu, condamné à des dommages-intérêts envers le prévenu. La restitution des amendes de simple police injustement prononcées était opérée sur l'ordre même du juge qui avait statué.

Le juge d'instruction était responsable de ses informations en cas d'acquittement et de non-lieu ; M. Pieyre, l'auteur du projet, ne craignait pas de poser en principe que « tout citoyen arrêté, puis remis en liberté, devait recevoir une indemnité proportionnée à la détention préventive qu'il aurait subie ». La veuve, les enfants et héritiers de la personne frappée avaient contre l'Etat une action en indemnité imprescriptible. Le montant des indemnités était fixé sommairement et en dernier ressort par une commission composé de jurés. Une disposition transitoire avait pour but de provoquer pendant trois mois les réclamations des individus détenus dans les diverses maisons pénales de France et des colonies.

Cette responsabilité pécuniaire du juge d'instruction était absolument inadmissible. Comme le faisait remarquer

M. Pourquery de Boisserin, rapporteur, l'adoption d'une telle disposition législative eut rendu impossible toute instruction criminelle et toute répression. La proposition de M. Pieyre ne fut même pas discutée pendant la session, et devint par conséquent caduque.

Les propositions de loi soumises depuis à la Chambre des députés et au Sénat se rattachent au mouvement d'opinion qui commençait à se manifester à cette époque en faveur de deux condamnés, Pierre Vaux et Borras, et qui devait aboutir à la loi du 8 juin 1895. Elles rentrent donc dans l'étude des travaux préparatoires de cette loi. Mais avant d'aborder cette seconde partie de notre travail, résumons en quelques mots l'état de la législation à la veille de cette nouvelle réforme.

CHAPITRE IX

ETAT DE LA LÉGISLATION AVANT LA LOI DU 8 JUIN 1895.

Au point de vue des conditions d'admissibilité des demandes en revision, le système du Code d'instruction criminelle n'avait subi que des modifications de détail. Aucun cas nouveau n'avait été ajouté aux trois cas primitifs : existence de la personne prétendue homicidée — inconciliabilité de deux jugements de condamnation — condamnation d'un faux témoin à charge. Et cependant M. Martel, en 1867, avait cité un assez grand nombre d'hypothèses, étrangères à ces trois cas, où cependant l'innocence du condamné pouvait apparaître clairement. Il n'était pas exact que, comme l'avait soutenu le rapporteur de la loi du 29 juin, l'innocence ne pût jamais, dans aucune de ces hypothèses, être prouvée complètement ; sans doute, on ne peut avoir une foi absolue dans la parole d'un individu qui, protégé par la prescription de l'action, s'avoue coupable du crime pour lequel un autre a été condamné.

Mais il est facile de concevoir que la culpabilité d'une personne, qui ne peut être prouvée juridiquement pour une raison ou pour une autre, puisse être constatée matériellement, en quelque sorte mathématiquement. Lorsque Lesnier, après sept ans de bagne, fut reconnu innocent à la suite d'une demande en revision motivée par la condamnation du véritable assassin, il écrivit cette phrase, qui est bien la plus forte critique du système du Code d'instruction criminelle : « Je frémis en songeant que, si la vérité n'avait été connue que trois ans plus tard, la revision de mon procès aurait été impossible ».

Dans l'affaire Ellemberg, l'innocence n'était pas douteuse : sans l'intervention de la théorie de la révision gracieuse, la réparation de l'erreur judiciaire n'aurait jamais eu lieu. Nous avons indiqué les motifs qui nous faisaient repousser cette théorie, non seulement dans l'état de la législation, mais aussi en tant que réforme législative : elle a eu tout au moins dans cette circonstance le mérite de combler une lacune fâcheuse de la loi. Cette lacune a survécu à la loi de 1867 : le législateur autorisa bien la révision *post mortem*, mais il recula devant la réforme principale, qui devait consister à élargir le texte et l'esprit de la loi, par une formule susceptible de comprendre tous les cas où la preuve de l'innocence du condamné serait possible. Donc, à ce premier point de vue, le législateur de 1895 avait à compléter l'œuvre de ceux de 1808 et de 1867.

On avait également à se demander si la loi du 29 juin 1867 s'était montrée assez large en étendant la revision, réservée par le Code aux procès criminels, aux condamnations correctionnelles à des peines autres que l'amende : théoriquement il n'existe aucun motif pour refuser cette voie de recours aux condamnés correctionnels à l'amende ou même aux condamnés de simple police, s'ils peuvent prouver qu'une erreur a été commise.

Au point de vue des indemnités à accorder aux victimes d'erreurs judiciaires, il ne s'agissait pas de compléter la loi, mais de la faire de toutes pièces. A la veille de la réforme de 1895, notre législation refusait toute réparation pécuniaire, non seulement aux accusés, mais même aux condamnés reconnus innocents. Sans doute, une loi spéciale pouvait toujours accorder cette indemnité, le gouvernement même n'aurait pas manqué, le cas échéant, d'offrir une compensation à la victime de l'erreur. Mais d'abord cette compensation pouvait se faire longtemps attendre, comme il arriva dans l'affaire Lesnier ; de plus, il y avait quelque chose de choquant à donner la forme d'une aumône à la réparation due par la société à l'individu qu'elle a frappé injustement. Nous essaierons plus tard de montrer qu'il existe à la charge de l'Etat une véritable dette, plus qu'une obligation morale. Mais à s'en tenir même au texte de la loi de 1895, qui n'a pas tranché nettement la question dans le sens de la responsabilité, il y avait là un grand progrès sur l'état de choses antérieur. L'indemnité reconnue par la loi, accordée par le pouvoir judiciaire, n'a plus le caractère un peu humiliant d'un secours ; bien que la nouvelle loi, parlant des dommages-intérêts à allouer à l'innocent condamné, emploie le mot *pourra* qui implique la faculté pour le tribunal de les refuser, il n'est pas douteux que, à moins de circonstances bien exceptionnelles, ils seront toujours accordés ; de plus, l'expression dommages-intérêts, évoquant l'idée de réparation, de dette, a pour but de ménager les susceptibilités.

A cet égard, la loi de 1895 a donc comblé une grave lacune ; il était inadmissible qu'après plusieurs années de souffrances imméritées, le législateur ne fournît à un innocent aucun moyen légal d'obtenir une réparation pécuniaire. Telle était cependant la situation faite, il y a peu de temps encore, aux victimes d'erreurs judiciaires ; et si on recherche quelles raisons ont pu si longtemps la maintenir dans notre droit, on n'en trouve pas d'autre que celle que donnait déjà Bonneville de Marsangy : « Si ce droit à une « indemnité n'a pas encore reçu parmi nous une sanction « légale, c'est que d'imprudents déclamateurs ont persisté « à l'exagérer jusqu'à l'absurdité, ou que des défenseurs « plus sages, tout en le renfermant dans ses vraies limites, « n'ont pas su lui assigner une formule de réalisation pra- « tique ».

A côté des condamnés innocents, le législateur de 1895 a dû s'occuper d'une autre catégorie, moins intéressante sans doute, mais beaucoup plus nombreuse, de victimes d'erreurs judiciaires : les accusés ou prévenus acquittés ou bénéficiant d'une ordonnance de non-lieu après une détention préventive. Le Code d'instruction criminelle et la loi de

1867 étaient restés muets à leur égard ; et si, à notre avis, la loi de 1895, en les passant également sous silence dans sa rédaction définitive, n'a fait que reculer le moment où la responsabilité de l'Etat envers eux sera reconnue, on comprend bien mieux ici que pour les victimes de condamnations injustes, les hésitations du législateur. Lamoignon, proclamant ce droit à une indemnité en 1788, Duport, le soumettant à la Constituante en 1790, ne semblent pas avoir réfléchi à toutes les difficultés pratiques qu'il pouvait faire naître. Allait-on accorder une indemnité à tous les accusés et prévenus renvoyés des poursuites, ou seulement à ceux dont l'innocence serait démontrée ? La première solution était de nature à entraver gravement le cours de la justice ; la seconde soulevait immédiatement cette objection : il y aura donc deux catégories d'acquittés, ceux qui obtiendront une indemnité, et ceux qui, n'en ayant pas obtenu, seront considérés comme des coupables qui n'ont évité la condamnation que grâce au seul défaut de preuves. Ce sont des raisons de ce genre, et surtout, argument peu juridique, la crainte de charges nouvelles à imposer au Trésor, qui ont si longtemps empêché toute intervention législative.

C'est en vue de combler toutes ces lacunes que furent déposées, à partir de 1886, toute une série de propositions de loi, qui donnèrent lieu, après de longues études préparatoires, à la loi du 8 juin 1895.

SECONDE PARTIE

LA LOI DU 8 JUIN 1895

CHAPITRE PREMIER

TRAVAUX PRÉPARATOIRES

Nous avons déjà dit que, en matière de revision, chaque réforme, chaque modification de la loi avait eu pour cause l'émotion produite par une grave erreur judiciaire, que la législation antérieure ne permettait pas de réparer. Nous avons trouvé une application de ce principe dans la loi du 15 mai 1793, sous la période intermédiaire ; nous en avons rencontré une autre dans la loi du 29 juin 1867, qui a eu pour point de départ l'affaire Lesurques ; un troisième exemple nous est fourni par la loi du 8 juin 1895, due au mouvement d'opinion causé par deux nouvelles erreurs judiciaires, l'affaire Vaux et l'affaire Borras.

L'affaire Pierre Vaux et Jean Petit, d'abord. En 1851, une série d'incendies éclatait dans le village de Longe-pierre (Saône-et-Loire). Le bruit courut aussitôt que les criminels n'étaient autres qu'un groupe de républicains avancés du pays, qualifiés pour la circonstance de révolu-tionnaires dangereux, et qui se seraient entendus pour répandre la terreur dans la région. On leur donnait pour chef un ancien instituteur de Longepierre, Pierre Vaux, homme très intelligent et honnête, mais qui, par ses théories socialistes et par son caractère indépendant, s'était attiré l'inimitié des notabilités du pays. Révoqué pour ses idées politiques, Vaux avait été nommé maire de Longepierre le 24 novembre 1850, au grand mécontentement d'un certain Gallemard, cabaretier, conseiller municipal, qui n'avait été nommé adjoint, contre un nommé Jean Petit, qu'au bénéfice de l'âge. L'élection de Vaux n'avait pas été ratifiée par le préfet, et Gallemard remplissait les fonctions de maire. Il profita de l'influence qu'elles lui conféraient pour chercher à se venger de ses deux adversaires.

Après avoir répandu habilement contre eux des calomnies qui les représentaient comme des individus dangereux, que le fanatisme révolutionnaire pouvait conduire aux pires actions, il fit courir le bruit qu'ils pourraient bien être les auteurs des incendies, et arriva à communiquer cette conviction au juge de paix du canton de Verdun. Il avait bien soin, d'ailleurs, de se tenir à couvert ; il n'accusait jamais, il insinuait. Les conditions dans lesquelles se produisaient les incendies semblaient confirmer ses soupçons ; à la suite d'un troisième sinistre, Vaux fut arrêté, le 7 mai 1851 ; un mandat d'amener avait été décerné également contre Petit, mais il n'eut pas de peine à prouver un alibi. Malgré les efforts des magistrats, convaincus de la culpabilité de Vaux, l'enquête n'aboutit pas ; le 31 mai, il était remis en liberté.

Sur ces entrefaites, un certain Balleaut fut arrêté sous l'inculpation d'usage de faux billets ; il prétendit les avoir reçus, pour prix de son silence, d'un membre de la bande des incendiaires, Michaud. Ce Balleaut avait la plus mauvaise réputation ; cependant, ses déclarations servirent de base à l'arrestation de plusieurs autres habitants de Longepierre, Petit, Savet et Nicolot, accusés de se réunir pour préparer les incendies à commettre. On dut les remettre en liberté, le 26 novembre, après six mois de détention préventive. Avant même leur libération, les incendies avaient recommencé ; il y avait donc d'autres coupables ! Vaux était donc tout au moins l'instigateur de ces crimes ! Cependant aucune preuve n'existait contre lui. D'autre part, Petit avait dit à plusieurs reprises que les incendiaires n'étaient autres que Gallemard et son gendre Pichon. Ce fut alors que Balleaut, à l'instigation de Gallemard, renouvela ses déclarations au sujet de l'existence d'une association de malfaiteurs, et accusa formellement Vaux d'en faire partie, et même de prêter sa maison pour les conciliabules. Confronté avec Balleaut, Vaux le convainquit aisément de mensonge. Mais des charges sérieuses furent découvertes contre Savet et son fils ; on crut que tout le complot allait apparaître, et tous les individus dénoncés, y compris Vaux et Petit, furent arrêtés (29 avril 1852).

Sauf vis-à-vis des deux Savet, toute l'accusation reposait sur le témoignage de Balleaut, qui avait déjà été, à plusieurs reprises, convaincu de contradictions et mensonges. Mais l'influence de Gallemard était telle, que les magistrats, convaincus par ses insinuations de la culpabilité des accusés, les renvoyèrent devant les assises de Chalon-sur-Saône, en juin 1852. Devant le jury, Gallemard déclara que l'opinion publique considérait les accusés comme étant les mem-

bres d'une association d'incendiaires. Malheureusement
pour lui, presque tous les témoins vinrent affirmer qu'ils
croyaient à l'innocence de Vaux. Restait le seul témoignage
de Balleaut ; il avait fait son profit de ses interrogatoires
antérieurs, et, aidé par les signes de Gallemard et les questions tendancieuses du président, il ne s'embrouilla pas
dans sa déposition. Certaines contradictions de témoins à
décharge, habilement exploitées par le procureur de la République, achevèrent d'entraîner la conviction des jurés.
Savet père fut condamné comme auteur principal, Pierre
Vaux, Jean Petit et Michaud (l'auteur des faux billets, déjà
condamné pour ce motif à 7 ans de travaux forcés) comme
complices, aux travaux forcés à perpétuité ; Savet fils fut
condamné comme complice à 12 ans de travaux forcés
(25 juin 1852).

Deux motifs peuvent seuls expliquer l'attitude des magistrats (juge de paix, juge d'instruction, président des assises, procureur de la République) dans cette affaire, et le
verdict du jury, qui en fut la conséquence : d'une part, les
passions politiques du temps, la terreur qu'inspirait alors
le parti républicain avancé ; de l'autre, l'influence de Gallemard, qui était parvenu à donner aux recherches de la
justice une direction si contraire à la vérité.

Les débats de la Cour d'assises n'avaient pas convaincu
le public de la culpabilité de Vaux ; dès le mois d'octobre
1852, une pétition commença à circuler pour demander la
revision du procès ; elle se couvrit rapidement de signatures, mais Gallemard l'intercepta.

Cependant les incendies recommencèrent. De 1852 à 1855,
il y en eut encore onze. Une véritable terreur régnait dans

le pays : d'abord Gallemard fit répandre le bruit que les amis de Vaux cherchaient ainsi à donner le change et à faire croire à son innocence ; puis, les incendies éclatant chez les notables du pays, il laissa entendre qu'ils auraient pu mettre eux-mêmes le feu, pour toucher les indemnités d'assurances. Mais d'autres bruits ne tardèrent pas à courir : l'incendiaire n'était autre que Gallemard lui-même, qui avait pour complice et instrument Balleaut. D'abord très discrets, car on se rappelait le sort de Jean Petit, qui avait manifesté les premiers soupçons, ils prennent de la consistance, malgré les efforts et les menaces du juge de paix, toujours dupe de Gallemard ; les notables se plaignent au Procureur général, qui vient lui-même faire une enquête à Longepierre, à la suite de laquelle le maire est forcé de donner sa démission. Il essaye de reconquérir son prestige par un coup d'audace ; il fait mettre encore une fois le feu par Balleaut, pour attribuer cet incendie à ceux qui l'ont dénoncé. Mais Balleaut est pris sur le fait, et conduit par la gendarmerie à Chàlon-sur-Saône (12 avril 1855).

Dès lors, la vérité se découvre. Balleaut fait des aveux ; il dénonce ses deux complices, Quinard et Moissonnier ; puis, le 20 avril, il dénonce Gallemard, contre lequel une enquête est ouverte ; l'ancien juge de paix est remplacé par M. Feurtet, qui arrive rapidement à la conviction de la culpabilité de Gallemard, et le fait arrêter le 26 juin. Interrogé le 12 août, et se sentant perdu, le misérable se pend le lendemain soir dans sa prison.

Que restait-il donc pour justifier la condamnation de Vaux et de Petit, prononcée sur les seuls témoignages de Balleaut et de Gallemard ? L'un s'était fait justice lui-même, l'autre avouait être un incendiaire. M. Feurtet écrivait le 28 août au juge d'instruction : « Je ne trouve la complicité de Vaux nulle part, et je trouve partout celle de Gallemard ». Pour détruire les derniers doutes qui pouvaient exister sur l'innocence de Vaux, le juge d'instruction et le juge de paix Feurtet allèrent le 7 décembre interroger Balleaut, qui leur déclara que jamais il n'avait assisté en 1851 à des réunions incendiaires, chez Vaux ou ailleurs, et que tout ce qu'il avait déposé à cet égard lui avait été dicté par Gallemard.

Il n'y avait donc qu'à faire condamner Balleaut pour faux témoignage dans le procès de 1852, et, en vertu de l'article 445 du Code d'instruction criminelle, la revision s'imposait. Mais il fallait compter avec la mauvaise volonté des pouvoirs publics : on était sous l'Empire, et il s'agissait de républicains ardents. Leur rentrée triomphale à Longepierre aurait été une grave atteinte au prestige de la magistrature impériale. Aussi certains fonctionnaires, par une conception fausse des vrais intérêts de la justice, par excès de zèle, se donnant d'ailleurs à eux-mêmes pour excuse que l'innocence de Vaux et de Petit n'était pas mathématiquement certaine, s'attachèrent-ils à rendre cette revision impossible. Dès avant l'arrestation de Gallemard, le procureur impérial de Châlon écrivait au juge de paix Feurtet : « Il est bien essentiel, en recevant les déclarations à la charge de Gallemard, de ne vous arrêter officiellement à aucune déposition pouvant faire supposer l'innocence de Vaux et consorts ». Même recommandation de la part du juge d'instruction : « Il faut surtout que rien n'autorise l'opinion à entrer dans une voie de revision anticipée du procès de

Vaux ». Le juge de paix Feurtet demandait à entendre Pierre Vaux, il proposait même d'aller à ses frais à Brest ; on fit embarquer Vaux pour la Guyane. Enfin, chose plus grave encore, la pièce contenant les aveux de Balleaut, du 7 décembre 1855, relatifs à l'innocence de Vaux, fut mise de côté, et ni dans les interrogatoires postérieurs, ni aux assises, Balleaut ne souffla mot de ce qu'il avait dit ce jour là. L'acte d'accusation dirigé contre lui et ses complices n'élevait pas le moindre doute au sujet de la culpabilité des condamnés de 1852. Tous les efforts de M. Feurtet se heurtèrent à la résistance passive de ses supérieurs hiérarchiques ; il ne put même pas être entendu comme témoin. Le 17 mars 1856, Balleaut, Quinard et Moissonnier, déclarés coupables d'incendies autres que ceux qui avaient été imputés aux accusés de 1852, pour éviter toute tentative de revision fondée sur l'article 443, furent condamnés à la peine de mort, sans qu'un seul mot eût été prononcé au sujet du faux témoignage de Balleaut.

Jamais Vaux et Petit ne cessèrent de proclamer leur innocence ; à plusieurs reprises, le gouverneur de la Guyane sollicita la grâce de Vaux, mais celui-ci refusa toujours de la demander, ne voulant que la justice. Il mourut après plus de vingt ans de bagne en 1875 ; sa femme et ses enfants l'avaient rejoint depuis longtemps à Cayenne. De retour en France, ses fils s'attachèrent à obtenir la revision du procès de leur père. En 1879, une pétition portant les signatures de presque tous les habitants de Longepierre, fut déposée sur le bureau de la Chambre par M. Boysset, député de Saône-et-Loire, demandant la réhabilitation de Vaux. Mais toutes les demandes restèrent vaines ; la revision du procès de 1852 était impossible dans l'état de la législation ; seule une modification du Code d'instruction criminelle pouvait donner satisfaction à ceux qui s'intéressaient à la cause des deux condamnés de 1852.

Aussi, le 4 mars 1886, M. Boysset déposait une proposition ajoutant à l'article 443 les dispositions suivantes ; « Si « l'auteur signalé d'un crime ou d'un délit, pour lequel a « été prononcée une première condamnation, ne peut plus « être poursuivi par suite de décès, de prescription, d'ir- « responsabilité pénale ou d'excusabilité. — Si dans les mê- « mes circonstances et par les mêmes motifs un témoin, « sur la fausse déposition duquel la condamnation s'est « produite, ne peut être poursuivi. » La commission nommée pour l'examiner l'accueillit favorablement. Mais avant même la discussion du rapport de cette commission, une nouvelle erreur judiciaire venait montrer la nécessité d'élargir plus encore le texte de l'article 443.

Le 26 mai 1887, les époux Pradiès de Narbonne, avaient été volés et assassinés ; deux espagnols, Borras et Guillaumet, qu'ils avaient employés peu de temps auparavant comme ouvriers, furent soupçonnés et arrêtés, ainsi qu'un troisième individu, nommé Villarubia Ils furent confrontés avec Dominique Pradiès, qui avait survécu à ses blessures et ne devait mourir que quelques jours plus tard ; celui-ci désigna Borras et Guillaumet comme étant les auteurs du crime, et, devant les dénégations des inculpés, il renouvela formellement ses déclarations. La Cour d'assises, devant une preuve aussi accablante, condamna à mort Borras et Guillaumet comme auteurs principaux, et Villaruba à dix ans de travaux forcés comme complice. Leur pourvoi en cassation fut rejeté par la Cour suprême le 9 septembre. Le lendemain, Guillaumet avouait son crime, et déclarait en même temps de la façon la plus formelle, que Borras était innocent, et que l'autre assassin était un nommé Rossel.

Une information, ouverte contre cet individu, qui s'était réfugié en Espagne, aboutit à un arrêt de non-lieu de la chambre des mises en accusation de Montpellier. Mais quelques jours après, une dépêche du consul de Barcelone apprenait que la police venait d'arrêter ce Rossel, qui avait fait des aveux au sujet du crime de Narbonne, aveux confirmant absolument les déclarations de Guillaumet et prouvant l'innocence de Borras. Une commission rogatoire fut aussitôt envoyée, Rossel, sujet espagnol, ne pouvant être extradé ; mais il rétracta ses aveux, déclara qu'il était absolument étranger à l'affaire ; puis, pressé de questions, il reconnut avoir eu des relations avec les assassins, qui lui auraient fait, sans succès d'ailleurs, des propositions de commettre le crime. Les magistrats de Montpellier, ne trouvant pas ces justifications suffisantes, décidèrent d'envoyer une nouvelle commission rogatoire. Mais, lorsqu'elle arriva à Barcelone, Rossel avait été relâché faute de preuves et avait disparu. Dans ces conditions, la Cour de Montpellier dut rendre en sa faveur un nouvel arrêt de non-lieu (24 mai 1888). Entre temps les deux condamnés à mort avaient obtenu une commutation de peine. Guillaumet et Villarubia continuaient à affirmer l'innocence de Borras, dont l'attitude inspirait à tous ceux qui l'approchaient des doutes sur sa culpabilité. Malheureusement on ne se trouvait pas dans un des cas de revision prévus par le Code d'instruction criminelle. Dans l'état actuel de la législation, il était impossible d'examiner à nouveau la question de la culpabilité de Borras. Aussi le gouvernement se borna-t-il à gracier le condamné, en attendant que l'une des propositions de loi, auxquelles cette affaire avait contribué à donner naissance, eût abouti à une réforme législative.

Une première proposition, signée de MM. Laguerre, Laisant, Naquet, etc., autorisait la revision dans tous les cas de présomptions graves ; la Cour de cassation devait fixer le montant de l'indemnité à accorder à la victime de l'erreur judiciaire ou à ses ayants cause. Une indemnité de 50.000 fr. serait allouée à Borras, après constatation de l'erreur judiciaire. Cette proposition était trop absolue : comme l'a très bien dit dans son rapport M. Pourquery de Boisserin, elle aurait constitué une juridiction nouvelle, en généralisant la pratique de la revision, et aurait porté une grave atteinte à l'autorité du jury.

Une seconde proposition, déposée par M. Joseph Reinach, ne créait aucun nouveau cas de revision, mais donnait au condamné et à ses ayants cause le droit de demander, dans un délai de 5 ans. des dommages-intérêts, dont le montant serait fixé par la Cour d'appel du ressort, au delà d'un certain minimum.

Une troisième proposition, due à MM. Chiché et Castelin, donnait ouverture à revision « sans frais, en tout temps, sur « de sérieuses présomptions, avec une indemnité pour le « condamné seul ». — L'article 6 du projet autorisait une action en dommages-intérêts « pour dénonciation faite à la légère ou méchamment, et témoignages malveillants ou inconsidérés ». Cette disposition, étant donné déjà le peu d'empressement que mettent beaucoup de gens à comparaître comme témoins dans les affaires criminelles, était de nature à augmenter encore les difficultés que la justice rencontre dans la recherche de la vérité (Rapport Pourquery de Boisserin).

Une quatrième proposition, de M. de Lacretelle, demandait seulement pour Borras une pension viagère de 6.000 fr. sans revision du procès. La commission la repoussa, comme contraire au principe fondamental de la séparation des pouvoirs, puisqu'elle faisait reviser par le Parlement une décision de justice.

Après examen de ces quatre propositions, et de celle de M. Boysset, de 1886, la commission, en vue de « concilier « les formes judiciaires protectrices du principe de la chose « jugée, avec les droits impérissables de celui qui a été « frappé d'une condamnation injuste », proposa d'ajouter à l'article 443 deux nouveaux alinéas. Le premier était presque la reproduction du projet Boysset : il était ajouté comme deuxième alinéa au paragraphe 3 : « Dans ces deux der- « niers cas, le droit à la revision reste ouvert, alors même « que l'auteur signalé d'un délit ou d'un crime à l'occasion « duquel a été prononcée une première condamnation, ou « que le témoin soupçonné de faux témoignage, ne peuvent « plus être poursuivis par suite de décès, de prescription, « d'irresponsabilité pénale ou d'excusabilité ».

Le second, emprunté aux projets Laguerre et Chiché, rendait possible la revision « toutes les fois qu'un fait « viendrait à se produire ou à révéler, d'où paraîtrait « résulter la non-culpabilité d'un condamné ». Mais comme en définitive « l'adoption pure et simple de ce quatrième cas aurait été la création d'une nouvelle voie de recours », la commission proposait de n'accorder le droit d'intenter l'action en revision qu'au garde des sceaux, alors que dans les trois premiers cas il appartenait en outre au condamné, à son conjoint, à ses enfants, etc.

La commission déclarait de plus susceptibles de revision les condamnations à l'amende prononcées pour délits correctionnels. Favorable en principe à l'imprescriptibilité absolue de l'action en revision, elle portait le délai à 5 ans (au lieu des 2 ans de la loi de 1867) et ne le faisait courir que du jour où les parties réclamantes auraient connu la seconde des condamnations, inconciliables ou la condamnation des faux témoins.

Enfin elle consacrait le principe de la responsabilité pécuniaire de l'Etat à l'égard des victimes d'erreurs judiciaires : « La revision une fois prononcée, des dommages-« intérêts *devront* être alloués par le tribunal, la Cour ou « la Cour de cassation, à la personne victime de l'erreur « judiciaire, si elle le demande. — Si elle est décédée, le « droit de demander des dommages-intérêts appartiendra « à son conjoint, ses ascendants, descendants et autres « parents justifiant d'un préjudice matériel par le fait de « la condamnation ».

De ces réformes, deux surtout étaient essentielles, et ont soulevé de vives discussions : d'une part, la création d'un quatrième cas de revision, de l'autre, la reconnaissance du principe de l'indemnité. L'étude des travaux préparatoires relativement à ces deux questions fera l'objet de deux sections distinctes. Une troisième section sera consacrée à la question des indemnités à accorder aux personnes détenues préventivement. Une quatrième, aux questions de procédure, de prescription, et à divers points de détail.

SECTION I. — Extension des cas de revision.

Aucune objection ne fut élevée contre la rédaction du quatrième cas de revision, telle qu'elle était proposée par la commission, pendant l'examen du projet à la Chambre des députés. Mais lorsque la proposition, votée par la Chambre, parvint au Sénat, le gouvernement jugea utile de la soumettre préalablement au Conseil d'Etat (1). M. Jacquin. chargé du rapport, approuva en principe l'adoption de ce quatrième cas de revision. Malgré l'alinéa ajouté aux paragraphes **2** et **3** de l'article 443, certaines erreurs pouvaient rester en dehors des cas prévus, par exemple, si l'objet soustrait était découvert dans des circonstances exclusives de toute culpabilité, ou si des pièces ou titres, causes déterminantes de la condamnation, étaient reconnus faux.

Il fallait donc chercher une formule assez générale pour comprendre toutes les hypothèses d'erreur possibles. Mais il ne fallait pas admettre la revision illimitée. « Ce serait la

---

1. Voici les différentes étapes traversées par la loi du 8 juin 1895 : Premier rapport Pourquery de Boisserin, Discussion à la Chambre des députés, 30 décembre 1891, 5 janvier 1892. — Rapport supplémentaire Pourquery de Boisserin. vote de la proposition de la Chambre, 7 avril 1892. — Rapport Jacquin, Dépôt du projet du gouvernement au Sénat, le 28 juin 1892. — Rapport Bérenger, Discussion au Sénat : première délibération, 9-12-13 février 1894, seconde délibération, et vote, 2 mars 1894. — Dépôt du dernier rapport Pourquery de Boisserin à la Chambre, 21 juin 1894. Vote de la loi, 27 mai 1895. Promulgation de la loi, 8 juin 1895.

chose jugée constamment discutée, ce serait la suppression de toute justice, de toute stabilité dans la société. Plutôt que d'aboutir à une semblable conclusion, il serait encore préférable de laisser sans réparation possible un petit nombre de cas dans lesquels cependant l'erreur de la condamnation peut apparaître certaine. Mais ce n'est pas dans une énumération des cas de revision qu'il y a lieu de rechercher la limitation qui est indispensable ; la revision doit toujours être possible, quel que soit le mode de preuve de l'innocence ; mais elle ne doit l'être que si l'innocence résulte de preuves avec une évidence qui condamne la première décision ». La formule devait donc en même temps être assez restreinte pour n'autoriser la revision que quand elle serait commandée par la certitude de l'erreur. C'est en s'inspirant de ces deux idées que le Conseil d'Etat proposa pour le paragraphe 4 la rédaction suivante : « Lorsque, « après une condamnation, un fait viendra à se produire ou « à se révéler, ou lorsque des pièces inconnues lors des débats seront représentées, de nature à établir l'innocence « du condamné ».

Bien entendu, comme dans le projet de la Chambre, le droit de demander la revision dans ce quatrième cas n'appartenait qu'au garde des sceaux. Le Conseil d'Etat supprimait en même temps le paragraphe 3, alinéa 2 : « Nous ne saurions admettre, avec le texte adopté par la Chambre des députés, que la simple allégation de culpabilité, que le seul soupçon de faux témoignage, puissent porter atteinte à la chose jugée, et qu'en présence de l'allégation, la Cour de cassation se trouve obligée de déclarer qu'il y a lieu à revision ».

L'idée qui avait conduit la commission de la Chambre des députés à ajouter deux dispositions nouvelles à l'art. **443**, alors que l'addition du paragraphe **4** suffisait à prévoir tous les cas possibles d'erreurs judiciaires, était la suivante : la culpabilité d'un autre que le condamné, le faux témoignage peuvent être certains, bien qu'ils ne puissent être établis par une condamnation ; ils peuvent faire eux-mêmes la preuve de l'innocence du condamné. Il n'y a pas d'abus à craindre, lorsque la cause de revision peut se formuler dans la loi, comme dans ces deux hypothèses, d'une façon précise ; il est juste de laisser en pareil cas au condamné le droit d'agir lui-même. Mais l'innocence peut également résulter de faits qu'il a été impossible au législateur de prévoir, il faut ici se montrer plus circonspect, et confier au ministre de la justice un pouvoir souverain d'appréciation. Les demandes en revision fondées sur le deuxième alinéa du paragraphe **3** peuvent être formées par le condamné lui-même ; celles qui se fondent sur le paragraphe **4** peuvent l'être que par le ministre de la justice.

Ce raisonnement parut inexact au Conseil d'Etat : « Nous avons vu tous les abus et tous les dangers auxquels peut donner lieu le droit laissé aux intéressés de demander la revision fondée sur la présomption de la culpablilité d'un décédé, d'un homme couvert par la prescription. Ils sont trop graves pour qu'on ne remette pas, dans ce cas, l'action au ministre de la justice seulement ». Du moment que le droit de demander la revision dans le cas du paragraphe **3**, alinéa **2** était retiré au condamné, ce texte faisait double emploi avec le paragraphe **4**, il n'y avait donc plus qu'à le supprimer. C'est ce que fit le Conseil d'Etat.

La nouvelle rédaction du paragraphe 4 fut acceptée par le gouvernement, et par la commission du Sénat. Voici en quels termes M. Bérenger, rapporteur de cette commission justifiait l'extension des cas de revision : « Le doit moderne a « justement reconnu que la preuve morale n'avait point « un degré de certitude moindre que la preuve légale, « qu'elle pouvait entraîner moins d'erreurs en laissant plus « de liberté aux juges. Pourquoi ne pas appliquer désor- « mais ce principe, qui est aujourd'hui la règle constante « des jugements, à la matière qui nous occupe?... Il suffira, « pour réaliser cette réforme, d'ajouter aux cas de revision « prévus par le Code un paragraphe nouveau, etc... Ainsi « nous serons assurés de ne plus assister à cet affligeant « spectacle de la justice impuissante à réparer l'erreur « qu'elle a commise, et nous échapperons au devoir de « remettre sans cesse la loi pénale en question ».

La proposition adoptée par la Chambre des députés et le projet de loi élaboré au Conseil d'Etat, et accepté par le gouvernement, se contentaient d'une seule garantie contre les demandes en revision faites de mauvaise foi : il fallait que la demande introduite en vertu du paragraphe 4 de l'art. 443, le fût par le ministre de la justice. La commission sénatoriale, pour que la « certitude seule pût arriver jusqu'au juge de la revision », en ajouta une seconde : conformément à une proposition de M. Mazeau, il fut décidé que le garde des sceaux, avant de rejeter la demande ou de la transmettre à la Cour de cassation, serait tenu de prendre l'avis d'une commission composée des directeurs du ministère de la justice et de trois conseillers à la Cour suprême, annuellement désignés par elle, et pris dans les deux chambres autres que la chambre criminelle.

Quant au deuxième alinéa du paragraphe 3 de l'article 443, qui avait été supprimé dans le projet du gouvernement, élaboré au Conseil d'Etat, il fut repris par la commission du Sénat, et motiva, lors de la discussion de l'article au Sénat, un amendement de M. Godin. On pouvait craindre que les termes un peu vagues de ce texte (l'auteur signalé du crime, le témoin soupçonné de faux), ne multipliassent les demandes injustifiées. Aussi l'auteur de l'amendement demandait-il que, pour qu'il y eut, en pareille hypothèse, ouverture à revision, il y eut tout au moins des poursuites commencées contre l'auteur présumé ou le faux témoin. M. Bérenger répondit avec beaucoup de raison que l'adoption de cet amendement rouvrirait la porte aux réclamations et aux critiques contre la loi, puisqu'une erreur judiciaire manifeste pourrait se trouver sans réparation possible. M. Godin invoquait surtout, à l'appui de son amendement, le danger suivant : la possibilité pour un condamné, à l'aide d'une série de demandes en revision, de retarder longtemps l'exécution de la condamnation, puisque, lorsqu'elle n'est pas encore commencée, elle est suspendue de plein droit à partir du jour où la Cour de cassation est saisie. Pour parer à cet inconvénient, le garde des sceaux proposa de réserver en pareil cas au seul ministre de la justice le droit de demander la revision : il suffisait pour cela de transporter le deuxième alinéa du paragraphe 3 au paragraphe 4. Cette proposition fut renvoyée à la commission sénatoriale.

Mais là on s'aperçut, comme au Conseil d'Etat, que, dans ces conditions, le texte n'avait plus aucune raison d'être, puisqu'il rentrait dans les termes plus larges du paragraphe 4. L'expression « un fait de nature à établir l'innocence du condamné » suffisait à conserver le droit d'obtenir la revision, quand même le véritable coupable ou le faux témoin ne pourrait plus être poursuivi. Le deuxième alinéa du paragraphe 3 fut donc purement et simplement supprimé. L'article 443, modifié par la seule addition du paragraphe 4, fut adopté par le Sénat et par la Chambre des députés.

Une autre réforme, introduite par la loi de 1895, consistait dans l'application de la revision à toutes les condamnations correctionnelles sans distinction, à celles mêmes qui n'emportaient ni emprisonnement ni privation des droits civiques, civils et de famille. Son admission ne souleva aucune difficulté, ni à la Chambre, ni devant le Conseil d'Etat, ni au Sénat. Voici comment elle était motivée dans le rapport de M. Jacquin : « La revision a pour but de res-
« tituer l'honneur à celui qui en a été injustement privé.
« C'est le fait et non la peine qui cause le déshonneur.
« Déjà en présence d'un projet de loi qui proposait de
« limiter la revision en matière correctionnelle aux juge-
« ments portant une peine supérieure à un an d'emprison-
« nement, le corps législatif avait répondu en 1867 avec
« la commission : « L'atteinte à l'honneur n'a pas pour
« mesure exacte la durée de la peine ». Ce qu'il a dit de
« la durée s'applique exactement à la nature de la peine :
« On ne peut pas marchander la question d'honneur ».

SECTION II. — La question de réparations pécuniaires en cas de revision.

La reconnaissance du principe de la responsabilité pécuniaire de l'Etat vis-à-vis des victimes de condamnations injustes, reconnaissance implicitement contenue dans les termes absolus de la proposition (des dommages-intérêts devront être alloués) ne souleva aucune difficulté à la Chambre des députés. Mais le Conseil d'Etat repoussa énergiquement le droit à une indemnité, par le motif que la responsabilité de l'Etat n'était pas engagée et que « l'allocation d'une indemnité, au condamné n'était que l'accomplissement d'un devoir moral, conseillé par l'esprit de solidarité sociale, et non pas l'acquittement d'une dette ou l'exécution d'une obligation juridique pesant sur l'Etat ».

Voici les principaux arguments invoqués, en faveur de cette doctrine, par le rapporteur, M. Jacquin. Alors même que l'on présupposerait toujours la faute dans l'erreur judiciaire, on ne pourrait invoquer les articles 1382 et suivants, les dispositions du Code civil qui règlent les rapports de particuliers à particuliers n'ont jamais été reconnus applicables aux relations de l'Etat et des individus. « La res« ponsabilité de l'Etat, a dit M. Laferrière (1) est d'autant « plus restreinte que la fonction qu'il est appelé à remplir « est plus élevée, et cette responsabilité est nulle quand « cette fonction confine à la souveraineté. » Ni les actes législatifs, ni les actes de gouvernement, ni les faits de guerre,

____

1. Cf. *Traité de la juridiction administrative*, II, 174.

ne peuvent donner ouverture à aucun droit contre l'Etat ;
il en est de même de l'œuvre de la justice, qui est une des
plus grandes manifestations de la souveraineté. L'Etat ne
saurait être engagé pécuniairement pour les erreurs commises par le juge, ou pour celles qui peuvent découler d'une
imperfection des lois de l'instruction criminelle.

D'ailleurs, dans la conception qui veut que la victime ait
un droit contre l'Etat, il faudrait appliquer ce principe dans
tous les cas où il y a erreur judiciaire, c'est-à-dire accorder
une indemnité non seulement à tout individu acquitté, mais
même à toute personne bénéficiant d'une ordonnance ou
d'un arrêt de non-lieu après une détention préventive. La
distinction admise par la Chambre entre les personnes injustement condamnées, qui ont un droit à des dommages-
intérêts, et les autres victimes d'erreurs judiciaires, auxquelles les tribunaux peuvent les refuser, est absolument
illogique.

Mais si l'Etat n'est pas lié par une obligation juridique,
n'y a-t-il pas pour lui une sorte de devoir moral ? Ne doit-
il pas intervenir, à titre de bienfaisance et de générosité
nationales, pour soulager le malheur ? De même qu'il cherche à réparer les dommages particuliers résultant d'une
invasion, d'une catastrophe quelconque, pourquoi ne vien-
drait-il pas en aide, après la revision de leur procès, aux
innocents qu'une injuste condamnation a frappés ? « Quelle
situation plus intéressante que la leur ? A des souffrances
morales atroces que rien ne peut dépeindre ne s'ajoute-t-il
pas trop souvent des souffrances physiques terribles, des
conséquences matérielles qui entraînent, à la suite de la
perte imméritée de l'honneur, la ruine et la misère pour

Sevestre

10

lui, souvent aussi pour les siens ? L'intervention de l'Etat
en présence de telles situations est justifiée, elle peut souvent même être nécessaire. Il est équitable de la prévoir ».

Du moment qu'il n'y a pas là l'exécution d'une obligation de droit, il appartient à l'Etat de mesurer comme il
l'entend l'étendue et la limite de ses sacrifices. Il peut tenir
compte des ressources et de la fortune qui restent à la victime. Si on admettait la théorie de la responsabilité, si on
appliquait les règles des articles 1382 et suivants, il faudrait accorder indistinctement des indemnités aux individus qui sont l'objet d'une ordonnance ou d'un arrêt de non-
lieu comme aux individus acquittés, à ceux dont la culpabilité n'est pas démontrée comme à ceux dont l'innocence
est prouvée. Avec la théorie du devoir moral de l'Etat, au
contraire, toutes les distinctions, toutes les limitations sont
possibles. « A quelque degré, de quelque façon qu'on limite
l'intervention gracieuse de l'Etat, on restera toujours dans
la logique. »

L'obligation morale de l'Etat peut exister aussi bien
envers la famille du condamné qu'envers lui-même, si la
reconnaissance de l'erreur n'intervient qu'après son décès.
La famille peut avoir, de par la condamnation, encouru un
préjudice direct. « Si la peine est personnelle, qui ne sait
combien souvent dans l'opinion le déshonneur rejaillit sur
la famille et entraîne pour elle des conséquences matérielles ! Il est équitable qu'elle aussi, après le décès de la
victime, faisant reconnaître l'erreur, soit secourue par l'E-
tat. Mais les plus proches parents, qui seuls ont pu être
atteints, peuvent seuls être admis à réclamer son intervention en leur faveur. »

La théorie de l'obligation morale de l'Etat devait conduire à laisser aux tribunaux une liberté entière d'appréciation, non seulement pour la fixation du montant de l'indemnité, mais aussi pour décider si on en accorderait une. La rédaction proposée par le Conseil d'Etat différait donc sensiblement de celle qui avait été votée par la Chambre : « L'arrêt ou le jugement de revision d'où résultera l'inno« cence d'un condamné *pourra*, sur sa demande, lui allouer « une indemnité, à raison du préjudice *matériel* que lui « aura causé la condamnation ». Ainsi, non seulement, dans le projet du Conseil d'Etat, accepté par le gouvernement, la réparation pécuniaire était facultative, mais elle était même limitée au préjudice matériel. Enfin, pour écarter toute idée d'obligation juridique de l'Etat, la nouvelle rédaction avait remplacé l'expression de dommages-intérêts, qui suppose l'existence d'une dette, par le terme plus général et plus vague d'indemnité.

Il y avait donc en présence deux théories nettement opposées : celle de la proposition de la Chambre des députés, admettant le droit absolu du condamné reconnu innocent à une réparation pécuniaire ; celle du projet du gouvernement subordonnant cette réparation au bon plaisir de l'Etat. La commission du Sénat adopta un système intermédiaire. D'après le rapport de M. Bérenger, la victime de l'erreur judiciaire a un droit incontestable à une réparation, lorsqu'aucune faute de sa part n'a pu justifier la poursuite : « la faute sociale est ici évidente, l'Etat seul peut en répondre ». Mais aucune indemnité n'est due au condamné qui, par l'imprudence de son langage ou de sa conduite, s'est en quelque sorte désigné lui-même aux poursuites : la société ne peut être tenue de l'indemniser d'un dommage qu'il eût dépendu de lui d'éviter. « Par exemple il a été trouvé sur le lieu même du crime au moment où celui-ci venait de se commettre : de franches explications auraient démontré son innocence : il a refusé de les donner ou, le cas s'est vu, il s'est faussement accusé pour sauver l'auteur véritable, ou encore il a fait l'apologie du crime commis dans des circonstances suspectes. Que lui doit-on ? n'est-il pas l'unique cause de son malheur ? » Ainsi une distinction s'impose : la réparation est un droit, mais un droit dont l'exercice comporte une appréciation.

Ce principe devait conduire la commission du Sénat à remplacer la formule trop absolue adoptée par la Chambre : « Des dommages-intérêts devront être alloués », par celle du projet du gouvernement : « l'arrêt ou le jugement de révision pourra, etc. ». Mais elle ne voulut pas qu'il pût y avoir la moindre équivoque sur le caractère de l'indemnité : « Nous n'admettons pas, dit M. Bérenger, que la dette de l'Etat n'ait pour cause que l'accomplissement d'un devoir purement moral, d'un simple acte de bienfaisance et d'humanité. La source de l'action, il faut savoir le reconnaître nettement, est dans l'obligation juridique de réparer la faute sociale dont sa prudence eut dû le préserver ».

A un autre point de vue la commission du Sénat se séparait encore du projet du gouvernement. Le Conseil d'Etat exigeait que le condamné justifiât d'un préjudice matériel autre que celui qui résulte inévitablement de la poursuite et de la condamnation : M. Bérenger distingue : « S'agit-il de quelque parent éloigné ? Il n'est pas douteux qu'on devra exiger de lui la preuve qu'il a subi un dommage personnel et en même temps matériel. La demande est-elle formée par le condamné lui-même ou par quelqu'un de ses proches, ceux particulièrement du même nom, que la honte et le déshonneur ont dû atteindre comme lui? Pourquoi demander des justifications spéciales? Ne suffit-il pas du préjudice général qui les a atteints dans leur considération, leur repos, leurs relations, leur vie entière, pour légitimer leur demande »? Le Conseil d'Etat répondait par anticipation à ces arguments que « l'honneur ne se chiffre pas en argent ». Mais d'abord un préjudice purement moral peut parfois s'évaluer en argent: peut-on dire, en outre, que les souffrances du condamné, la privation de la liberté, le trouble jeté dans la vie, ne constituent pas un préjudice matériel? La commission du Sénat admettait donc la réparation sans condition pour le condamné, son conjoint, ses ascendants et descendants : elle ne l'accordait aux autres ayants droit qu'après justification d'un préjudice matériel.

Chacun des trois systèmes trouva des défenseurs au Sénat lors de la discussion du projet de loi. M. Bérenger soutint d'abord la proposition de la commission. Puis M. Guérin, défendant l'opinion du Conseil d'Etat, vint combattre le principe de la responsabilité pécuniaire de l'Etat ; il s'éleva avec force contre l'application de l'article 1382, qui n'accorde des dommages-intérêts que dans le cas de faute. Il invoqua entre autres un argument, tiré du rapport de Nogent St-Laurent en 1867 : « Dans les termes de l'article 1382, lorsqu'un simple particulier est tenu de réparer le dommage qu'il a occasionné par son fait et par sa faute, c'est avec son propre agent qu'il le répare. L'Etat, au contraire, sera tenu de le faire aux frais des contribuables, qui sont

cependant tout à fait étrangers à la faute commise, si tant
est qu'il y ait eu faute ». Nous avons déjà combattu, à propos de la loi de 1865, l'opinion qui voit dans la responsabilité de l'Etat une extension injuste du principe de la solidarité sociale.

Le système de l'indemnisation obligatoire, adopté par la
Chambre des députés, fut représenté par un amendement
de M. Bernard. Il rappela que la doctrine du Conseil d'Etat,
se fondant sur ce qu'un acte de souveraineté ne pouvait
pas engager la responsabilité de l'Etat, avait déjà été défendue en 1867 par le garde des sceaux Baroche contre les
éloquentes attaques de Jules Favre. Il montra le caractère
vraiment trop restrictif de cette doctrine : « Dans le système
du Conseil d'Etat, les tribunaux ne pourraient accorder de
dommages-intérêts à la victime de l'erreur judiciaire que
si on rapportait la preuve d'un préjudice matériel distinct
de celui résultant de la poursuite et de la condamnation,
et cela encore, non pas en vertu d'un droit, mais sous la
forme d'une grâce facultative ». Puis, s'attaquant au système de la commission du Sénat, qui laissait aux tribunaux
un pouvoir également discrétionnaire, pusqu'ils étaient
juges du point de savoir si la victime de l'erreur judiciaire
était en faute, il lui reprocha, en partant d'un principe
absolument contraire à celui du Conseil d'Etat, d'aboutir
en définitive à peu près à la même formule. « La question
se pose ainsi : obligation ou faculté. Suivant que vous
aurez adopté l'une ou l'autre de ces formules, vous aurez
donné ou vous aurez enlevé à votre loi toute sa portée,
toute son efficacité et même son caractère juridique. Jules
Favre protestait déjà contre l'injustice d'une législation

laissant à l'arbitraire le soin d'indemniser la victime d'une erreur judiciaire. Vous voulez la faculté, disait-il, là où le droit existe... Qu'une faute, qu'une imprudence grave de la victime de l'erreur judiciaire soit mise dans la balance pour fixer le quantum des dommages-intérêts, rien de mieux : c'est le droit commun ; mais que ces circonstances de fait suppriment le droit lui-même, c'est ce que je ne saurais admettre, étant donné le principe sur lequel la commission fait reposer l'action en dommages-intérêts. » Ce serait atténuer gravement l'effet réparateur de la révision, si le condamné reconnu innocent échouait ensuite dans sa demande en dommages-intérêts, sous prétexte de fautes et d'imprudences. Après avoir rappelé que l'aveu même du crime, c'est-à-dire la faute certainement la plus grave que puisse commettre l'accusé, ne constitue pas une présomption légale de la culpabilité, que par suite il ne fait pas disparaître la faute sociale, et ne doit pas supprimer le droit à une indemnité, M. Bernard terminait ainsi : « Obligation d'accorder une indemnité, faculté pour les tribunaux d'en fixer le montant suivant les circonstances, telle est la solution qui me paraît être la conséquence logique et rigoureuse des principes mêmes posés par la commission ».

M. Bérenger répondit à M. Bernard en citant des cas où l'allocation de dommages-intérêts à un condamné reconnu innocent ferait un véritable scandale ; notamment le cas où ce condamné aurait déclaré être l'auteur du crime pour sauver un ami, par exemple. Quant au reproche d'aboutir à une formule presque identique à celle du Conseil d'Etat, le Sénat avait un moyen de se prononcer entre les deux thèses ; le texte du Conseil d'Etat exigeait un préjudice *matériel*, celui de la commission avait supprimé ce mot. En votant le texte sans rétablir le mot matériel, le Sénat devait par là même se prononcer pour la doctrine de la commission. Puis, combattant à son tour la doctrine du Conseil d'Etat, M. Bérenger montra qu'il y avait bien faute de la part de l'Etat, en cas d'erreur judiciaire : « La société, en acceptant le devoir de rendre la justice, doit remplir ce devoir dans sa plénitude. Il lui est arrivé de prendre le mensonge pour la vérité, l'innocent pour le coupable ; elle a failli à sa mission. Or la société n'a pas d'autre représentant que l'Etat ». D'ailleurs cette doctrine conduirait à des inconséquences ; elle refuse de reconnaître l'Etat responsable, et elle charge les tribunaux de fixer l'indemnité : « Du moment que vous donnez la chose à juger aux tribunaux, c'est qu'en dépit de vous-mêmes vous reconnaissez l'existence d'un droit ».

Après une réponse de M. Bernard, un amendement fut déposé par M. Volland, tendant à ce que les dommages-intérêts à réclamer par la victime d'une erreur judiciaire ne puissent jamais être accordés que par une loi. Il invoquait un argument assez spécieux. « Quand l'Etat est actionné en dommages-intérêts, il est actionné devant la juridiction administrative. Vous changez cet ordre de juridiction et vous le rendez justiciable des tribunaux civils. N'est-ce pas l'exposer au sacrifice de ses droits et de ses intérêts ? Comment, pour apprécier une question aussi délicate, l'Etat peut-il s'en remettre complètement à la décision d'un tribunal ordinaire ? Il faut une décision souveraine ; le Parlement, le représentant de la nation, est le seul juge compétent de la faute. » M. Bérenger fit repousser cet amendement, en montrant que la question politique ne tarderait pas à intervenir, et que les passions publiques seraient souvent pour le Parlement des raisons déterminantes. Le Sénat rejeta également l'amendement de M. Bernard, par 184 voix contre 52, et accepta le rédaction de la commission.

Lors de la deuxième délibération du Sénat, M. Trarieux demanda à poser une question au garde des sceaux pour écarter toutes les incertitudes qui pourraient s'élever au sujet du paragraphe premier de l'article 446. La rédaction de la commission du Sénat était, à un mot près, la même que celle du Conseil d'Etat, acceptée par le gouvernement ; or le sens que lui donnait la commission n'était pas celui que lui donnait le Conseil d'Etat, puisque l'une acceptait le princide de la responsabilité de l'Etat tandis que l'autre l'écartait. Le garde des sceaux, tout en se ralliant à la rédaction de la commission, avait proclamé le principe de l'irresponsabilité de l'Etat ; il pouvait donc y avoir doute, pour les tribunaux, sur l'interprétation à donner à ce texte : la réparation était-elle un droit, dont l'exercice comportait une appréciation, ou bien une faculté ? Il fallait que le Sénat indiquât celle de ces deux opinions qu'il avait voulu consacrer législativement. Pour écarter toute ambiguïté, M. Trarieux, reprenant un amendement présenté par M. Marcou, proposait de remplacer le texte à double sens par celui-ci : « L'arrêt ou le jugement de revision d'où résultera l'inno- « cence du condamné *devra, s'il n'a pas donné lieu par sa* « *faute aux poursuites et à la condamnation,* lui allouer, « sur sa demande, des dommages-intérêts, à raison du « préjudice que lui aurait causé la condamnation. » De cette façon, l'intention du Sénat d'accepter la théorie de la commission, et de rejeter celle du Conseil d'Etat, aurait été certaine, et le principe de la responsabilité de l'Etat aurait été consacré.

Le garde des sceaux demanda au Sénat de repousser cet amendement, prétendant que, dans sa première délibération, cette assemblée avait manifesté nettement sa volonté de donner aux tribunaux la simple faculté, et non l'obligation d'allouer des dommages-intérêts en cas de revision des procès criminels, et avait tranché la question dans le sens de l'irresponsabilité de l'Etat. M. Bérenger soutint au contraire avec beaucoup de raison que le premier vote du Sénat avait adopté le système de la commission ; comme il y avait une légère différence de rédaction entre le texte du Conseil d'Etat et celui de la commission, le Sénat, en votant ce dernier, avait accepté le principe de la responsabilité de l'Etat. « D'ailleurs le ministre de la justice, en gardant le silence après les explications données par la commission, avait paru s'y rallier ». Puisqu'un doute subsistait, M. Bérenger demandait au Sénat le renvoi de l'amendement de M. Trarieux à la commission.

Le garde des sceaux se plaignant qu'on cherchât à faire revenir le Sénat par un vote catégorique, prétendit qu'en repoussant l'amendement de M. Bernard, qui posait la question par une alternative : obligation ou faculté, la majorité avait voulu montrer nettement qu'elle était pour l'indemnité facultative, et non obligatoire. Peu importait la divergence de doctrine entre la commission et le gouvernement.

M. Bernard vint répéter une troisième fois à la tribune les explications de MM. Trarieux et Bérenger. Il y avait un intérêt très sérieux, pour l'application par les tribunaux du mot *pourra*, à savoir si c'était la doctrine du garde des sceaux, ou celle de la commission, qui devait prévaloir. En laissant de côté le texte de la Chambre des députés (dans tous les cas, des dommages-intérêts devront être alloués) définitivement repoussé par le Sénat, il restait deux théories en présence : celle du Conseil d'Etat et du gouvernement, qui ne considérait les dommages-intérêts que comme un devoir d'humanité ; et celle de la commission, qui les considérait comme un droit, avec cette restriction toutefois que, si la condamnation de la personne plus tard reconnue innocente était le résultat d'une faute personnelle, les tribunaux ne devaient pas lui allouer d'indemnité. Comme M. Bérenger, M. Bernard était d'avis que le vote du Sénat avait admis cette seconde théorie. L'explication demandée par M. Trarieux était absolument nécessaire ; suivant la solution donnée à la question de doctrine, le mot *pourra* devait recevoir une application différente. « N'est-il pas évident, « disait l'orateur, que les tribunaux seront plus ou moins « disposés à allouer une indemnité, suivant qu'elle sera ou « non considérée comme une obligation juridique ? n'est-il « pas certain que la question de dommages-intérêts recevra « une solution différente, suivant qu'on acceptera le sys- « tème du gouvernement, qui considère l'indemnité comme « un acte de bienfaisance de la part de l'Etat, ou le sys- « tème de la commission, qui lui donne le caractère d'une « obligation juridique ? » Et à l'observation du garde des sceaux que cette solution n'avait qu'un intérêt doctrinal, M. Bernard répondait fort justement : « Les tribunaux s'inspirent, non pas seulement du texte de la loi, mais de son esprit ; il faut donc autant que possible, si on veut éviter une interprétation arbitraire, leur tracer une règle précise ».

M. Bérenger, au nom de la commission, demanda à la Chambre, pour éviter toute confusion, de voter l'amendement de M. Trarieux. Mais M. Felix Martin fit remarquer qu'avec cette nouvelle rédaction, lorsque le condamné reconnu innocent aurait commis une faute même légère, le tribunal ne pourrait plus lui accorder de dommages-intérêts, tandis qu'avec l'ancien texte il pouvait toujours en accorder : que, par conséquent, le nouveau texte était moins libéral que l'ancien Ce fut peut-être cette observation qui entraîna l'échec de l'amendement de M. Trarieux, qui fut repoussé par 135 voix contre 102 (1).

Il est fâcheux que le texte proposé par M. Trarieux ait soulevé cette critique, qui enleva au vote toute sa signification : car, quoi qu'en eût dit le garde des sceaux, il était très intéressant de savoir si la loi nouvelle reconnaissait ou non le principe de la responsabilité de l'Etat. Il semble que le Sénat, en repoussant un amendement qui consacrait nettement cette responsabilité, et en votant, comme le lui demandait le gouvernement, le texte amphibologique, ait voulu faire triompher la doctrine du Conseil d'Etat, celle de l'obligation purement morale. Mais il n'est pas douteux qu'un certain nombre de sénateurs, partisans de la responsabilité, se soient laissés influencer par l'observation

1. Le garde des sceaux termina la discussion en donnant du texte contesté cette interprétation : « Il doit être compris et appliqué comme l'article 1382 C. civ. ». Il ne s'aperçut pas qu'il reconnaissait par là le principe de la responsabilité de l'Etat, contre lequel il avait lutté durant toute la discussion.

de M. Martin, ou n'aient pas compris l'importance capitale, surtout au point de vue théorique, de la question. Enfin il est certain que la Chambre des députés, qui, en 1892, avait admis d'une façon très nette le principe de la responsabilité, n'entendit pas consacrer le système du gouvernement, en votant en 1895 l'ancien texte de la commission du Sénat, mais l'interpréta dans le sens de l'obligation juridique de l'Etat : cela ressort très nettement du rapport de M. Pourquery de Boisserin. Il est donc très difficile de savoir si, oui ou non, le nouvel article 446 reconnaît un droit contre l'Etat à la victime d'une condamnation injuste, ou laisse aux tribunaux, dans tous les cas, un plein pouvoir d'appréciation.

Le cinquième alinéa du même article 446 souleva également certaines difficultés. Il était ainsi conçu, dans la proposition de la commission du Sénat : « Les dommages-intérêts « alloués seront à la charge de l'Etat, sauf son recours « contre ceux par la faute desquels la poursuite aurait été « ordonnée ou la condamnation prononcée ». M. Volland demanda si la commission avait entendu, par cette disposition, engager la responsabilité des fonctionnaires. M. Bérenger déclara qu'il ne pouvait y avoir de doute sur l'intention du Sénat, qu'il ne s'agissait ici que du dénonciateur ou du faux témoin par la faute duquel la poursuite aurait été faite et la condamnation prononcée ; et pas le moins du monde des fonctionnaires, qui auraient exercé légitimement leur ministère. Pour plus de clarté d'ailleurs, il demanda à M. Volland d'indiquer la modification qu'il fallait faire subir au texte, et, lors de la seconde délibération, la rédaction proposée par la commission était la suivante :

« Les dommages-intérêts alloués seront à la charge de
« l'Etat, sauf son recours contre la partie civile, le dénon-
« ciateur ou le faux témoin par la faute duquel la condam-
« nation aura été prononcée ».

M. Godin demanda au Sénat de supprimer la fin de cet alinéa, depuis les mots : sauf son recours, etc. En effet, disait-
il, il est inutile de parler du recours contre le faux témoin,
puisqu'il est toujours responsable des dommages qu'il
cause par son faux témoignage. Quant au dénonciateur et à
la partie civile, un danger se présente : toute autorité cons-
tituée est tenue de prévenir le Procureur de la République
dès qu'elle a connaissance d'un délit. Si un maire, par exemple, a appris par la rumeur publique qu'un délit a été
commis, il doit en saisir le parquet. Il a pu se tromper :
sera-t-il passible de dommages-intérêts à raison d'une obligation que lui impose la loi ? Si un témoin est poursuivi
pour avoir déposé dans un procès, ou un maire pour avoir
saisi l'administration d'un délit, l'exercice de l'action publique deviendra impossible dans la région. Ou bien ce
texte est absolument inutile, ou bien il est très dangereux :
il doit donc être supprimé.

M. Bérenger rendit aux passage attaqué sa portée exacte.
« Le condamné qui a obtenu la révision de son procès
a le droit de réclamer des dommages-intérêts à la partie
civile ou au dénonciateur qui l'a amené devant la justice.
Il s'agit seulement de savoir si, lorsque l'individu, au lieu
de poursuivre directement celui par la faute duquel il a été
condamné, s'est adressé à l'Etat par la voie de la demande
en révision, l'Etat n'aura pas un recours contre les personnes que le condamné aurait pu actionner... Nous nous bor-

nons à substituer l'Etat au droit attribué par la loi au condamné. Mais jamais un fonctionnaire qui est obligé par devoir de dénoncer au parquet les faits criminels qui viennent à sa connaissance, n'a pu être visé par cette expression : dénonciateur. » L'Etat pourra agir directement contre la personne responsable des dommages si elle est en cause dans le procès ; dans le cas contraire,il devra saisir les juges civils. Après un échange d'observations, la demande de M. Godin fut repoussée et l'ensemble du paragraphe 5 adopté.

Les autres innovations introduites par la nouvelle loi relativement à la réparation des condamnations injustes ne soulevèrent pas de difficultés, notamment les paragraphes 9 et 10 de l'article 446 : « L'arrêt ou le jugement de révi-« sion d'où résulte l'innocence d'un condamné sera affiché « dans la ville ou a été prononcée la condamnation, dans « celle où siège la juridiction de révision, dans la com-« mune du lieu où le crime ou le délit aura été commis, « dans celle du domicile des demandeurs en révision et du « dernier domicile de la victime de l'erreur judiciaire, si elle « est décédée. Il sera inséré d'office au *Journal officiel* et « sa publication dans cinq journaux, au choix du deman-« deur, sera en outre ordonnée .s'il le requiert. — Les frais « de la publicité ci-dessus prévue seront à la charge du Tré-« sor ». Ce texte reproduisait un amendement de MM. Letellier et Pontois, déposé à la Chambre dès le 5 janvier 1892.

SECTION III. – La question des indemnités à accorder aux personnes détenues préventivement ayant bénéficié d'un acquittement ou d'une ordonnance de non-lieu.

Cette question fut soulevée par M. Chiché, dès le premier jour de la discussion à la Chambre des députés. Il reprocha à la commission, en accordant une réparation pécuniaire obligatoire à tous les condamnés reconnus innocents, de laisser de côté une catégorie beaucoup plus nombreuse de victimes d'erreurs judiciaires, les personnes qui sont rendues à la liberté après une détention préventive, à la suite d'une ordonnance de non-lieu ou d'un acquittement. « Il y a là une criante injustice, qui me paraît en contradiction formelle avec le grand principe d'équité que notre Code civil formule en ces termes : Tout fait quelconque de l'homme qui cause à autrui un dommage, oblige celui par la faute duquel il est arrivé à le réparer. L'application rigoureuse de ce principe nous conduit à cette conséquence que tout individu qui a subi un préjudice par le fait d'une arrestation, d'une poursuite ou d'une condamnation erronée a droit à une indemnité.

« Si l'arrestation ou les poursuites ont lieu par la faute du dénonciateur ou du plaignant, celui-ci peut être condamné à payer des dommages-intérêts à sa victime, mais dans le cas contraire il n'y a pas de recours possible, la victime ne peut obtenir aucune indemnité. On a proposé (1) de rendre les magistrats personnellement responsables de leurs erreurs.

1. M. Pleyre, en 1883.

Ce système aurait de graves inconvénients, et serait injuste, car les plus prudents peuvent se tromper. Mais il y a une autre responsabilité qui s'impose, celle de la société : c'est dans l'intérêt commun que l'on recherche et que l'on poursuit le coupable : si une erreur est commise, tout le monde doit contribuer à sa réparation. Ces principes, que vous admettez pour les condamnés reconnus innocents, vous devez les appliquer également à l'innocent poursuivi et relâché après une ordonnance de non-lieu, ou à celui qui est acquitté. C'est à tort que la commission redoute que l'admission du principe des dommages-intérêts après ordonnance de non-lieu ne vienne entraver l'action publique au détriment de la société. Les juges d'instruction et les parquets se contenteront d'apporter dans l'accomplissement de leurs devoirs un peu plus de circonspection. »

Pour refuser des dommages-intérêts au prévenu ou à l'accusé acquitté après la pleine reconnaissance de son innocence, la commission invoquait les motifs suivants : « Le tribunal devra motiver son refus ; les considérants de sa décision atteindront presque toujours l'acquitté dans son honneur ; la plupart des acquittements ne sont pas inspirés par la certitude de l'innocence, mais par des considérations toutes différentes. L'indulgence du jury ne serait-elle pas arrêtée par cette faculté pour l'acquitté de demander des dommages-intérêts ? Si le jury acquitte et répond non sur la question des dommages-intérêts, le prévenu perd le bénéfice moral du verdict d'acquittement ». M. Chiché répondait à toutes ces objections : Il ne s'agit pas d'abord de donner à tout individu acquitté un droit à une indemnité ; il n'aura aucun droit si le préjudice dont il a souffert n'est

imputable qu'à sa propre faute. « Qu'importe que le refus
de dommages-intérêts entraîne une flétrissure morale ? Les
accusés qui bénéficient du doute ou de la pitié n'ont pas
droit à autre chose qu'à un acquittement dédaigneux qui,
le plus souvent, est accompagné d'une condamnation morale. Il est nécessaire de faire une différence entre ces acquittés et ceux dont la parfaite innocence a été pleinement reconnue. Pour que la réforme que vous voulez accomplir
soit complète, vous devez inscrire en tête de votre loi cette
disposition générale : « Toute personne victime d'une arrestation, d'une poursuite ou d'une condamnation reconnue
erronée a droit à une indemnité égale au préjudice qu'elle
a subi ».

Présentée de cette façon, la question des indemnités à
accorder aux accusés et aux prévenus acquittés ou bénéficiant d'une ordonnance de non-lieu donnait prise à de
sérieuses critiques. M. Pourquery de Boisserin fit d'abord
remarquer que cette réforme exigerait la refonte de tous
les articles relatifs aux ordonnances de non-lieu et aux arrêts
des chambres des mises en accusation, qu'elle ne pouvait
donc pas être réalisée accessoirement à la revision des articles 443 et suivants. Où s'arrêterait cette réforme ? Logiquement elle arriverait à accorder une indemnité à ceux
qui ont reçu un simple mandat de comparution. Si, devant
une formule aussi générale, les tribunaux avaient un plein
pouvoir d'appréciation, ce serait une série ininterrompue
de procès devant toutes les juridictions. Les ordonnances
de non-lieu ne sont jamais motivées : elles renvoient les
prévenus sans les acquitter ; ce ne sont même pas des dé-

cisions (1) ; la preuve, c'est que le Code d'instruction criminelle autorise la reprise des poursuites si des charges nouvelles sont démontrées. Quelle serait la situation du juge d'instruction au lendemain d'une ordonnance de non-lieu si, après que le prévenu eut obtenu des dommages-intérêts, de nouvelles charges éclataient ? Si les poursuites sont reprises, le juge correctionnel ne sera-t-il pas arrêté par la décision civile ? Et s'il passe outre et condamne, quelle décision sera digne de foi ? Toute instruction deviendrait impossible, aucune ordonnance de non-lieu ne serait plus rendue, tous les prévenus seraient déférés au tribunal. La contrariété des deux jugements ferait naître contre la magistrature les plus violentes polémiques.

D'autre part, qu'on ne vienne pas dire que le prévenu n'aura droit a une indemnité que si l'ordonnance de non-lieu constate son innocence : jamais en fait une ordonnance de non-lieu n'est motivée, jamais par conséquent elle ne démontre l'innocence ; sinon que ferait le juge d'instruction en présence de charges nouvelles ? Va-t-on mettre en présence devant le magistrat civil le juge d'instruction et le prévenu ? Si le tribunal civil accorde des dommages-intérêts en reconnaissant l'innocence, il n'y aura plus de poursuites ni de répression possible. L'article 6 du projet, établissant la responsabilité de « tous ceux qui, par leurs dénonciations ou par leurs témoignages malveillants ou in-

---

1. Cette affirmation de M. Pourquery de Boisserin, que les ordonnances de non-lieu ne sont pas des décisions judiciaires et qu'elles ne sont pas motivées, est inexacte ; ce sont des décisions. puisqu'elles sont même susceptibles de voies de recours, et elles sont motivées ; seulement elles le sont presque toujours insuffisamment.

considérés, auraient contribué à égarer la justice » devait empêcher les témoins de déposer en toute tranquillité. M. Pourquery de Boisserin concluait donc au rejet du contre-projet Chiché. Après une réponse de M. Chiché, rappelant qu'il ne demandait l'indemnisation qu'au cas d'une démonstration complète de l'innocence, M. Pontois déposa un amendement beaucoup plus étroit : « Quand des individus « sont arrêtés au cours d'une information criminelle, que « leur innocence est reconnue au cours de cette informa-« tion, que néanmoins suite est donnée à cette information « par le renvoi devant la Cour d'assises, et que le véritable « coupable est condamné par elle, ces individus, qui ont « subi une détention préventive alors que les éléments « manquaient pour préciser les charges, ont droit à une « indemnité. » Le contre-projet Chiché fut repoussé.

La discussion reprit à la séance suivante de la Chambre, le 5 janvier 1892 M. Bovier-Lapierre déposa un amendement tendant à ajouter à l'article 446 la disposition suivante : « Le prévenu et l'accusé, lorsqu'il n'existe pas de « partie civile et qu'ils n'auront point par leur faute donné « lieu à la poursuite, pourront obtenir une réparation pé-« cuniaire de l'Etat, dans le cas d'innocence déclarée par « le jugement ou l'arrêt correctionnel, ou par la réponse « du jury sur la question, qui lui sera toujours posée par « le président des assises, dans les conditions et en la forme « prescrites par les articles 340, 345 et 347, relatifs aux « circonstances atténuantes. Il sera statué sur le chiffre des « dommages-intérêts, en matière correctionnelle, par le « tribunal ou la Cour saisis sur la demande du prévenu « acquitté ; en matière criminelle, par la Cour d'assises, si

« l'accusé acquitté ne déclare pas renoncer de ce chef au
« bénéfice de la réponse du jury ». L'orateur se fondait sur
le raisonnement suivant : Lorsqu'un particulier met lui-
même en mouvement l'action publique, il peut être condamné à des dommages-intérêts si son action est jugée
téméraire ou injustifiée ; quand la société se substitue aux
droits de poursuite de l'individu, il est de toute justice
qu'elle répare, elle aussi, le préjudice qui peut résulter de
son action. M. Bovier-Lapierre se défendait du reproche
d'illogisme, qui lui avait adressé la commission, parce qu'il
refusait une indemnité en cas d'ordonnance de non-lieu ; il
y avait une différence considérable entre les deux situations,
puisque l'ordonnance n'étant pas, dans toute l'acception
du terme, une décision judiciaire, ne pouvait par conséquent déclarer l'innocence du prévenu. Il invoquait enfin, à
l'appui de son amendement, l'autorité des grands criminalistes Dupin, Faustin Hélie, Bonneville de Marsangy, etc.,
et l'exemple de certaines législations étrangères.

M. Pourquery de Boisserin, tout en reconnaissant la mo-
dération de la réforme proposée par M. Bovier-Lapierre,
demanda à la Chambre de la repousser, comme sortant du
cadre de la loi actuellement en discussion, et « embrassant
des points de droit criminel nombreux, complexes et différents ». D'après lui, d'ailleurs, le remède principal à apporter aux longues détentions préventives ne devait pas
consister dans la reconnaissance du droit à une indemnité,
mais dans une réforme de la procédure. Aussi optimiste
que les criminalistes du dernier siècle, qui croyaient que
la modification de la procédure criminelle rendrait les
erreurs judiciaires impossibles et par suite la révision inu-

tile. M. Pourquery de Boisserin voyait dans la réforme de l'instruction préparatoire le véritable remède au mal de la détention préventive. Et il renouvelait contre l'amendement cette objection : lorsque le prévenu acquitté demandera des dommages-intérêts, le magistrat pourra presque toujours, de très bonne foi, soutenir que son attitude a fait naître de graves présomptions de culpabilité, et le refus de l'indemnité atteindra le malheureux dans sa considération, sans compter qu'il y aura quelque chose de choquant à voir naître sans cesse des contestations au sujet des dommages-intérêts, entre le prévenu et le procureur de la République. Plutôt que de faire une œuvre hâtive, il valait mieux attendre la discussion du grand projet de réforme du Code d'instruction criminelle.

Après une déclaration du garde des sceaux Fallières, approuvant l'opinion de M. Pourquery de Boisserin, deux autres amendements, ayant le même but que celui de M. Bovier-Lapierre, mais demandant en outre l'indemnisation des inculpés ayant bénéficié d'une ordonnance de non-lieu, furent soutenus par MM. de Ramel et Pontois. A la différence de M. Chiché, M. de Ramel n'établissait aucun droit : il demandait seulement que le tribunal *pût* accorder une indemnité, ce qui était impossible dans l'état de la législation. Le jury n'était plus appelé dans tous les cas, comme dans les amendements précédents, à se prononcer sur la question des dommages-intérêts ; il fallait au contraire pour pouvoir obtenir une indemnité, prendre des conclusions spéciales, et la question ne pouvait être posée au jury que postérieurement à la décision d'acquittement. L'orateur terminait en demandant le renvoi de son amendement et de celui de M. Bovier-Lapierre à la commission. L'amendement de M. Pontois était ainsi conçu : « Auront « droit à une indemnité, après avoir bénéficié d'une ordon- « nance de non-lieu, toutes personnes arrêtées sous l'in- « culpation d'un crime ou d'un délit, lorsqu'une décision « judiciaire définitive aura consacré l'innocence de ces « personnes par la condamnation du véritable auteur du « crime ou du délit. Auront le même droit, après un juge- « ment ou un arrêt définitif d'acquittement, toutes person- « nes arrêtées sous l'inculpation d'un crime ou d'un délit, « quand il résultera de la décision définitive intervenue que « le fait incriminé ne constitue ni crime ni délit ». La Chambre décida, par 267 voix contre 229, de prendre en considération ces trois amendements, qui furent en consé-quence renvoyés à la commission.

Après examen des divers aspects de la question, M. Pour-query de Boisserin soumit à la commission la proposition suivante : « Toute personne poursuivie pour crime ou délit « et acquittée ; toute personne arrêtée préventivement sous « l'inculpation d'un crime ou d'un délit dont l'instruction « sera clôturée par une ordonnance ou un arrêt de non-lieu « aura la faculté de demander une indemnité qui pourra « être accordée dans les cas suivants : 1° lorsqu'une autre « personne aura été définitivement condamnée pour le même « fait ; 2° lorsque, par suite de décès, irresponsabilité, « excusabilité ou prescription, la personne présumée cou- « pable ne pourra plus être condamnée ou poursuivie ; « 3° lorsque, après acquittement, un des témoins entendus « à charge contre le prévenu relaxé aura été condamné « pour faux témoignage, si sa déposition a été la cause de

« la poursuite ; 4° lorsque, par suite de décès, irrespon-
« sabilité ou prescription, le faux témoin ne pourra plus
« être condamné ou poursuivi ; 5° lorsque les objets pré-
« tendus volés auront été retrouvés dans des circonstances
« exclusives de toute soustraction frauduleuse ; 6° lorsqu'il
« résultera de la décision mettant fin aux poursuites que le
« fait ne constitue ni crime ni délit.

« L'action appartiendra au ministère public. La partie
« lésée pourra l'exercer aussi pendant trois ans à dater du
« jour où le fait autorisant l'action aura été connu d'elle.
« La demande sera toujours portée devant le tribunal ou
« la Cour du lieu où l'arrestation se sera produite, l'ordon-
« nance ou l'arrêt de non lieu aura été rendu, l'acquitte-
« ment aura été prononcé. Elle sera introduite par sim-
« ple requête adressée à M. le président du siège et jugée
« en chambre du conseil, parties entendues. Un premier
« jugement ou arrêt susceptible d'appel ou de pourvoi en
« cassation statuera sur la recevabilité. Tout jugement
« fixant la quotité de l'indemnité pourra être frappé d'appel
« par l'intéressé seulement. Nul recours n'existera contre
« un arrêt déterminant l'indemnité. Les frais seront à la
« charge de l'intéressé jusqu'à l'arrêt de recevabilité : ils
« seront ensuite avancés par le Trésor. »

Après une vive discussion, la majorité de la commission
admit la réforme proposée ; elle apporta toutefois quelques
modifications de détail à la rédaction de M. Pourquery de
Boisserin ; elle supprima le cas tiré de la découverte des
objets prétendus volés dans des circonstances exclusives
de toute culpabilité ; elle résuma en trois paragraphes les
cinq autres cas où l'indemnité pourrait être accordée ; elle

ne laissa subsister, de toutes les dispositions complémentai-
res, que le paragraphe suivant : « L'action sera introduite
« dans les trois ans du jour où le fait générateur du droit aura
« été connu de l'intéressé, par simple requête adressée à M. le
« Président du tribunal ou de la Cour du lieu où l'arrestation
« se sera produite ; où l'ordonnance ou l'arrêt de non-lieu
« aura été rendu ; où l'acquittement aura été prononcé ».

M. Pourquery de Boisserin, chargé du rapport supplémentaire au sujet de cette proposition, déclarait qu'elle
constituait le maximum de concessions qu'avait pu faire la
commission aux amendements Bovier-Lapierre, de Ramel
et Pontois. Le rapport fut déposé le 25 février. L'addition
à l'article 446 fut adoptée sans discussion dans la séance
du 7 avril 1892.

Le Conseil d'Etat, repoussant la théorie de la responsabilité de l'Etat, même à l'égard des victimes de condamnations injustes, devait fatalement refuser toute indemnité,
même facultative, aux personnes injustement détenues
préventivement. « La distinction entre la condamnation
injuste et la simple poursuite injustifiée s'explique par la
différence qui existe entre la gravité de l'une et de l'autre
et par leurs conséquences profondément dissemblables.
L'Etat n'intervient qu'en présence des grandes catastrophes,
des grandes misères : la condamnation d'un innocent est
un malheur public ; il paraît juste de limiter la générosité
de l'Etat à ces cas les plus graves d'erreurs judiciaires ».

Puis M. Jacquin, à l'appui de sa thèse, reprenait les
principaux arguments déjà développés à la Chambre des
députés. « L'indemnité facultative créerait deux catégories
d'acquittés, celui qui aurait obtenu des dommages-intérêts,

et qui serait l'acquitté innocent, celui qui se les serait vu refuser, et qui serait un acquitté coupable. Celui qui ne les aurait pas demandés se rangerait par là même dans la catégorie des suspects : la présomption d'innocence dont il bénéficie dans la législation actuelle se retournerait contre lui en une présomption de culpabilité. Mais, dit-on, ces deux catégories d'acquittés existent déjà, puisque l'individu acquitté en Cour d'assises peut être condamné à des dommages-intérêts envers la partie civile, et qu'il peut se voir refuser ceux qu'il réclame contre le dénonciateur ou la partie civile ! Le débat entre l'acquitté et l'Etat se passera dans les mêmes conditions qu'entre l'acquitté et la partie civile. Il est facile de répondre que, dans les deux cas, le terrain du débat est absolument différent. Entre la partie civile et l'accusé, ce qui est en question, c'est la responsabilité civile résultant du dommage causé : l'innocence ou la culpabilité de l'acquitté n'est pas en jeu. Il en est tout différemment du débat entre l'Etat et l'acquitté : ce sera l'ancien procès jugé à nouveau ; ce qui se débattra véritablement dans l'espèce, ce sera la culpabilité ou l'innocence.

« D'autre part, d'après le projet, l'acquitté pourrait prouver son innocence par la culpabilité d'un autre, ou d'un témoin qui ne peuvent plus être poursuivis par suite de décès, de prescription, etc. On ne peut remettre en question l'honneur d'un mort, ou de celui que protège toute autre présomption d'innocence, que dans des circonstances exceptionnelles, lorsqu'il s'agit de l'honneur d'un condamné. Encore ce droit n'appartient-il jamais qu'au ministre de la justice. Il serait exorbitant de l'accorder aux parties, lorsqu'il ne s'agit que de simples intérêts pécuniaires. »

Enfin, disait le rapport de M. Jacquin, il peut exister des responsabilités civiles envers les acquittés : le dénonciateur, les parties civiles, les juges eux-mêmes pourront dans certains cas être déclarés responsables. « La loi a organisé cette responsabilité : si elle paraît insuffisante, on la peut fortifier ; ce n'est pas un motif pour faire intervenir celle de l'Etat, pour organiser des actions dont nous avons signalé les dangereuses conséquences. »

La commission du Sénat, au contraire, se montra favorable à la proposition déjà votée par la Chambre ; elle y apporta seulement quelques légères modifications : « article « 447. Toute personne ayant été détenue préventivement « sous l'inculpation d'un crime ou d'un délit qui aura été « acquittée, ou qui aura été l'objet d'une ordonnance ou « d'un arrêt de non-lieu, *pourra, si elle n'a pas donné* « *lieu par sa faute à la poursuite, et si elle justifie d'un* « *préjudice matériel résultant de sa détention,* demander « des dommages-intérêts dans les cas suivants : 1° S'il ré- « sulte de la décision mettant fin aux poursuites que le « fait imputé ne constitue ni crime ni délit, ou que son « innocence a été reconnue ; 2° S'il est établi avec certi- « tude, soit par une condamnation prononcée contre un « tiers, soit par des faits ou documents révélés postérieu- « rement, qu'un autre a été l'auteur du fait imputé. — La « demande peut être formée, en cas d'acquittement, au « moment du jugement du fond. Elle doit, dans tous les « cas, être introduite dans les six mois du jour où le fait « donnant ouverture à l'action, a été connu de l'intéressé. « Elle est jugée sur simple requête, en cas de jugement « correctionnel ou d'ordonnance de non-lieu, par le tribu-

« nal du lieu où la décision a été rendue jugeant au civil,
« en cas d'arrêt d'acquittement par la Cour d'appel ou par
« une Cour d'assises, et d'arrêt de non-lieu par une cham-
« bre civile de la Cour d'appel ». Voici les différences qui
existaient entre cette proposition et celle de la Chambre.
L'acquitté ne pouvait plus agir, s'il n'avait pas subi de détention préventive, « l'obligation de répondre aux appels
de la justice étant l'accomplissement d'un devoir social
qui ne peut comporter, lorsqu'il n'a pas atteint l'homme
dans sa liberté, un droit à réparation ». Il fallait en outre
qu'il eût subi un préjudice matériel. Les cas où l'indemnité
était possible avaient seuls été modifiés, l'idée restant à
peu près la même. Enfin les dispositions relatives à la prescription et à la compétence avaient été remaniées.

Cette proposition fut soumise au Sénat dans la séance du
9 février 1894. Le rapporteur combattit les deux principales objections du gouvernement. La première était celle-ci :
les magistrats instructeurs, préoccupés désormais dans l'e-
xercice de leurs devoirs par la pensée qu'une erreur commise
dans l'arrestation d'un prévenu pourra entraîner contre l'E-
tat une responsabilité pécuniaire, seront-ils aussi libres
dans l'appréciation des nécessités de la sécurité publique,
et ne deviendront-ils pas moins enclins à ordonner les
arrestations nécessaires ? M. Bérenger répondit que la conscience du magistrat serait au contraire soulagée par la pensée de ne plus être exposé à des erreurs irréparables ; que
la magistrature n'avait pas besoin pour être ferme de se
sentir irresponsable ; que d'ailleurs il existait une responsabilité bien autrement grave, la prise à partie, et que
jamais elle n'avait empêché un magistrat d'accomplir son

devoir ; enfin que la responsabilité instituée par le projet n'atteignait pas le magistrat, mais seulement l'Etat.

La garde des sceaux, en second lieu, redoutait l'effet du vote de la proposition sur les finances de l'Etat. Mais elle n'accordait de réparation qu'à l'homme dont l'innocence serait démontrée, et qui n'aurait motivé la poursuite par aucune faute de sa part. Ces deux restrictions devaient diminuer singulièrement le nombre des demandes. « Il n'est pas ordinaire, disait M. Bérenger, qu'un tribunal ou un juge d'instruction motive sa décision par la déclaration formelle de l'innocence du prévenu ; ce sera sans doute plus fréquent avec la loi proposée, car le magistrat aura le devoir de proclamer la certitude de l'innocence lorsqu'il la rencontrera ; mais il n'y a pas à craindre que ces jugements deviennent jamais bien nombreux. » Les autres cas où l'indemnité était admise, celui où la poursuite n'avait pas eu de raison d'être parce que le fait imputé ne constituait ni crime ni délit, et celui où un autre individu aurait été condamné pour le même fait, seraient également très rares. Et M. Bérenger pouvait dire sans qu'il y eût là un artifice oratoire : « Il me semble que ce serait plutôt d'un autre côté que « devraient venir les objections, et qu'on pourrait nous « reprocher de ne pas être allé assez loin ». L'orateur rappelait à cette occasion les motifs qui avaient décidé la commission à refuser la réparation lorsqu'il n'y avait pas eu détention préventive (si le droit d'investigation de la justice s'est exercé sans porter atteinte à la liberté, il n'a pas dépassé la limite de ce que tout membre de la société doit souffrir dans l'intérêt commun). Il demandait au Sénat, en terminant, de faire une œuvre complète : « Si vous ne voulez pas aujourd'hui que la justice puisse jusqu'au bout réparer le dommage qu'une erreur a pu entraîner, vous verrez que la conscience publique ne se satisfera pas de cette solution imparfaite et que, tôt ou tard, elle réclamera la réforme que vous pourriez réaliser ajourd'hui ».

Dans sa réponse au discours de M. Bérenger, M. Guérin soutint le projet du Conseil d'Etat, au moyen des principaux arguments précédemment émis. Citant les chiffres donnés par la statistique comme nombre des acquittements et des ordonnances de non-lieu en 1890, il dit que 7 à 8.000 individus avaient été l'objet, pendant le cours de cette année, d'une détention préventive ; sans doute, la grande majorité ne remplissait pas les conditions exigées pour obtenir des dommages-intérêts ; mais enfin on ne pouvait les empêcher de faire des procès de l'Etat. C'était donc une perspective de 7 à 8.000 procès par an contre l'Etat qu'ouvrait la proposition de la commission. A moins de modifier toutes les règles de l'instruction criminelle, d'obliger par exemple les jurys à motiver leurs verdicts, les dispositions proposées resteraient inapplicables ; et si elles devaient aboutir, ce serait un danger pour l'Etat, au point de vue financier et budgétaire, s'il avait à faire face chaque année à 7 ou 8.000 procès. En accordant une indemnité aux personnes injustement poursuivies, le Sénat risquerait d'affaiblir et d'énerver l'action répressive, de paralyser la poursuite des crimes et des délits, de compromettre la sécurité générale ; il exposerait en outre l'Etat à une foule de procès dont nul ne pouvait prévoir les conséquences au point de vue financier.

Le garde des sceaux demanda également au Sénat de

rejeter la proposition de la commission. « La juridiction ci-
« vile, s'écriait-il, va donc être chargée de juger les déci-
« sions des tribunaux criminels et les actes des juges
« d'instruction ! D'autre part, quel est désormais le citoyen
« qui voudra dénoncer les crimes et les délits, s'il est
« exposé à une réparation pécuniaire ? » Et il résumait
les principaux inconvénients de la mesure proposée : bouleversement des principes du droit public, affaiblissement
de l'action des lois pénales, aggravation de la situation
morale de toute une catégorie de personnes bénéficiant
annuellement d'une présomption d'innocence, charge très
lourde pour le budget.

M. Bérenger, après avoir cité plusieurs espèces dans
lesquelles on ne pourrait repousser tout principe d'indemnité sans l'injustice la plus criante, rappelait toutes les règles restrictives auxquelles était soumise l'indemnisation.
Le juge n'avait pas une obligation, mais une simple faculté ; il fallait un préjudice matériel, l'absence de faute :
l'acquitté ou le relaxé pouvaient seuls exercer ce droit.
L'innocence devait être absolument prouvée, et elle ne
pouvait l'être que dans trois circonstances : si la décision
intervenue constatait l'innocence, si elle reconnaissait l'absence de tout délit, ou enfin si un autre était reconnu coupable. Si l'on objectait que les verdicts du jury, n'étant
jamais motivés, ne pouvaient jamais constater l'innocence,
il n'y avait qu'à introduire une légère réforme dans la législation pour permettre aux acquittés criminels de profiter
de la nouvelle loi.

A l'argument fondamental des adversaires de la proposition, qui lui reprochaient de créer deux catégories d'ac-

quittés, M. Bérenger faisait cette réponse, parfaitement
juste à notre avis : « Comment ! par sentiment de pitié pour
« l'acquitté qui aura bénéficié du doute, dans la crainte de
« voir sa situation empirée, on refuse à celui dont l'inno-
« cence sera reconnue le droit d'avoir un titre qui la pro-
« clame ? Je ne puis en vérité comprendre cette pitié pour
« celui des deux qui la mérite le moins... Quel est donc
« l'intérêt supérieur ici ? N'est-ce pas de rétablir la justice
« vis-à-vis de celui qui a été injustement soupçonné et de
« lui donner un titre qui lui permette de montrer à tous la
« juste réparation faite à son honneur » ?

L'orateur faisait remarquer de plus que le magistrat, dans
l'état de la législation, disposait d'un pouvoir absolu et
presque sans contrôle sur la liberté des citoyens. Il serait
bon, disait-il, d'introduire dans nos lois « une disposition
qui, sans gêner le juge dans l'exercice de son redoutable
pouvoir, lui mettrait devant les yeux les conséquences que
pourrait entraîner un défaut de circonspection ». Rappelant enfin la déclaration de Louis XVI de 1788, il demandait si la République de 1894 n'était pas en état de réaliser
ce que la monarchie trouvait juste il y a plus d'un siècle.

Malgré un dernier discours de M. Ernest Hamel, soutenant la proposition de la commission et ajoutant encore un
exemple frappant à ceux qu'avait invoqués M. Bérenger,
le Sénat rejeta l'article proposé, et refusa d'étendre le principe de la réparation pécuniaire aux individus acquittés ou
ayant bénéficié d'un arrêt ou d'une ordonnance de non-lieu.
Il ne fut plus question des indemnités à accorder aux individus injustement poursuivis, ni lors de la deuxième délibération du Sénat, ni à la Chambre, les députés ayant

décidé, conformément à l'avis du rapporteur, M. Pourquery de Boisserin, d'adopter le projet sans débat.

La loi actuelle est donc muette à l'égard de toutes ces victimes d'erreurs judiciaires. Mais nous croyons que la prédiction de M. Bérenger, à la fin de son premier discours au Sénat, s'accomplira dans un temps peu éloigné. Et si nous n'avons pas à nous préoccuper des indemnités aux personnes détenues préventivement dans l'étude de la législation positive actuelle, nous aurons à examiner cette question dans notre troisième partie, relative au droit comparé, et nous aurons l'occasion, à ce propos, d'apprécier la valeur de la plupart des arguments émis de part et d'autre lors des travaux préparatoires de la loi du 8 juin 1895.

SECTION IV. — Questions de prescriptions et de procédure.

Nous avons dit que le projet de la Chambre portait à cinq ans le délai fixé à deux ans par le Code d'instruction criminelle pour la recevabilité de la demande formée dans les cas prévus au nº 2 et 3 de l'article 423, en prenant pour point de départ, non plus comme la loi de 1867, la seconde des condamnations inconciliables ou la condamnation du faux témoin, mais le jour où les parties réclamantes l'auront connue. Il n'établissait d'ailleurs aucun délai pour la recevabilité de la demande formée dans le nouveau cas prévu au paragraphe 4.

Le Conseil d'Etat approuva la réforme qui consistait à reculer le point de départ du délai au jour où l'intéressé aurait pu connaitre la seconde condamnation ou la condam-

Sevestre   12

dation du faux témoin. Il s'éleva contre l'observation, qui avait paru concluante au législateur de 1867, à savoir que, le droit du ministre étant imprescriptible, il pourrait toujours saisir d'office la Cour de cassation. « Du moment où l'on a voulu conférer au condamné un droit, dit le rapport de M. Jacquin, il faut le mettre à même de l'exercer. » Mais il se prononça pour le maintien du délai de deux ans. « Celui qui est averti de son droit d'agir n'a pas besoin de bien longs délais pour se décider ». Le délai ne devait toujours s'appliquer qu'aux cas des paragraphes 2 et 3.

La commission du Sénat se rallia à l'avis du Conseil d'Etat. Mais lors de la discussion de l'article 544, concernant la procédure, M. Godin proposa la réduction du délai à six mois. La commission accepta la réduction à un an, qui fut voté par le Sénat et par la Chambre des députés, ainsi que l'extension du délai à tous les cas de révision indistinctement. « La demande sera non recevable, si elle n'a pas été « inscrite au ministère de la justice ou introduite par le « ministre, sur la demande des parties, dans le délai d'un « an à dater du jour où celles-ci auront connu le fait donnant ouverture à révision. »

La Chambre et le Conseil d'Etat avaient maintenu la disposition finale de l'article 444 de la loi de 1867, ainsi conçue : Dans tous les cas, l'exécution des arrêts ou jugements dont la révision est demandée sera de plein droit suspendue sur l'ordre du ministre de la justice, jusqu'à ce que la Cour de cassation ait prononcé. et ensuite, s'il y a lieu, par l'arrêt de cette Cour statuant sur la recevabilité. La commission du Sénat introduisit sur ce point une distinction « dictée par la nature même des choses ». Si l'arrêt ou le jugement de condamnation n'a pas été exécuté, l'exécution sera suspendue de plein droit à partir de la transmission de la demande par le ministre de la justice à la Cour de cassation : mais si le condamné est en état de détention, l'exécution *pourra* seulement être suspendue, sur l'ordre du ministre de la justice, etc. Cette distinction fort rationnelle fut votée sans difficulté par le Sénat.

Quant aux autres modifications qui ont pu être introduites par la loi du 8 juin 1895, elles n'ont pas donné lieu à des discussions intéressantes dans les travaux préparatoires. Nous les retrouverons en faisant, dans notre second chapitre, l'analyse de la loi.

Il nous semble qu'une idée se dégage, de l'ensemble de ces travaux préparatoires : c'est que la nouvelle loi est une œuvre incomplète. Du moment que l'on posait, en faveur des condamnés reconnus innocents, le principe d'une indemnité, il fallait, sans avoir peur des mots, reconnaître la responsabilité de l'État. La logique commandait d'étendre les réparations à toutes les victimes d'erreurs judiciaires, c'est-à-dire aux personnes injustement poursuivies comme aux personnes injustement condamnées ; à condition bien entendu que leur innocence fût démontrée. Malgré tout, la nouvelle loi réalisait de sérieux progrès : extension de la révision à toutes les condamnations criminelles ou correctionnelles, sans distinguer entre les pénalités infligées ; possibilité pour le condamné innocent, et après lui pour ses parents, d'obtenir la révision d'une sentence qu'un motif de fait ou de droit peut aujourd'hui rendre irréfragable ; proclamation solennelle que la reconnaissance d'une erreur judiciaire n'est plus nécessairement subordonnée à la réalisation d'hypotèses spéciales, limitativement énumérées par le législateur, et peut suivre toute révélation propre à établir l'innocence du condamné, sans être arrêtée par aucun obstacle de fait ou de droit ; enfin, reconnaissance du principe général qu'une condamnation erronée peut obliger la société à réparer le mal qu'elle a fait et le préjudice qu'elle a causé Telles sont en effet, énumérées par le rapport de M. Pourquery de Boisserin, les principales réformes de la loi de 1805 qui, suivant l'expression de M. Mayer (1) « donne un acompte aux réclamations légitimes de l'opinion publique. »

Après avoir passé en revue l'histoire de la révision, après avoir cherché dans les travaux préparatoires quelles avaient été les intentions probables du législateur, nous arrivons à l'étude de la législation positive, c'est-à-dire à l'analyse des articles 443 à 447 du Code d'instruction criminelle, tels que les ont faits les réformes de 1867 et de 1895.

CHAPITRE II

ANALYSE DE LA LOI.

L'article 443 pr. dispose que « *la révision pourra être demandée en matière criminelle ou correctionnelle, quelles que soient la juridiction qui ait statué et la peine qui ait été prononcée.* » Cette rédaction, comme le fait remarquer M. Ber-

1. La question de la révision des procès, etc

let (1) a un double but : d'abord, permettre la révision, au cas où un délit aurait été puni d'une peine de simple police en vertu de l'admission de circonstances atténuantes : en second lieu, supprimer nettement la limitation maintenue par la loi de 1867 à l'exercice de l'action en révision : on se souvient en effet que cette loi écartait la révision en matière correctionnelle, lorsque la peine n'avait été que pécuniaire.

La loi de 1895 n'a pas étendu la révision aux condamnés de simple police. On en a donné plusieurs raisons. « L'appareil d'une procédure de révision devant la Cour suprême, dit M. Mayer, serait hors de proportion avec une condamnation minime, la révision étant une mesure prise, non pas exclusivement dans l'intérêt de la personne condamnée, mais aussi dans l'intérêt général ». Autre argument, invoqué par M. Jacquin : « Les faits qui ne supposent pas l'intention délictueuse, c'est-à-dire les contraventions de simple police, peuvent rester en dehors de la revision, parce qu'ils ne touchent pas à l'honorabilité ». Cette raison est, à notre avis, insuffisante. Il y a beaucoup de délits, ceux qui furent rangés il y a quelques années dans la catégorie des délits contraventionnels, qui ne supposent pas du tout la volonté de nuire : et cependant, personne ne songe à refuser la révision aux auteurs de ces délits, sous prétexte que leur honorabilité n'a pas été entamée. Le but principal de la révision est sans doute de rendre l'honneur au condamné ; mais il ne faut pas laisser de côté non plus les intérêts matériels ; la loi de 1895 est entrée dans cette voie

1. *De la réparation des erreurs judiciaires*, p. 68.

en accordant la révision aux condamnés correctionnels à l'amende, qui n'est pas considérée par l'opinion comme une peine déshonorante. D'ailleurs une peine de simple police peut s'élever à cinq jours de prison ; il y aura un intérêt assez sérieux à pouvoir faire annuler la condamnation si l'exécution n'a pas encore commencé. Sans doute il y a une certaine disproportion à mettre en mouvement toute une procédure de révision pour une peine en somme très faible ; mais si, à la suite d'une réforme législative, toutes les infractions non intentionnelles étaient déférées par le législateur à la juridiction de police, et que cette juridiction fût autorisée à prononcer de plus fortes peines d'emprisonnement, il serait nécessaire de permettre la réparation des erreurs judiciaires qu'elle aurait commises (1).

Il résulte des termes de l'article 443 pr. que les condamnations prononcées par les tribunaux d'exception, conseils de guerre, tribunaux maritimes, etc., sont également susceptibles de donner lieu à des demandes en révision. La question avait été discutée autrefois pour les conseils de guerre, et certains auteurs avaient soutenu la négative, en faisant remarquer que les décisions de ces tribunaux d'exception n'étaient pas soumises au recours en cassation, et que les peines qu'ils prononçaient étaient des peines spéciales. M. Dupin réfuta ces arguments en montrant qu'il existait un parallélisme entre les peines militaires et les peines de droit commun, et qu'il n'y avait aucune similitude entre la révision et le recours en cassation Si les décisions des conseils de guerre n'étaient pas soumises au recours en

1. Cf. Berlet, p. 69.

cassation, cela tenait à ce qu'elles avaient elles-mêmes une voie de cassation, consistant dans les conseils de révision ; au contraire, la révision n'existant pas dans la juridiction militaire, il fallait s'en référer au droit commun. D'ailleurs « l'honneur de la justice et les principes sacrés de l'humanité étaient aussi bien intéressés quand la condamnation avait été prononcée par des tribunaux d'exception ». La Cour suprême a toujours décidé depuis cette époque, que les sentences des conseils de guerre pouvaient être révisées (1). La controverse n'a plus aujourd'hui, dans l'état des textes, qu'un intérêt historique.

La révision s'applique sans aucun doute aux condamations pour délits prévus par des lois spéciales, comme celle du 3 mai 1844 ou du 15 avril 1829 sur la chasse.

Nous diviserons notre matière, en suivant d'ailleurs de très près le plan du législateur, en quatre sections : 1° des différents cas de révision ; 2° à quelle personnes appartient de droit de demander la révision ; 3° de la procédure des demandes en révision ; 4° des réparations accordées aux condamnés reconnus innocents.

SECTION I. — Des différents cas de révision.

L'article 443 énumère quatre cas de révision :

1° *Lorsque, après une condamnation pour homicide, des pièces sont représentées propres à faire naître de suffisants indices sur l'existence de la prétendue victime de l'homicide.*

---

1. Cf. arrêt Cass. crim., 30 décembre 1843, Dalloz, *Rép.*, au mot Cass., n° 1540.

Ce cas, déjà admis par le Code d'instruction criminelle, sera évidemment très rare. Il faut supposer que c'est la disparition de la personne qui a motivé la condamnation ; car si elle avait seulement survécu à des blessures qu'elle aurait reçues, le fait qu'elle n'aurait pas succombé n'effacerait nullement la cause de la condamnation, pourvu qu'on ait pris la précaution de ne condamner l'auteur que pour tentative de meurtre (Faustin Hélie). Cette hypothèse pouvait être pratique à une époque où les moyens de communication et la publicité n'existaient que très imparfaitement ; aujourd'hui elle nous paraît surtout théorique, et nous n'avons pas trouvé dans la jurisprudence de ce siècle une seule application dans ce premier cas de révision.

Trois conditions sont nécessaires pour que la révision soit possible : 1° que la condamnation ait été prononcée pour homicide ; 2° que les pièces représentées l'aient été postérieurement à la condamnation (1) ; 3° que ces pièces donnent de suffisants indices sur l'existence de la personne dont la mort supposée a donné lieu à la condamnation. En revanche, il suffit que l'existence de la personne disparue ait été constatée postérieurement à la condamnation ; peu importerait qu'elle fût morte avant la demande en révision. Seulement, on doit se montrer très difficile sur les preuves de l'existence d'une personne qui ne se représente pas ; cette preuve ne pourra être faite que par l'extrait mortuaire daté d'une époque postérieure au crime, ou tout au

---

1. Ce premier cas serait inapplicable si l'individu dont la disparition a donné lieu aux poursuites criminelles était décédé avant le prétendu crime, dans un accident longtemps demeuré inconnu. — Le Poittevin, *Rapport à la société des Prisons*, 1895, p. 948.

moins par des déclarations catégoriques de témoins non suspects.

L'article 444 primitif du Code d'instruction criminelle réglait la procédure à suivre. « La Cour de cassation pourra « préparatoirement désigner une Cour royale pour consta- « ter l'identité de la personne prétendue homicidée, par « audition de témoins et par tous les moyens propres, etc. » La doctrine (1) pensait même, malgré le mot pourra, que cette désignation était obligatoire, et que la Cour de cassa- tion n'aurait pu substituer un autre mode de procédure à celui indiquée par le Code. Ainsi la Cour de cassation ren- dait un premier arrêt, purement préparatoire et d'instruc- tion, pour désigner une Cour royale chargée de reconnaître l'identité ; cette Cour interrogeait la personne supposée homicidée, elle entendait les témoins qui pouvaient la con- naître ; elle n'avait à statuer que sur l'identité ou la non- identité, elle n'avait pas le droit d'examiner par exemple si les pièces produites établissaient les indices exigés par la loi. Puis l'arrêt une fois rendu, toutes les pièces étaient adressées à la Cour de cassation, qui rendait son arrêt défi- nitif, après rapport et réquisitoire, et pouvait renvoyer l'affaire, dans le cas d'annulation de l'arrêt de condamna- tion, devant une Cour d'assises, notamment s'il résultait des pièces du procès qu'il y avait eu simple erreur au sujet du nom de la personne prétendue homicidée, et qu'un crime avait été réellement commis.

Ce cas était le seul où, avant la loi de 1867, la révision fut possible après la mort du condamné. C'est qu'en effet,

1. Cf. Legraverend, II, p. 728 et suiv.

c'est celui qui présente le plus grand caractère de certitude : voici à cet égard un passage de l'exposé des motifs du Code: « Un homme passe pour avoir été tué, et son prétendu meurtrier est condamné ; cependant l'individu supposé mort se représente et efface par sa seule présence toute idée du crime qui a été la base de la condamnation. On sent assez que, s'il en est temps encore, il faut se hâter de briser les fers du condamné, sans autre condition que celle de reconnaître l'existence et l'identité de la personne prétendue homicidée ». Et l'exposé des motifs de la loi de 1867 ajoute : « L'arrêt reçoit dans ce cas des faits un démenti sans réplique ; l'impossibilité du crime primitivement imputé à l'accusé est démontrée ; l'erreur judiciaire est certaine, elle doit disparaître. La révision aura lieu *post mortem* comme *ante mortem* ».

La loi de 1867, qui a d'ailleurs été exactement reproduite sur ce point par celle de 1895, a modifié le plan du chapitre consacré à la réparation des erreurs judiciaires. Le Code d'instruction criminelle avait, à propos de chacun des cas de révision, indiqué la procédure spéciale à laquelle il était soumis. Le législateur de 1867 jugea, non sans raison, que cette manière de procéder entraînait des répétitions ; aussi après avoir simplement énuméré dans un premier article les trois cas de révision, il expose dans les articles suivants la procédure commune à tous.

Aucune disposition spéciale n'ordonne le renvoi de l'affaire par la Cour de cassation à une Cour d'appel, pour constater l'identité de la prétendue victime du meurtre. A-t-on voulu apporter une modification à la législation antérieure ? Nous ne le pensons pas. Il y a là en tous cas matière à contestations.

Deuxième cas de révision. — « *Lorsque, après une condamnation pour crimes ou délits, un nouvel arrêt ou jugement aura condamné pour le même fait un autre accusé ou prévenu, et que, les deux condamnations ne pouvant se concilier, leur contradiction sera la preuve de l'innocence de l'un ou de l'autre condamné* ».

C'est le plus ancien cas de révision : il était déjà prévu par la loi du 15 mai 1793.

Trois conditions sont exigées pour qu'il y ait lieu à révision : 1° que les deux accusés condamnés ne l'aient pas été par le même arrêt ou jugement. Si la condamnation a été prononcée contre deux ou plusieurs individus par un seul arrêt ou jugement, la voie de la révision ne sera pas ouverte, car les jurés ou les juges ont été certainement convaincus par les débats de la culpabilité de tous les accusés à la fois ; 2° que les deux condamnations aient été prononcées à raison du même crime ; 3° Que les deux condamnations ne puissent se concilier et soient la preuve de l'innocence de l'un ou de l'autre condamné.

Lorsque toutes ces conditions sont réunies, la révision est nécessaire, parce que la culpabilité des uns peut amener la justification des autres. « Il y a peut-être une conciliation possible entre les deux décisions ; mais dans les termes où se présentent les deux arrêts, la contradiction éclate ; l'erreur porte sur l'imputation faite à plusieurs d'un crime qui apparaît comme le fait d'un seul » (Exposé des motifs). Ce cas était de beaucoup le plus fréquent, avant l'introduction du paragraphe 4, par la loi de 1895. Il existe un assez grand nombre d'exemple de demandes en révision fondées sur la contrariété de deux jugements, dans le cours de ce siècle.

La Cour de cassation admit notamment l'inconcialibilité : arrêt du **24** juin **1830**, lorsque, par des arrêts différents, trois individus avaient été condamnés pour un crime qui n'avait eu que deux auteurs ; — arrêts du **20** janvier **1831**, lorsque, deux individus ayant été condamnés séparément pour le même vol, il était certain, par la réponse des jurés à l'égard de l'un de ces accusés, que le crime n'avait été commis que par une seule personne ; — arrêt du **23** janvier **1835**, quand deux arrêts différents prononcent des condamnations contre deux individus alors qu'une personne a été tuée d'un seul coup de fusil ; — arrêt du **21** avril **1836**, lorsque deux arrêts avaient condamné deux individus sous le même nom comme auteurs d'un fait unique et indivisible, imputé à une seule personne ; — arrêt du **8** avril **1842**, dans une hypothèse où cinq accusés avaient été condamnés par trois arrêts différents pour une tentative de vol commise par quatre personnes seulement ; — lorsque deux arrêts avaient condamné, à raison du même crime, une accusée pour parricide et deux autres accusés pour assassinat, sans qu'il existât aucun lien de complicité, et quand il était prouvé que le crime n'avait été commis que par deux personnes (9 octobre **1862**) ; — lorsque deux accusés avaient été condamnés pour un meutre commis par une seule personne, sans qu'il y eût trace de complicité (30 janvier **1863**) (1).

1. Plus récemment, l'inconcialibilité a été admise, dans des hypothèses analogue aux précédentes, notamment par les arrêts du 20 février 1868 (affaire Bulsollier), du 21 août 1874 (affaire Lebet), du 24 décembre 1875, (affaire Ghio), du 23 novembre 1876 (affaire Charpentier, qui a soulevé un grand nombre de questions de droit se rattachant à la révision), du 7 juillet 1882 (affaire Brossel), etc.

La demande en revision fut au contraire rejetée dans les hypothèses suivantes: quatre individus avaient été condamnés pour vol par deux arrêts, sans qu'il fût prouvé qu'il n'y eût que trois coupables (9 vendémiaire an IX). Après un premier arrêt condamnant un accusé comme coupable de vol en réunion de plusieurs personnes, un deuxième arrêt avait déclaré coupable du même vol un autre individu, sans qu'il fût certain qu'il l'eût commis avec un co-auteur (23 octobre 1812). L'arrêt du 17 décembre 1868, dans l'affaire Lesurques, déclara que l'inconciliabilité des deux arrêts de condamnation devait résulter des termes et de la portée des deux verdicts, avant tout examen du fond.

Dans l'application, ce second cas de révision souleva parfois des difficultés (1). Dans une espèce où trois accusés avaient été condamnés par des arrêts différents pour le même fait commis avec les mêmes circonstances, sans qu'il résultât des pièces, d'une manière précise, que le fait n'eût été commis que par un ou deux individus, la révision fut cependant admise, parce qu'aucun lien de complicité ne semblait avoir existé entre les trois condamnés et que la procédure ne révélait aucun indice d'une perpétration commune (arrêt du 11 janvier 1844).

Dans une autre espèce où le même fait avait été qualifié de meurtre par l'un des deux arrêts, et de blessures volontaires ayant entraîné la mort, par l'autre, mais où, sur un autre chef d'accusation, un fait d'incendie, l'un des accusés avait été acquitté et l'autre condamné, fallait-il annuler seulement la première partie de l'arrêt et maintenir l'autre,

1. Cf. Faustin Hélie, *Traité de l'instruction criminelle*, VIII, 529 et suivants.

qui ne renfermait aucune inconciliabilité ? La Cour de cassation répondit non, avec grande raison (**2 juin 1855**), car il ne fallait pas que, l'innocence de l'un des condamnés étant reconnue au fond, il continuât à être frappé d'une condamnation partielle. Si l'inconciliabilité ne vicie qu'une partie de la condamnation, l'accusation, convaincue d'erreur dans une de ses parties, devient indivisible. Cette règle n'a pas toujours été, à vrai dire, rigoureusement appliquée par la Cour de cassation.

La loi exige, pour l'application de ce second cas de révision, qu'il y ait inconciliabilité entre deux jugements ou arrêts *de condamnation*. Mais, comme l'avait fait remarquer M. Martel en 1867, il peut très bien y avoir inconciliabilité entre deux décisions dont l'une n'est pas une condamnation : l'exemple le plus simple est celui où un mineur de 16 ans, reconnu auteur du crime ou du délit, est acquitté comme ayant agi sans discernement. Le garde des sceaux Baroche déclara qu'en pareille hypothèse la Cour de cassation ne manquerait pas d'étendre le texte de la loi. La question a perdu son intérêt pratique, depuis la création du quatrième cas de révision.

Troisième cas de révision. — « *Lorsqu'un des témoins entendus aura été, postérieurement à la condamnation, poursuivi et condamné pour faux témoignage contre l'accusé ou le prévenu : le témoin ainsi condamné ne pourra pas être entendu dans les nouveaux débats* ».

Il faut que le faux témoignage ait été découvert après la condamnation. « Si le témoin est arrêté séance tenante, cette mesure doit éveiller l'attention des jurés ou des juges sur la déclaration qui y donne lieu. Et si, malgré l'arrestation du témoin à charge et malgré la faculté accordée à la Cour d'assises dans ce cas de renvoyer l'affaire à une autre session on a passé outre aux débats et au jugement définitif, il n'est pas possible de supposer que la déposition arguée de faux, faite à la charge de l'accusé, aura eu sur la déclaration des jurés ou sur la décision des juges une influence défavorable à cet accusé (1). »

Il faut en second lieu que les témoins à charge aient été condamnés par un arrêt passé en force de chose jugée pour faux témoignage contre l'accusé : tant que cette condamnation n'est pas définitive, il n'y a pas preuve légale du fait d'où résulte la présomption d'erreur; mais dès qu'elle est définitive, la révision devient obligatoire, sans qu'il y ait à rechercher l'influence que les fausses dépositions ont pu exercer ; sous cette réserve néanmoins que si le faux témoignage n'a porté que sur un chef, il n'y a, sauf le cas de connexité, cassation que sur ce chef (2).

En exigeant ces deux conditions, le législateur a voulu éviter les abus qui n'auraient pas manqué de se produire si le seul soupçon du faux témoignage avait pu entraîner la révision. D'ailleurs la preuve même du faux témoignage n'entraîne pas forcément celle de l'innocence du condamné. « Ici l'erreur de la condamnation ne se montre pas avec la même évidence que pour les autres espèces ; car il est strictement possible que le faux témoignage n'ait pas seul dicté la déclaration du jury ou formé l'opinion des juges ; le degré d'influence qu'il a pu obtenir ne saurait se calculer dans une procédure qui ne laisse pas de traces, ni aucune

1. Cf. Legraverend, II, 737.
2. Cf. Faustin Hélie, p. 532.

donnée sur les causes qui ont amené la conviction. Mais si l'erreur de la condamnation ne résulte pas évidemment de la seule circonstance d'un faux témoignage depuis reconnu et puni, du moins faut-il convenir que ce fait est assez grave pour établir une suffisante présomption que l'accusé a été victime d'une horrible calomnie ». (Exposé des motifs de Berlier).

Il suffit qu'un témoignage défavorable à l'accusé soit reconnu faux : peu importe qu'il émane d'un témoin cité à la requête du ministère public ou à la requête de l'accusé. Avec la rédaction du Code d'instruction criminelle, une équivoque pouvait naître du mot à charge, qui désigne proprement, en langage juridique, non pas les témoins défavorables à l'accusé, mais ceux qui sont cités à la requête du ministère public. Peu importe également que les faux témoins soient dénoncés par le ministère public ou par les parties.

A ce propos on s'est demandé si le condamné avait le droit de dénoncer et de poursuivre comme entachée de faux témoignage la déposition d'un témoin à charge. La négative, soutenue par Legraverend, s'appuyait sur l'article 319 du Code d'instruction criminelle qui donne à l'accusé le droit de discuter librement à l'audience la déposition de chaque témoin : il ne peut donc, une fois condamné, exercer l'action en faux témoignage. Dalloz, en sens inverse, invoquait un argument *a fortiori* : l'article 330 permet à l'accusé de requérir du président l'arrestation d'un témoin dont la déposition contre lui paraît entachée de faux témoignage ; et lorsqu'il est condamné, on ne lui permettrait pas de prouver que sa condamnation repose sur un faux témoignage ! Quelle que puisse être la valeur juridique comparée de ces deux arguments, nous pensons que la seconde solution, tempérée par le pouvoir d'appréciation du ministère public, est plus conforme à l'équité.

La disposition finale du paragraphe 3 se comprend aisément. « La loi a voulu que la nouvelle instruction fût dégagée des funestes éléments qui ont corrompue la première. » Pour cela, il fallait exclure des nouveaux débats les témoins condamnés pour faux témoignage. Cette disposition était utile, car si le Code pénal rend incapables de porter témoignage en justice les condamnés à des peines afflictives et infamantes, il permet de les appeler aux débats pour y fournir des renseignements. Le paragraphe 3 *in fine* empêche de les appeler.

Si le témoin prévenu de faux témoignage vient à mourir avant d'avoir été jugé et condamné, le bénéfice de la révision s'évanouit : en effet l'action publique pour la répression des crimes s'éteint par la mort des prévenus et accusés et la mise en accusation ne suffit pas pour donner lieu à la révision. Il faudrait même, pour être logique, aller jusqu'à dire, avec Legraverend, que si le faux témoin meurt après sa condamnation, mais avant l'expiration du délai pendant lequel il peut se pourvoir en cassation, ou même, la Cour suprême étant saisie, avant qu'elle n'ait statué, la révision devient impossible, parce que, la condamnation du faux témoin n'étant pas définitive, il n'y a pas de preuve légale du crime qui lui est imputé, ni par conséquent de base à une demande en révision. Cette conséquence, commandée peut-être par la rigueur des principes, a paru excessive à

Sevestre   13

Carnot (1) : « La mort du témoin n'a aboli que la peine qu'il a encourue, par l'impossibilité de la lui faire subir, mais non les conséquences qui résultent de la condamnation. » Si la Cour de cassation, ignorant le décès du faux témoin, avait confirmé sa condamnation par un arrêt de rejet, Legraverend admet lui-même que cet arrêt pourrait servir de base à une demande en révision. Cette question, vivement discutée autrefois, n'a plus guère d'intérêt pratique depuis la loi de 1895 ; il y aurait certainement, dans le fait de la condamnation, même non définitive, du faux témoin, un fait nouveau permettant au garde des sceaux de saisir la Cour de cassation d'une instance en révision.

L'article 443, § 3, s'applique uniquement au faux témoignage, et non aux fausses pièces qui ont pu être produites dans les débats. Une raison en est donnée par Faustin Hélie : « Dans notre procédure orale, où toutes les preuves sont débattues, la production des pièces fausses n'a pas paru avoir la même importance qu'un faux témoignage. » Elle ne nous paraît pas bien convaincante, et d'autres législations n'ont pas fait la distinction (2).

1. Cf. III, 254.

2. Citons parmi les arrêts qui ont admis la révision à la suite de la condamnation pour faux témoignage d'un témoin à charge, ceux du 1er juillet 1882 (affaire Bouriquet), du 27 novembre 1868 (affaire Desvaux). Le faux témoignage constituait dans ces deux hypothèses la preuve de l'innocence du condamné. — Au contraire l'arrêt du 28 août 1884, dans l'affaire Lepetipont, décidait que « la Cour de cassation, régulièrement saisie d'une demande en révision fondée sur une condamnation pour faux témoignage, peut, après avoir déclaré cette demande recevable en la forme, dire qu'il n'y a lieu de réviser l'arrêt qui lui est déféré, en se fondant sur ce que, dans l'espèce et dans les pièces produites, la condamnation du faux témoin n'implique pas l'innocence du prévenu contre lequel le faux témoignage a été porté ».

Ces trois premiers cas de révision sont précis et déterminés. Il n'en est pas de même du quatrième, œuvre de la loi de 1895 : *4°. — Lorsque, après une condamnation, un fait viendra à se produire ou à se révéler, ou lorsque des pièces inconnues lors des débats seront représentées, de nature à établir l'innocence du condamné.*

En présence des termes trop étroits de l'ancien article 443, le législateur s'était trouvé dans cette alternative : ou bien de compléter l'énumération par l'indication des autres cas possibles sur lesquels la révision pourrait être basée, ou bien de chercher une formule générale embrassant toutes les éventualités, tous les cas pour lesquels le refus d'accorder la révision constituerait une injustice grave. La première solution était dangereuse, car il était évidemment impossible de prévoir toutes les hypothèses, d'énumérer tous les faits de nature à prouver l'erreur judiciaire. Aussi le législateur adopta-t-il la seconde. « Il est à remarquer, dit très juste-
« ment à ce propos M. Mayer (p. 115) que la tendance de
« la nouvelle législation en matière pénale n'est pas d'énu-
« mérer des espèces, mais de généraliser au contraire les
« principes dans des rédactions aussi exactes que possible :
« les énumérations provoquent toujours en effet des doutes
« sur leur application, et sur la question de savoir s'il faut
« les interpréter dans un sens limitatif ou simplement dé-
« monstratif. »

Le sens exact de la formule adoptée par le gouvernement et la commission du Sénat, et qui a passé dans la loi du 8 juin 1895, doit être cherché dans la comparaison avec la première rédaction du paragraphe 4, telle que l'avait votée la Chambre des députés. Cette rédaction, on s'en souvient,

était la suivante : « Lorsqu'un fait vient à se produire ou
« à se révéler, d'où paraît résulter la non-culpabilité de
« celui qui a été condamné ».

Une première différence entre les deux textes consiste
dans l'addition des mots « après une condamnation ». Il
faut que le fait soit nouveau, c'est-à-dire que ni l'accusé ni
les juges n'en aient eu connaissance avant la condamnation.
Peu importe d'ailleurs qu'il se soit produit avant la condamnation, pourvu qu'il ne se soit révélé que postérieurement. « Les moyens de fait dont l'accusé aurait pu se servir
pour se défendre, et dont il ne s'est pas servi intention-
nellement, ne pourront être invoqués par lui à l'appui de
sa demande en révision ». M. Mayer et après lui M. Berlet
critiquent cette restriction : l'inculpé, disent-ils, n'a peut-
être pas compris l'importance d'une preuve dont la production l'aurait fait acquitter ; ou bien il a oublié un fait
probant, et ne se le rappelle qu'après sa condamnation. Il
y a là un moyen pour lui d'établir son innocence : ne
pourra-t-il plus s'en servir ? Les législations allemande et
autrichienne se contentent de « nouveaux faits et preuves »
n'ayant pas été soumis à la juridiction qui a prononcée la
condamnation.

Nous ne croyons pas qu'il y ait là un danger sérieux, et
que la nouvelle rédaction risque de rendre impossible la
réparation d'une erreur judiciaire manifeste. La loi n'exige
pas que le fait nouveau se produise, mais seulement qu'il
se révèle après la condamnation ; cette expression peut
s'interpréter d'une façon très large. M. Mayer enlève,
croyons-nous, tout intérêt pratique à son observation, en
reconnaissant que, dans le cas où un accusé, après avoir

invoqué un alibi, qu'il n'aurait pu pouver faute de témoins,
et après avoir été par suite condamné, trouverait à produire de nouveaux témoignages pour établir cet alibi, le
fait devrait être considéré comme s'étant révélé après la
condamnation. On pourrait ainsi faire rentrer chaque hypothèse dans les termes de notre texte. Le législateur a voulu
éviter un grand nombre de demandes en révision fondées
sur un moyen de preuve quelconque, volontairement omis
par la défense. Et si on objecte que ces demandes seraient
certainement repoussées par la commission de révision, on
peut répondre qu'il est au moins inutile de les laisser se
multiplier, sans aucun résultat possible.

Quant à la deuxième addition apportée au texte du projet
de la Chambre des députés, « ou lorsque des pièces inconnues lors des débats seront représentées » elle s'explique
par le désir que le législateur a eu de couper court à toute
difficulté d'interprétation.

Une troisième différence entre les deux textes consiste à
exiger un fait « de nature à établir l'innocence » au lieu d'un
fait « d'où paraît résulter la non-culpabilité ». L'innocence,
« dit M. Le Poittevin (1), implique une certitude ; le doute
« suffirait pour la non-culpabilité : ni l'innocence ni la
« faute ne sont alors démontrées ». La première expression est donc beaucoup plus étroite que l'autre ; et nous
pensons, avec M. Berlet, que le législateur a eu raison de
lui donner la préférence. Il ne faut pas que la Cour de
cassation puisse fonder l'admission de la demande et l'annulation de l'arrêt de condamnation sur un simple doute,

1. *Revue pénitentiaire*, 1895, p. 956.

même grave, et qu'ensuite la juridiction de renvoi acquitte le demandeur en révision, non pas avec la conviction qu'il est innocent, mais en le faisant bénéficier de son incertitude. « Il importe de n'accorder la révision d'un procès qu'au condamné innocent, puisqu'en cas de doute sur son innocence, l'injustice de sa condamnation n'est pas démontrée : la révision est instituée pour permettre la réparation morale et même pécuniaire d'une condamnation erronée, et non pour servir de prétexte à un véritable appel (1). » Nous ne sommes pas sans doute aussi absolus que M. Jacquin, qui exige que, pour que le paragraphe 4 soit applicable, « l'innocence du condamné se démontre à la seule révélation du fait, au seul examen des pièces, sans aucune instruction, enquête ou recherche préalable ». Mais nous admettons avec lui que la Cour de cassation doit être elle-même déjà *à peu près* convaincue de l'innocence, avant de déclarer qu'il y a lieu à révision.

Il n'est pas nécessaire que les nouveaux faits ou pièces produits ou révélés soient de nature à établir l'innocence par eux-mêmes exclusivement : il suffit que la preuve de l'erreur des juges ressorte seulement de l'examen du fait, rapproché des preuves déjà fournies au cours des débats. Il serait tout à fait contraire au but de la révision, de prononcer la recevabilité sur de simples présomptions de non-culpabilité. La condamnation une fois prononcée, il ne s'agit plus de rechercher si la culpabilité est douteuse, mais si l'innocence est établie. Le législateur n'a jugé dignes de son intérêt que les condamnés réellement innocents. Seule-

1. Berlet, p. 73.

ment cette certitude de l'innocence ne doit pas nécessairement se produire devant la Cour de cassation : il suffira,
pour admettre la révision, qu'il y ait de fortes raisons de
penser que la certitude éclatera devant la juridiction de
renvoi. L'expression « de nature à établir » nous paraît un
peu trop restrictive, en ce qu'elle semble exiger que l'innocence soit établie devant la Cour de cassation elle-même.
Nous reviendrons dans notre troisième partie sur l'appréciation de l'article 443, en le comparant aux textes corres-
pondants des lois étrangères, et nous aurons à nous demander
si le législateur de 1895 n'aurait pas pu, tout en conservant la même idée, adopter une formule un peu plus
large : le texte actuel manifeste clairement l'intention du
législateur d'écarter la révision lorsqu'il n'existe que des
présomptions au sujet de l'innocence du condamné. Il se
montre en cela respecteux de l'autorité de la chose jugée,
sans porter atteinte au principe supérieur de la justice.

Voici les applications les plus remarquables qui ont été
faites du quatrième cas de révision, depuis la nouvelle loi :
un arrêt du 6 août 1897 décide qu'il y a lieu à révision d'un
arrêt de condamnation rendu par une Cour d'assises lorsque les instructions supplémentaires ordonnées ont eu pour
résultat de faire disparaître le principal et le premier des
deux faits sur lesquels l'accusation était fondée, et d'atténuer
la portée du second, et de créer ainsi une situation nouvelle
de nature à établir l'innocence du condamné.

L'arrêt du 16 décembre 1897, dans l'affaire Vaux, a
admis la révision en décidant que « la rétraction de Balleaut,
dont le témoignage avait constitué la seule charge sérieuse
qu'on eût pu relever contre Pierre Vaux et Jean Petit, sa

condamnation pour des faits identiques à ceux qui avaient motivé l'arrêt de 1852, et le suicide du maire Gallemard dans les circonstances où il était intervenu, constituaient des faits nouveaux de nature à établir l'innocence des deux condamnés ».

D'après un arrêt du **22** janvier 1898, il y a lieu à révision, lorsque, postérieurement à un jugement de condamnation, il a été établi, notamment par un jugement de reconnaissance d'identité, que le condamné est innocent des faits à raison desquels une peine a été prononcée contre lui, bien que, par ses déclarations inexactes, il ait égaré la justice, et qu'il soit en réalité l'auteur de l'erreur qui a été commise. — Cet arrêt a fourni une application de l'article 445 *in fine* : comme il ne subsistait ni crime, ni délit, la Cour de cassation a prononcé l'annulation de la condamnation sans renvoi devant une autre juridiction.

Un arrêt du **7** avril 1898, rendu dans une affaire restée assez obscure, l'affaire Jamet et Leger, admet que « la rétraction du témoin dont la déposition formait la charge principale relevée contre le condamné peut constituer le fait nouveau postérieur à la condamnation, qui est de nature à établir l'innocence du condamné et à donner lieu à révision ».

Il y a également lieu à révision, en vertu d'un arrêt du **22** avril 1898, lorsque postérieurement à une condamnation pour infraction à un arrêté d'expulsion, il a été établi que le condamné possédait la qualité de français.

Citons enfin ce passage d'un arrêt du **18** juin 1898 : constituent des faits nouveaux de nature à faire admettre l'innocence d'un individu précédemment condamné pour menaces, par lettre anonyme, d'un attentat criminel, les énonciations d'un arrêt qui, statuant sur une poursuite exercée ultérieurement à raison du même fait, constate d'une part que les juges de première instance ont reconnu qu'il semblait résulter d'une expertise que la lettre incriminée ne devait pas être attribuée au condamné, d'autre part que cette appréciation se trouve corroborée par les faits nouveaux révélés par les vérifications diverses faites par les experts et par les pièces produites dans les instructions ouvertes postérieurement au jugement qui a prononcé la condamnation du demandeur en révision.

Ces quelques exemples peuvent donner une idée de la diversité des faits qui sont susceptibles de donner ouverture à révision, en se fondant sur le paragraphe 4. La Cour de cassation, on le voit, ne s'est pas attachée à la lettre de l'article 443 ; on pourrait même soutenir qu'elle en a quelque peu altéré le sens : elle admet parfois la demande dès qu'il existe un concours de circonstances tel, que si les juges primitifs les avaient connues, ils n'auraient sans doute pas prononcé la condamnation. Au point de vue de l'équité on ne saurait guère le lui reprocher ; peut être, grâce à cette large interprétation, un coupable bénéficiera-t-il parfois de la révision ; au moins les condamnés innocents ne seront-ils plus exposés à se la voir refuser pour des raisons de textes.

Malheureusement cette tendance de la Cour de cassation à l'inconvénient d'introduire l'arbitraire le plus complet dans le règlement des questions de révision. La formule de l'article 443, § 3 marquait nettement l'intention du législateur de n'accorder la révision que si l'innocence pouvait être prouvée ; tout le débat se ramènerait donc à ceci : existe-t-il un fait nouveau qui soit de nature à établir que le condamné n'était pas coupable ?

Si la Cour de cassation autorise la révision sur le seul soupçon d'innocence, résultant d'un ensemble de circonstances dont aucune n'est de nature à conduire à une certitude, l'institution se trouvera détournée de son véritable but. L'affaire Dreyfus a soulevé trop de passions pour qu'il soit possible à l'heure actuelle d'émettre une opinion purement juridique au sujet des questions de droit qu'elle a fait naitre ; cependant il est permis de se demander si la majorité de la commission de revision, en déclarant au mois de septembre 1898 que les contradictions des experts dans les procès de 1894 et de 1898 et le suicide du colonel Henry ne constituaient pas à ses yeux des faits nouveaux de nature à prouver l'innocence de Dreyfus, ne s'est pas exactement inspirée de l'esprit de la loi de 1895.

La question s'est posée plusieurs fois, dans le cours de ce siècle, de savoir si l'article 443 était applicable au cas où l'un des deux arrêts de condamnation, soit qu'il s'agit du cas de faux témoignage, ou du cas de deux condamnations inconciliables, aurait été rendu par contumace. L'intérêt est moindre aujourd'hui, depuis l'addition du paragraphe 4, une condamnation par contumace pouvant certainement constituer un fait nouveau. Mais la question fut autrefois sérieusement débattue. Le Graverend soutenait la négative d'une façon absolue. En principe, disait-il, (c'était bien avant la loi de 1867), la révision ne doit jamais avoir lieu que contradictoirement avec le condamné ; il est donc évident qu'elle ne peut avoir lieu à l'égard d'un condamné pré-

sent et d'un condamné par contumace, dont les condamnations ne peuvent se concilier ; encore moins dans la même
hypothèse à l'égard de deux condamnations par contumace ;
pas davantage pour raison de faux témoignage, soit que le
condamné, soit que le faux témoin ait été jugé par contumace. Carnot soutenait au contraire que, lorsque la condamnation avait été prononcée par contumace contre l'un
des accusés, il n'y avait aucun motif de priver l'accusé
présent du bénéfice que la loi lui accordait pour la révision
de son procès : « Il suffit que les débats puissent s'établir
à l'égard de l'accusé présent, sur les deux actes d'accusation, sur les pièces d'instruction des deux affaires, pour que
le jury soit en état de prononcer en connaissance de cause ».

La grande majorité de la doctrine a repoussé le système
de Legraverend. Dès 1819, un arrêt de cassation accueil-
lait une demande en révision dans un cas où une condamnation par contumace entraînait la preuve de l'innocence
de la personne condamnée contradictoirement pour le
même crime. Seulement, tandis que Dalloz admettait la
révision alors même que c'était la condamnation contradictoire qui révélait l'innocence de la personne condamnée
par contumace, la plupart des auteurs, avec Faustin Hélie,
faisaient une distinction, partant de cette idée que, l'arrêt
par contumace n'étant pas définitif, l'accusé injustement
condamné pouvait toujours faire tomber la condamnation
en se représentant : « Si l'arrêt par contumace était la
preuve de l'innocence du condamné contradictoirement,
la révision doit être admise : le débat contradictoire n'aura
pas lieu, puisque le contumax ne se représentera pas, mais
la présence des deux accusés n'est pas une condition abso-

luc de la révision. Si la condamnation contradictoire au contraire révèle l'erreur d'une condamnation par contumace, ou si les deux condamnations sont par contumace, il n'y a pas lieu à révision. Les condamnés par contumace ont un moyen de faire tomber l'arrêt qui les a frappés, la représentation ; la révision n'est admise qu'après qu'ils ont épuisé cette voie ; il n'y aurait un intérêt réel à la révision que s'il y avait prescription.

Avant la loi de 1895, la prescription de l'action en faveur de l'individu prévenu d'être le véritable auteur du crime pour lequel un autre aurait été condamné, ou du témoin prévenu de faux témoignage, rendait impossible la révision du procès du condamné.

La grâce n'a jamais mis obstacle à la demande en révision, car elle suppose la culpabilité (Carnot), elle laisse subsister la condamnation, dont l'effet moral ne peut être supprimé que par la révision ou par la réhabilitation.

Malgré l'addition du quatrième cas, la révision reste absolument distincte de l'appel. L'appelant n'a pas à produire d'arguments nouveaux, le demandeur en révision doit apporter un fait nouveau de nature à établir son innocence. L'appelant peut conclure à une atténuation de peine, la révision ne peut tendre à ce résultat, au moins en droit français. En instance d'appel comme devant les juges du premier degré, le doute profite au prévenu ; au contraire le demandeur en révision doit prouver qu'il n'a pas commis le crime ou le délit (1).

1. Le Poittevin, *Revue pénitentiaire*, 1895.

SECTION II. — A quelles personnes appartient le droit de demander la révision ?

Suivant le Code, la révision n'était admise qu'autant qu'elle était provoquée par le mininistre de la justice : cela résulte très clairement der anciens articles 443, 444 et 445. Le législateur de 1808 avait jugé cette condition nécessaire pour contenir cette voie de recours dans de justes limites, et pour repousser les demandes dénuées de fondement.

La loi de 1867 se montra plus libérale et accorda le droit de demander la révision: *1° au ministre de la justice ; 2° au condamné ; 3° après la mort du condamné, à son conjoint, à ses enfants, à ses parents, à ses légataires universels ou à titre universel, à ceux qui en ont reçu de lui la mission expresse.* « Ce droit, disait l'exposé des motifs, est accordé à tous ceux qui, de près ou de loin, représentent la famille et qui ont le devoir de réhabiliter le défunt : il peut être exercé concurremment par le conjoint, par les enfants, par les parents, quel que soit leur degré, par les légataires universels ou à titre universel, qui continuent la personne ou recueillent la succession, par ceux qui ont reçu du décédé cette mission de réparation. En semblable matière, le mot enfants comprend aussi bien les enfants adoptifs et les enfants naturels reconnus que les légitimes. Les uns et les autres sont intéressés à la réhabilitation de la mémoire. L'initiative appartient à la fois au ministre de la justice et aux parties intéressées. Le ministre de la justice peut agir d'office quand le condamné ou la famille se tait : il est le premier gardien de ce droit sacré dont l'exercice touche à l'ordre public. Les parties intéressées, se fondant sur un des trois cas d'ouverture à révision, peuvent à leur tour mettre en mouvement l'action, et le ministre qui n'a point usé de son droit devra transmettre leur demande. »

La loi du 8 juin 1895 distingue : dans les trois premiers cas de révision, elle accorde le droit aux mêmes personnes que la loi de 1867, en y ajoutant, *en cas d'incapacité, le représentant légal du condamné ; dans le quatrième cas, elle réserve ce droit au ministre de la justice, qui statuera après avoir pris l'avis d'une commission composée des directeurs de son ministère et de trois magistrats de la Cour de cassation annuellement désignés par elle et pris en dehors de la Chambre criminelle.*

Cette distinction se justifie très bien ; les demandes en révision fondées sur les trois premiers paragraphes sont relativement rares, il n'y a donc aucun danger à en laisser l'initiative au condamné ou à ses représentants. La disposition relative au paragraphe 4 était au contraire indispensable pour éviter la multiplicité des demandes fondées sur des motifs futiles. Sans l'élimination permise au garde des sceaux, la révision aurait perdu son caractère juridique et serait devenue un véritable appel.

Quant à l'obligation pour le ministre de la justice de prendre l'avis d'une commission, c'est une garantie complémentaire destinée à enlever à la décision du ministre toute apparence d'arbitraire et toute possibilité d'erreur. Le garde des sceaux n'est d'ailleurs nullement obligé de se conformer à l'avis de la commission, l'affaire Dreyfus en a fourni la preuve.

Le caractère de cet examen préalable a été très bien

défini par M Le Poittevin (1) : « C'est en quelque sorte, en matière de révision, une Chambre des requêtes *sui generis* où la première admissibilité du pourvoi est d'abord contrôlée. Plus exactement, car c'est le ministre qui doit statuer, et non pas la commission, le pourvoi exécutif apprécie la valeur de l'action ; il laisse parvenir devant la justice, ou bien il élimine les plaintes qui lui sont parvenues. Si l'admission définitive est d'ordre judiciaire, la sélection préalable est d'ordre administratif ».

La question s'était posée, avant la loi de 1895, de savoir si, dans les trois cas de révision seuls admis jusques-là, le garde des sceaux était dans l'obligation juridique de soumettre, sans examen, à la Cour suprême, les demandes en révision qui lui étaient adressées par les parties ayant qualité pour agir ; et on avait reconnu au ministre une certaine faculté d'appréciation. M. Péan fit très justement remarquer à la société des prisons, que si le ministre avait gardé cette faculté depuis la nouvelle loi, il aurait été absolument inutile de maintenir aux parties le droit d'agir dans les trois premiers cas de l'article 443, alors qu'on le réservait au ministre dans le quatrième. Les particuliers peuvent donc, en alléguant qu'ils se trouvent dans un des trois premiers cas, provoquer sans plus ample examen un ordre du ministre de la justice, saisissant de leur pourvoi la Cour suprême (2).

1. Cf. *Revue pénitentiaire*, 1895, p. 958.
2. *Revue pénitentiaire*, 1895, p. 973.

SECTION III — De la procédure des demandes en révision.

Sous le régime du Code d'instruction criminelle, le droit de demander la révision n'appartenait qu'au garde des sceaux, son intervention était nécessaire pour saisir la Cour de cassation ; elle avait décidé, par un arrêt du 21 novembre 1817, « qu'elle ne pouvait être régulièrement saisie en cette matière que par un réquisitoire du Procureur général donné en vertu d'un ordre du ministre de la justice ».

La loi du 29 juin 1867, et après elle la loi de 1895, ont conservé la forme de la demande ; article 444, alinéa 6 : *La Cour de cassation, Chambre criminelle, sera saisie par son Procureur général, en vertu de l'ordre exprès que le ministre de la justice aura donné, soit d'office, soit sur la réclamation des parties, indiquant un des trois premiers cas.* Ainsi, c'est toujours en vertu d'un ordre du ministre de la justice que le Procureur général près la Cour de cassation saisit la Chambre criminelle de cette Cour. Mais, tandis que dans les trois premiers cas de l'article 443, la demande du condamné ou de ses représentants oblige le garde des sceaux à donner cet ordre, il peut, dans le quatrième cas, ne pas même transmettre la demande au Procureur général. « Dans tous les cas, dit l'exposé des motifs de la loi de 1867, qu'il agisse ou non d'office, le ministre sera l'intermédiaire nécessaire pour la transmission des pièces à la Cour de cassation, ainsi qu'il l'est déjà en matière de pourvois ».

L'alinéa 7 fixe un délai d'un an pour la recevabilité

des demandes en révision : « *La demande sera non recevable si elle n'a pas été inscrite au ministère de la justice ou
introduite par le ministre, sur la demande des parties, dans
le délai d'un an à dater du jour où celles-ci auront connu
le fait donnant ouverture à révision* ». Nous avons vu que
le Code de 1808 ne fixait aucun délai et que le législateur
de 1867 avait limité l'exercice de la révision à une durée
de deux ans, sauf dans le premier cas. Nous avons dit également que le projet voté par la Chambre des députés, en
1892, établissait une prescription de cinq ans, à compter du
jour où les parties auraient connu la seconde des condamnations inconciliables ou la condamnation du faux témoin,
et n'en admettait aucune, ni dans le premier, ni dans le
quatrième cas. S'inspirant des modifications proposées par
le gouvernement et par la commission du Sénat, le texte
définitif fixe un délai d'un an, dans tous les cas ayant pour
point de départ le jour où les parties auront connu le fait
donnant ouverture à révision. Il étend la prescription au
quatrième cas, ce qui est très logique, car on ne compren-
drait pas, comme le fait remarquer M. Mayer (p. 128),
« que la loi se montrât plus rigoureuse envers celui qui,
pour établir son innocence, invoque une condamnation
inconciliable, ou la condamnation d'un faux témoin, que
contre un condamné qui se base sur un nouveau fait révélé
ou sur une pièce inconnue lors des débats ».

La loi de 1895 étend également cette prescription d'un
an au premier cas de révision. On objecte que le condamné,
bien qu'ayant découvert « des pièces propres à faire naître
de suffisants indices sur l'existence de la prétendue victime
de l'homicide », peut n'avoir pas la preuve de cette exis-

tence et ne pas obtenir la révision de sa condamnation avant d'avoir fourni cette preuve ; il sera donc obligé de cacher la découverte des indices de l'existence de sa prétendue victime jusqu'à ce que ces indices puissent être confirmés par une véritable preuve (1). Le premier cas de révision est tellement peu pratique, qu'on comprend que le législateur, dans un but d'uniformité, l'ait assimilé aux autres.

Certains auteurs, notamment M. Mayer, ont demandé que l'exercice du droit de révision fût imprescriptible. Sans doute on peut prévoir telle hypothèse où la prescription empêcherait la réparation d'une erreur judiciaire ; mais supprimer tout délai, ce serait permettre de remettre indéfiniment en question l'autorité de la chose jugée. On a proposé d'autre part d'allonger ce délai, et de le porter au moins à deux ans. Cela ne nous paraît pas indispensable, puisque le point de départ de la prescription est le jour où le condamné a connaissance du fait donnant ouverture à révision. Au point de vue de l'équité absolue, la suppression de tout délai serait sans doute préférable, mais elle ôterait aux jugements tout caractère définitif et toute autorité morale.

Sous l'empire de la loi de 1867, le droit du ministre de la justice était imprescriptible. En est-il de même depuis la loi de 1895 ? D'après M. Le Poittevin, le délai d'un an s'applique à tous les cas : en effet, tandis que le projet du gouvernement et la proposition de la commission du Sénat ne fixaient pas de délai pour le quatrième cas, le texte dé-

1. Cf. Berlet, p. 78.

finitif, par sa généralité, semble exclure toute distinction ; la demande sera non recevable si elle n'a été inscrite au ministère de la justice ou introduite par le ministre sur la demande des parties dans le délai d'un an, etc. M Jacquin soutint au contraire que le délai n'existait que pour les demandes en révision formées par les intéressés, et ne pouvait s'appliquer aux demandes formées par le ministre (1). Nous inclinerions plutôt vers cette seconde solution, pour le motif suivant : le texte fixe un délai d'un an à dater du jour où *les parties* auront connu le fait donnant ouverture à révision ; il n'est pas question du ministre. Quoi qu'il en soit, les deux opinions sont parfaitement soutenables et ce sera à la Cour de cassation à trancher la question.

Le Code d'instruction criminelle et la loi de 1867 faisaient produire à la transmission des pièces, par le ministre, au Procureur général, un premier effet, immédiat et absolu. D'après l'ancien article 444 alinéa 5, l'exécution des arrêts ou jugements dont la révision était demandée devait être de plein droit suspendue sur l'ordre du ministre de la justice, etc. Bien qu'il y eût dans ce texte une contradiction entre les mots « de plein droit » et « sur l'ordre du ministre de la justice », son sens n'était pas douteux : dès que la révision était demandée, l'exécution de la peine était forcément suspendue. Bien entendu, cette mesure provisoire ne s'appliquait qu'au cas où les arrêts et jugements étaient encore en voie d'exécution ; si le condamné avait subi sa peine, où s'il était décédé, il n'y avait pas de sursis à pro-

---

1. Cf. La discussion complète, *Revue pénitentiaire*, 1895, p. 970 et 1239.

noncer (1). Cette disposition était dangereuse par sa généralité, car il peut arriver qu'un condamné coupable profite
de la suspension de peine résultant d'une demande en
révision, formée par lui sans aucune chance de succès,
pour prendre la fuite.

Aussi la loi de 1895 établit-elle une distinction, contenue
dans les alinéas 8 et 9 de l'article 444 : « *Si l'arrêt ou le
jugement de condamnation n'a pas été exécuté, l'exécution
sera suspendue de plein droit à partir de la transmission de
la demande par le ministre de la justice à la Cour de cassation. — Si le condamné est en état de détention, l'exécution
pourra être suspendue sur l'ordre du ministre de la justice,
jusqu'à ce que la Cour de cassation ait prononcé, et ensuite,
s'il y a lieu, par l'arrêt de cette Cour statuant sur la recevabilité.* Cette distinction, parfaitement juste, existe également en matière d'appel et de recours en grâce (2). Lorsqu'un condamné n'est pas détenu, il importe de ne le priver
de liberté que si sa condamnation n'est pas attaquée au
fond, car si elle vient à être infirmée ou commuée, il serait
déplorable que le condamné l'eût subie, même en partie.
Si au contraire il a commencé à subir sa peine, l'intérêt
social commande de ne pas lui permettre, par une suspension de la peine, de se soustraire à sa condamnation. Il
serait dangereux de remettre en liberté tout demandeur en
révision, alors même que la demande paraîtrait non fondée ;
mais il eut été peu humain de ne pas autoriser la suspension de la peine en cours d'exécution, dans des cas de demandes reposant sur des présomptions sérieuses ou des preu-

1. Faustin Hélie, VIII, 538.
2. Cf. Berlet, p. 80.

ves certaines. Aussi l'article 444 *in fine* a-t-il agi sagement en permettant au garde des sceaux d'abord, puis à la Chambre criminelle, d'ordonner la libération provisoire du condamné.

La Chambre criminelle de la Cour de cassation, saisie de la demande en révision par le Procureur général près cette Cour, devra d'abord apprécier si elle est recevable, c'est-à-dire si elle rentre dans les cas prévus par la loi, si elle a été formée dans les délais et avec les formalités légales. Elle statuera en audience publique, bien que ni le Code d'instruction criminelle, ni la loi de 1895 ne le disent, en vertu de l'article 7 de la loi du 20 avril 1810. Si les conditions de recevabilité de la demande sont reconnues exister, mais que l'affaire ne soit pas en état, en vertu de l'article 445, alinéa premier, *la Cour procédera directement ou par commissions rogatoires à toutes enquêtes sur le fond, confrontation, reconnaissance d'identité, interrogatoires et moyens propres à mettre la vérité en évidence.*

La Cour en effet, après avoir apprécié la recevabilité de la demande, est tenue de statuer au fond. Elle a deux questions à trancher : 1° la demande est-elle recevable ? 2° les faits articulés à l'appui de cette demande sont-ils suffisamment concluants pour qu'il y ait lieu de procéder à la révision ? On a employé diverses expressions pour désigner ces deux fonctions différentes : Faustin Hélie distinguait la recevabilité du pourvoi et celle de l'action. La Cour de cassation emploie volontiers les termes recevabilité en la forme et recevabilité au fond : la première n'est qu'une pure question de droit, la seconde est une question de fait. Elle peut ne soulever aucune difficulté ; mais il est possible également que la procédure ne soit pas en état, et que les documents fournis à l'appui de la demande aient besoin d'être corroborés et contrôlés par une enquête. Il était donc nécessaire que le législateur conférât à la Cour de cassation un pouvoir étranger à ses attributions habituelles, qui la fait sortir du domaine du droit pour la faire entrer dans l'examen des faits.

C'est à ce droit pour la Chambre criminelle de « procéder à une enquête sur le fond, etc. », que se rattache la nouvelle loi sur la procédure de révision.

Lorsque la demande en révision formée par l'ex-capitaine Dreyfus fut soumise à la Chambre criminelle, celle-ci, après avoir admis, pour employer sa propre expression, la recevabilité en la forme, décida de procéder directement, tout entière, à une enquête sur le fond, aux termes de l'article 445, alinéa 1, afin d'examiner si les deux faits invoqués à l'appui de la demande étaient bien de nature à établir l'innocence du condamné de 1894. A la suite d'événements qui sont trop présents à l'esprit de tous pour qu'il soit nécessaire de les rappeler ici, la Chambre criminelle fut violemment accusée de partialité, et l'opinion publique réclama son dessaisissement. Le premier Président et les deux conseillers doyens de la Cour de cassation furent chargés de procéder à une enquête sur les faits reprochés à la Chambre criminelle, et émirent l'avis qu' « il serait sage de ne pas lui laisser à elle seule la responsabilité de la sentence définitive, parce qu'il était à prévoir que l'arrêt qu'elle pourrait rendre manquerait de l'autorité nécessaire pour que tout le monde s'inclinât devant lui, et que les magistrats qui la composaient, dont la bonne foi et l'honorabilité étaient au-dessus de tout soupçon, paraissaient cependant entraînés par des préventions qui les dominaient à leur insu et ne leur laissaient pas le calme et la liberté indispensables pour faire l'office de juges ».

Dans ces conditions, il était nécessaire, dans un but d'apaisement et de justice supérieure, d'enlever à la Chambre criminelle le jugement sur le fond : il ne pouvait être question de la dessaisir de l'enquête qu'elle poursuivait depuis trois mois, puisque sa bonne foi n'était pas en cause, mais il fallait donner à une autre juridiction compétence pour statuer sur les résultats de cette enquête, et seule la Cour de cassation toutes chambres réunies pouvait avoir assez d'autorité pour que sa décision, quelle qu'elle fut, s'imposât à l'opinion. Cette réforme ne pouvait être réalisée qu'au moyen d'une loi. Trois propositions avaient déjà été soumises au Parlement. La première, présentée à la Chambre des députés dès la fin de novembre 1898, par M. Gerville-Réache, consistait à substituer, dans toutes les affaires de révision, la compétence de la Cour de cassation toutes chambres réunies à celle de la Chambre criminelle. Cette loi devait s'appliquer même aux procédures en cours devant la Chambre criminelle au moment de sa promulgation. M. Gerville-Réache soutenait que la réforme qu'il proposait n'était qu'un retour à l'ancien état de choses, car, sous l'empire de la loi du 15 mai 1793, les demandes en révision étaient portées devant le tribunal de cassation tout entier, et que, si le Code d'instruction criminelle, reproduit sur ce point par inadvertance par les législateurs de 1867 et de 1895, avait rendu la Chambre criminelle seule compétente, c'est qu'on n'avait pas réfléchi à la gravité exceptionnelle des demandes en révision, qui, touchant à la chose jugée, méritent l'examen de la Cour de cassation en assemblée générale. D'ailleurs, ajoutait-il, les principes exigent cette réforme : la loi n'a pas voulu que la même chambre connût seule deux fois de la même affaire; or il peut arriver que la Chambre criminelle soit appelée à réviser un jugement ou un arrêt qui, par suite d'un pourvoi en cassation, lui a déjà été déféré.

M. Renault-Morlière, au nom de la commission chargée d'examiner la proposition de loi(1), s'éleva avec force contre ces arguments. Après avoir montré que, si la loi de 1793 n'avait pas donné compétence à la seule Chambre criminelle, c'est que celle-ci n'existait pas encore à cette époque, d'une façon distincte, et que rien au point de vue juridique ne nécessitait une semblable réforme, il en énuméra les inconvénient pratiques : l'administration de la justice rendue plus difficile, la solution des procès retardée par la multiplicité des audiences solennelles, le discrédit qui frapperait au point de vue moral les arrêts rendus, en cas de recours extraordinaire, par une seule des Chambres de la Cour de cassation. Enfin, au point de vue plus spécial de l'affaire Dreyfus, la loi nouvelle aurait conduit à cette conséquence, que tout le bénéfice de la procédure déjà accomplie aurait été perdu, et qu'il aurait fallu recommencer toute l'enquête. La commission, à l'unanimité, estimait en conséquence qu'il n'y avait pas lieu de passer à la discussion des articles

Une seconde proposition, qui évitait la plupart des critiques adressées à la proposition Gerville-Réache, avait été

1. Cf. Rapport, annexe au procès-verbal de la séance du 22 décembre 1898.

déposée, également à la Chambre, par M. Rose. Elle pouvait se résumer ainsi : Toutes les fois que la Chambre criminelle aura, conformément à l'article 445, alinéa 1, procédé à une enquête, comme elle aura rempli des fonctions de juge d'instruction, elle sera exclue du jugement
sur le fond, qui sera rendu par les deux autres chambres.

Enfin une troisième proposition fut déposée au Sénat par
M. Bisseuil. A la suite de l'enquête du Premier Président,
elle fut reprise à peu près dans les mêmes termes par le
gouvernement, et elle est devenue la loi du 1er mars 1899.
En voici le texte. Article unique : « Les deux premiers
paragraphes de l'article 445 du Code d'instruction criminelle sont remplacés par les dispositions suivantes : En cas
de recevabilité, la Chambre criminelle statuera sur la demande en révision, si l'affaire est en état. Si l'affaire n'est
pas en état, la Chambre criminelle procédera directement ou
par commissions rogatoires à toutes enquêtes sur le fond,
confrontations, reconnaissances d'identité et moyens propres à mettre la vérité en évidence. *Après la fin de l'instruction, il sera alors statué par les Chambres réunies de la
Cour de cassation. — Lorsque l'affaire sera en état, si la
Chambre criminelle, dans le cas du paragraphe 1er ci-dessus,
ou les Chambres réunies, dans le cas du paragraphe 2, re-
connaissent qu'il peut être procédé à de nouveaux débats
contradictoires, elles annuleront les jugements ou arrêts et
tous actes qui feraient obstacles à la révision : elles fixeront
les questions qui devront être posées et renverront les accusés ou prévenus, selon les cas, devant une Cour ou un tribunal autres que ceux qui auront primitivement connu de
l'affaire.* »

A la Chambre des députés. le projet de loi fut adopté sans grandes difficultés. M. Renault-Morlière, choisi de nouveau comme rapporteur par la commission, le combattit habilement ; mais, ne trouvant pas d'arguments juridiques sérieux à lui opposer, il insista surtout sur son caractère de loi de circonstance, sur l'atteinte qu'il porterait au prestige de la Chambre criminelle, et fit intervenir les principes de 1789 pour soutenir qu'il était odieux d'enlever à un accusé ses juges naturels. Après une discussion, où les considérations politiques tinrent beaucoup plus de place que les arguments juridiques, le projet fut adopté à une forte majorité.

Au Sénat, la commission chargée d'examiner le projet désigna pour rapporteur M. Bisseuil. Dans un rapport très complet, il répondit à toutes les critiques que pouvait soulever la nouvelle loi. Après avoir montré qu'au point de vue pratique il était impossible, après l'enquête des conseillers doyens, de laisser rendre par la Chambre criminelle seule une décision qui serait privée de toute autorité, il se plaça pour défendre la loi sur le terrain juridique. Voici ses principaux arguments : « Il ne s'agit pas d'une loi de circonstance dans la mauvaise acception du mot, puisque ses effets ne doivent pas être restreints à la solution d'une affaire déterminée. On a prononcé le mot de loi d'exception ; mais en quoi le projet est-il contraire au droit commun, et constitue-t-il un régime provisoire ? Les lois d'exception enlèvent en général des garanties au justiciable, c'est précisément le contraire ici.

« Le dessaisissement d'un tribunal déjà saisi est, dit-on, une œuvre révolutionnaire et dictatoriale ; mais le projet du gouvernement ne dessaisit pas la Chambre criminelle du droit de juger, mais seulement du droit de juger seule. D'ailleurs le dessaisissement pour cause de suspicion légitime n'est pas une chose si extraordinaire ; il est formellement prévu par la loi, il n'entraîne pour la Cour ou le tribunal qui en est l'objet aucune déconsidération : il signifie simplement qu'il y a lieu de craindre que la juridiction dessaisie ne puisse pas juger avec impartialité telle affaire qui lui est soumise. La Chambre criminelle dessaisit fréquemment un tribunal correctionnel ou une Cour d'assises à la seule demande du ministère public ou de la partie poursuivie ; elle y regarderait de plus près si le dessaisissement devait entacher l'honneur des juges. Il y aurait eu des motifs suffisants pour dessaisir la Chambre criminelle, si la loi avait prévu cette mesure ; elle ne l'avait pas fait, parce que la Cour de cassation n'était jamais à l'origine juge du fait : devant cette lacune de la loi, l'intervention du législateur s'imposait.

« Enfin, le projet de loi est conforme aux principes et aux règles ordinaires de la procédure criminelle. Est-il logique que la Chambre criminelle puisse, après avoir fait elle-même l'instruction, juger sur le fond ? Les membres de la Cour d'appel qui ont voté sur la mise en accusation ne peuvent, dans la même affaire, ni présider les assises ni assister le président : pareille interdiction est faite au juge d'instruction en matière correctionnelle. — La Chambre des mises en accusation ne peut procéder par elle-même à aucun acte d'instruction, elle ne peut que déléguer un de ses membres pour remplir les fonctions de juge instructeur. Un raisonnement d'analogie très fort commanderait, lorsque la Chambre criminelle aurait fait l'instruction elle-même en assemblée plénière, de l'exclure du jugement sur le fond : le projet du gouvernement ne va pas jusque-là, il se contente d'adjoindre à la Chambre criminelle les deux autres Chambres. En effet, on ne peut assimiler complètement la situation de la Chambre criminelle faisant une enquête à celle d'un juge faisant une instruction. De plus, il existe des analogies qui conduisent à laisser une place à la Chambre criminelle dans le jugement sur le fond ; notamment l'article 503 § 2 du Code d'instruction criminelle qui décide que dans le cas d'un second recours qui donne lieu à la réunion des Chambres de la Cour de cassation, tous les juges peuvent en connaître : si après cassation d'un arrêt de Cour d'appel, la Cour de renvoi rend une décision conforme à la décision qui a fait l'objet de la cassation, l'affaire, sur un nouveau pourvoi, est portée devant la Cour de cassation toutes Chambres réunies, sans exclusion des magistrats qui ont concouru au premier arrêt.

« Ainsi, bien qu'à première vue la proposition de M. Rose puisse paraître plus logique, il est peut-être préférable, non seulement dans un but d'apaisement, mais également pour des considérations d'ordre juridique, de confier le jugement sur le fond à toutes les Chambres réunies ».

La discussion dura trois jours au Sénat, plusieurs orateurs combattirent avec éloquence le projet, en particulier MM. Bérenger et Waldeck-Rousseau ; ils ne parvinrent pas à convaincre l'assemblée que la loi proposée, qui en temps ordinaire aurait semblé toute naturelle, emprunteraient aux circonstances qui en étaient le prétexte, un caractère révolutionnaire et dictatorial. Le projet fut voté sans modifications, et la loi fut promulguée le lendemain 1ᵉʳ mars 1899.

Le nouveau texte n'a pas donné lieu, jusqu'à présent, à des difficultés d'interprétation. On avait paru craindre, lors de la discussion du Sénat, que la loi eût voulu innover en supprimant, dans l'énumération des mesures d'instruction que peut prendre la Chambre criminelle en vertu de l'article 445 alinéa premier, le mot interrogatoires. Il fut répondu, et cela ne pouvait faire l'ombre d'un doute, que ce mot était compris dans l'expression générale « tous moyens propres à mettre la vérité en évidence » qui aurait pu suffire à elle seul.

Si la demande n'est pas recevable, la Cour rend un arrêt qui termine le débat. Si elle est recevable, l'article 445 distingue suivant qu'il peut ou non être procédé à de nouveaux débats contradictoires. Dans le premier cas, la procédure est réglée par le paragraphe 3, que nous avons cité plus haut : la Cour annulera tous actes faisant obstacle à la révision, fixera les questions à poser, et renverra les accusés ou prévenus devant une juridiction autre que celle qui avait primitivement connu de l'affaire.

Dans quels cas dira-t-on qu'il peut être pocédé à de nouveaux débats contradictoires ? longtemps cette question ne souleva aucune difficulté. L'expression était expliquée par l'article 445, alinéa 4, qui énumère les principaux cas dans lequels il ne peut y avoir de nouveaux débats oraux entre toutes les parties ; le décès, la contumace ou le défaut d'un des condamnés, l'irresponsabilité pénale, l'excusabilité ou la prescription. Il ne peut y avoir de nouveaux débats contradictoires lorsque l'un des condamnés ne peut être jugé à nouveau, pour une raison ou pour une autre. Mais tout récemment une autre interprétation fut proposée, dans le but d'éviter le renvoi de Dreyfus devant un conseil de guerre, au cas où la Cour de cassation prononcerait l'annulation de l'arrêt de 1894. Le texte, dit-on, parle de débats contradictoires : contradictoires entre qui ? Entre le demandeur en révision et l'autre coupable possible, ou bien entre le demandeur et le faux témoin possible. Comme, dans le cas spécial de l'affaire Dreyfus, l'autre coupable, ou le faux témoin, ne pourrait pas être poursuivi, la Cour de cassation devrait statuer elle-même. On invoque en ce sens l'expression de l'article 445, alinéa 3 ; la Cour renverra « les accusés ou prévenus ». Pour qu'il y ait lieu à renvoi, il faut donc qu'il y ait plusieurs accusés ou prévenus à juger contradictoirement les uns avec les autres, il ne peut s'agir simplement de débats contradictoires entre le ministère public et le demandeur en révision.

Ce système n'est pas soutenable. Si l'article 445 s'est servi des termes : accusés ou prévenus, c'est qu'il a supposé précédemment que la Cour de cassation avait « annulé les jugements ou arrêts et tous actes qui feraient obstacle à la révision » ; il ne peut donc plus être question de condamnés ; si l'on a employé le pluriel, c'est tout simplement parce qu'il a pu y avoir plusieurs condamnés à raison du même fait qui demandent la révision. L'énumération du paragraphe 4 n'est sans doute pas limitative, mais tous les faits qu'elle cite comme rendant impossibles les débats contradictoires sont personnels aux condamnés, au demandeur en révision. Il faut donc écarter sans hésitation cette interprétation qui, si elle triomphait, conduirait à supprimer dans presque tous les cas le renvoi à une autre juridiction.

La juridiction de renvoi sera toujours de même ordre

que celle dont la décision aura été annulée ; il n'y a plus
de difficultés aujourd'hui à cet égard, à raison de l'expression générale : cour ou tribunal. Mais sous le régime du
Code, alors que la révision n'existait qu'en matière criminelle, on s'était demandé si la Cour de cassation pouvait
renvoyer l'affaire à un conseil de guerre, à une juridiction
d'exception ; la loi ne prévoyait en effet que le renvoi devant une Cour d'assises. Et Carnot soutenait que la révision
des procès criminels n'avait pas été mise dans les attributions des conseils de guerre, et que le renvoi devait toujours être fait à une Cour d'assises. Legraverend enseignait
au contraire qu'on ne pouvait faire abstraction de toutes
les dispositions du Code d'instruction criminelle et de toutes
les règles ordinaires de compétence, que l'expression Cour
d'assises n'était qu'indicative, se rapportant aux cas les plus
ordinaires, et que la révision, procédure extraordinaire,
ne pouvait avoir encore l'effet d'intervertir l'ordre des
juridictions, et de rendre aux tribunaux ordinaires la connaissance de faits qui leur étaient étrangers. Cette dernière
opinion avait à juste titre prévalu en doctrine et en jurisprudence, notamment dans un arrêt de cassation du 30 décembre 1842.

On ne peut qu'approuver la disposition qui prohibe le
renvoi de l'affaire aux cours et tribunaux qui en ont primitivement connu. Nous avons déjà eu l'occasion de critiquer
le système contraire admis par notre ancien droit. Le choix
d'une autre Cour ou d'un autre tribunal offre certainement
plus de garanties d'impartialité. Ce choix appartient à la
Chambre criminelle délibérant en Chambre du conseil. Les
accusés doivent être traduits, *omisso medio*, devant la Cour

indiquée : l'affaire ne doit pas passer de nouveau devant la Chambre des mises en accusation ou le juge d'instruction.

La Cour de renvoi n'a plus à se préoccuper du point de savoir si les condamnés se trouvent ou non dans un des cas de révision prévus. C'est une question irrévocablement jugée par la Cour suprême, il ne reste plus à la Cour de renvoi qu'à examiner la question de culpabilité (1). — *Dans les affaires qui devront être soumises au jury, le Procureur général près la Cour de renvoi dressera un nouvel acte d'accusation* (article 445 alinéa 3).

La Cour de cassation est appelée à statuer elle-même dans les cas où il ne peut être procédé à de nouveaux débats contradictoires; article 445, alinéa 4: *Lorsqu'il ne pourra être procédé de nouveau à des débats oraux contre toutes les parties, notamment en cas de décès, de contumace ou de défaut d'un ou de plusieurs condamnés, d'irresponsabilité pénale ou d'excusabilité, en cas de prescription de l'action ou de celle de la peine, la Cour de cassation, après avoir constaté expressément cette impossibilité, statuera au fond sans cassation préalable ni renvoi, en présence des parties civiles s'il y en a au procès, et des curateurs nommés par elle à la mémoire de chacun des morts : dans ce cas, elle annulera seulement celle des condamnations qui avait été injustement prononcée, et déchargera, s'il y a lieu, la mémoire des morts.*

On a reproché au législateur d'avoir donné mission à la Chambre criminelle de juger des questions de fait, en dehors de la sphère du droit. « Le jury ou le juge correctionnel

---

1. Dalloz, *Rép.* Cass. n° 1565.

étaient, dit-on, les meilleurs juges de la culpabilité ou de la non-culpabilité ; on prétend que, lorsque le débat n'est plus contradictoire, les garanties des juges s'affaiblissent et s'effacent ; mais l'objet et le fond du débat restent les mêmes, c'est toujours une question de culpabilité ; pourquoi donc l'enlever aux juges à qui le Code l'a déférée ? La Cour de cassation étant appelée à statuer au fond perd l'unité de ses attributions, jusque-là purement juridiques ». Cette objection n'avait pas arrêté, nous l'avons vu, le législateur de 1867 ; et voici comment l'exposé des motifs justifiait alors cette compétence exceptionnelle de la Cour de cassation : « Sans enlever aucun justiciable à ses juges naturels, la Cour de cassation brisera pour celui qui fût mal jugé la mauvaise sentence, et ajoutera au verdict bien rendu l'autorité d'un arrêt qui confirme. En tranchant ainsi la question de juridictions, le projet de loi obéit à la fois à la raison et à la tradition : à la raison, puisqu'il se pénètre des conditions constitutives dans lesquelles fonctionnent les juges qu'il saisit ; à la tradition, puisqu'il suit l'exemple du Code d'instruction criminelle, qui déférait déjà les vivants au jury, et la cause des morts à la Cour de cassation.

Art. 445 *in fine. Si l'annulation de l'arrêt à l'égard d'un condamné vivant ne laisse rien subsister qui puisse être qualifié crime ou délit, aucun renvoi ne sera prononcé.* Disposition parfaitement logique ; comme, en pareil cas, la décision d'une juridiction de renvoi ne pourrait être qu'un acquittement, il est bien inutile de prononcer le renvoi. L'ancien article 447 ne dispensait du renvoi que dans le premier cas de l'article 443 : les projets du gouvernement et de la commission sénatoriale y avaient ajouté le quatrième cas. La loi de

189:3 supprima toute distinction à cet égard entre les cas de révision ; il n'y avait d'ailleurs aucun motif juridique pour la maintenir.

Ici encore, on a essayé de jouer sur les mots, et on a prétendu que, lorsque l'innocence du demandeur en révision paraissait éclatante, la Chambre criminelle n'avait pas besoin de prononcer le renvoi. La Cour de cassation a pu contribuer à répandre cette opinion, par la manière peu exacte dont elle a motivé certains arrêts, notamment un arrêt du **23** avril **1896** (affaire Cauvin). « Lorsqu'une condamnation pour faux témoignage laisse subsister les autres charges qui pèsent contre le demandeur en révision, et par suite n'implique pas nécessairement son innocence il faut le renvoyer devant une autre Cour d'assises, lorsqu'il est possible de procéder à de nouveaux débats oraux. » Ce qui semble indiquer *a contrario* que si la constatation du faux témoignage entraine la certitude que le condamné n'était pas l'auteur du crime, la Cour suprême n'a pas à prononcer le renvoi. Cette conséquence serait contraire à la volonté du législateur. Il suffit de lire attentivement le texte de l'article **445** *in fine* pour être fixé à cet égard.

SECTION IV. — Des réparations accordées aux condamnés reconnus innocents.

La révision prononcée fait tomber l'arrêt ou le jugement de condamnation. L'innocence du condamné est publiquement reconnue. La loi de 1867 était restée muette au sujet de la publicité à donner à l'arrêt de révision. Un député,

M. Maurice Richard, avait demandé que cet arrêt fût publié dans les mêmes formes et les mêmes conditions que l'arrêt de condamnation. « Ne faut-il pas, disait-il, que la publicité du premier arrêt, qui a causé un si grave préjudice au condamné reconnu innocent, soit détruite par la publicité du second arrêt ? » Le rapporteur rappela que l'article 1036 du Code de procédure civile permettait aux tribunaux d'ordonner l'affichage de leurs jugements. Et, sur l'observation que ce n'était qu'une disposition facultative, alors qu'on voulait une prescription obligatoire, le garde des sceaux répondit que la publicité légale n'ajouterait rien à l'immense publicité qui se faisait toujours autour des arrêts de révision, et que la Cour de cassation ne manquerait jamais d'ailleurs de l'ordonner.

La loi de 1895 au contraire consacra un paragraphe à la publicité des arrêts de révision ; article 446, alinéa 9 : « *L'arrêt ou jugement de révision d'où résulte l'innocence d'un condamné sera affiché dans la ville où a été prononcée la condamnation, dans celle où siège la juridiction de révision, dans la commune du lieu où le crime ou le délit aura été commis, dans celle du domicile des demandeurs en révision et du dernier domicile de la victime de l'erreur judiciaire, si elle est décédée. Il sera inséré d'office au journal officiel, et sa publication dans cinq journaux, au choix du demandeur, sera en outre ordonnée, s'il le requiert. — Les frais de la publicité ci-dessus prévue seront à la charge du Trésor* ». Sans doute cette publicité sera presque toujours inutile, pour le motif donné par le garde des sceaux en 1867 ; il était bon néanmoins que le législateur édictât cette disposition, pour contribuer le plus largement possible à la réparation du préjudice moral causé à l'innocent.

En second lieu, l'arrêt de révision fait cesser d'une façon définitive l'exécution de la peine. En 1867, on avait proposé un amendement ainsi conçu : « Dans tous les cas où la demande en révision aura abouti à faire proclamer l'innocence d'un condamné, il y aura restitution à celui-ci ou à ses ayants droit des amendes et des frais des arrêts ou des jugements de condamnation, comme aussi des frais de la procédure en révision ». Le rapporteur combattit cet amendement comme inutile : L'amende, dit-il, est une peine, les frais sont un accessoire de la peine. La peine principale et ses accessoires disparaissent par le fait de la révision : donc la restitution est de droit. Et, lors de la discussion, il reprit la même idée d'une façon encore plus nette : « La révision est l'annulation absolue d'un arrêt condamnant un homme reconnu définitivement innocent ; cette annulation absolue a pour résultat de détruire complètement toutes les conséquences de cet arrêt. Donc l'amende étant une peine accessoire de l'arrêt, les frais étant la conséquence rationnelle de l'arrêt, ils sont enveloppés dans l'annulation ».

Le législateur de 1895, pas plus que celui de 1867, ne jugea utile d'insérer dans la loi une disposition expresse relative aux amendes et frais du procès. Mais il édicta certaines dispositions au sujet des frais de la procédure en révision. Article 446, alinéas 6, 7 et 8 : *Les frais de l'instance en révision seront avancés par le demandeur jusqu'à l'arrêt de recevabilité ; pour les frais postérieurs à cet arrêt, l'avance sera faite par le Trésor. — Si l'arrêt ou le jugement définitif de révision prononce une condamnation, il mettra à la charge du condamné le remboursement des frais envers*

*l'État, et envers les demandeurs en révision, s'il y a lieu.
— Le demandeur en révision qui succombera dans son instance sera condamné à tous les frais.*

On s'est demandé si, dans le silence de la loi, la révision
prononcée pouvait donner lieu à la répétition des dommages-intérêts, accordés à la partie civile par le jugement ou
l'arrêt de condamnation. L'affirmative a été soutenue (1),
se fondant sur le raisonnement suivant : La condamnation
à des dommages-intérêts envers la partie civile étant une
conséquence de la culpabilité reconnue du condamné, la
révision qui fait disparaître la reconnaissance de la culpabilité doit faire disparaître en même temps la condamnation
aux dommages-intérêts ; si donc le paiement de ces dommages-intérêts a déjà été effectué, on se trouve en présence
d'un paiement indù, sujet par conséquent à répétition. La
partie civile n'est tenue à la restitution des fruits et intérêts
de ce qu'elle a reçu du condamné que si elle a su, lors du
paiement, que le condamné n'était pas coupable. Nous inclinerions plutôt vers la négative, car les dommages-intérêts ne sont pas nécessairement une conséquence de la
culpabilité reconnue ; ce qui le prouve, c'est qu'un accusé
acquitté peut très bien être condamné à des dommages-intérêts envers la partie civile. Nous croyons d'ailleurs que
si telle avait été l'intention du législateur, il se serait expliqué sur ce point, comme l'a fait le législateur belge par
la loi du 18 juin 1894.

Un troisième effet, celui-là facultatif, de l'arrêt de révision, consiste dans l'allocation de dommages-intérêts au

1. Cf. Lemoine, Thèse de Doctorat, 1896, p. 211.

condamné reconnu innocent. La loi n'impose pas au juge l'obligation de les accorder. Article 446, alinéa premier : *L'arrêt ou le jugement de révision d'où résultera l'innocence d'un condamné pourra sur sa demande lui allouer des dommages-intérêts à raison du préjudice que lui aura causé la condamnation.* « L'arrêt ou le jugement de révision » : ainsi c'est la juridiction qui aura reconnu l'innocence du condamné, Cour d'assises, tribunal correctionnel, Cour d'appel ou Cour de cassation, qui accordera des dommages-intérêts si elle le juge convenable, et qui en fixera le montant. C'était la solution la plus simple, et l'amendement de M. Volland, qui réclamait en 1894 la fixation de l'indemnité par le Parlement, fut, nous l'avons vu, repoussé à une forte majorité.

Quant à la faculté accordée au tribunal où à la Cour de refuser des dommages-intérêts au condamné reconnu innocent, elle devra être interprétée plus ou moins strictement suivant que l'on admettra que le législateur de 1895 a entendu adopter, avec la commission du Sénat, le système de la responsabilité de l'Etat, restreinte par la faute du condamné seulement, ou, avec le Conseil d'Etat et le gouvernement, le système de l'irresponsabilité ; nous avons déjà examiné cette question à propos des travaux préparatoires, et nous avons abouti à cette conclusion que, après le rejet de l'amendement Trarieux au Sénat, on ne pouvait se prononcer d'une façon absolue. Sans doute, en faveur de la responsabilité de l'Etat, on pouvait invoquer les différences de rédaction entre le projet du gouvernement et le texte définitif ; la suppression du mot « matériel », qui prouve qu'un préjudice moral suffit à justifier une réparation pé-

cuniaire, « résultat incompatible avec la doctrine de l'irresponsabilité, dit M. Berlet (1) parce qu'une indemnité purement gracieuse ne saurait être due en réparation d'un
préjudice moral » : la substitution du mot « dommages-
intérêts » au mot « indemnité » qui n'implique pas, comme
le premier, un dédommagement proportionnel au préjudice causé, et obligatoirement dû par le seul fait de ce
préjudice. Mais d'autre part, le Sénat a refusé d'admettre
la rédaction qui consacrait le plus nettement la doctrine
de la responsabilité (l'arrêt ou le jugement, etc., devra,
si le condamné n'a pas donné lieu par sa faute aux poursuites et à la condamnation, etc.).

La jurisprudence et la doctrine ne sont pas tenues de
chercher exclusivement, en présence d'un texte, quelle a
pu être l'intention du législateur. Lorsque cette intention
est douteuse, comme dans le cas présent, où le Sénat et la
Chambre des députés n'ont probablement pas adopté la
même doctrine, elles ont le droit de choisir l'interprétation
qui leur paraît la plus conforme à l'équité. A ce point de
vue, il est certain que la théorie de la responsabilité est
préférable. Avec elle, l'indemnité n'est plus un acte de
pure bienfaisance, les tribunaux ne peuvent plus l'allouer
ou la refuser arbitrairement ; ils n'ont plus à jouer un rôle
si différent de leurs attributions ordinaires. Nous croyons
donc qu'il faut entendre l'article 446 dans le sens que lui
avait donné la commission du Sénat. En principe, le condamné reconnu innocent a droit à un dédommagement
proportionnel au préjudice matériel ou moral ; mais ce

1. P. 86.

dédommagement n'est pas obligatoire dans tous les cas, comme l'avait décidé la Chambre des députés : il ne faut pas que le condamné ait provoqué la condamnation par sa faute.

Mais dans quels cas pourra-t-on dire qu'il y a faute de la part du condamné ? Les tribunaux auront à cette égard le plus large pouvoir d'appréciation. Tout dépendra en effet des circonstances : il y aura faute évidemment si l'accusé a été la cause intentionnelle de sa condamnation, par exemple en faisant l'aveu d'un crime qu'il n'a pas commis, pour sauver le vrai coupable ; ou bien si le demandeur en révision, ayant fait l'apologie d'un crime ou d'un délit, a été par erreur condamné comme auteur ou complice de ce délit. Mais il serait inexact de soutenir que l'aveu constitue toujours une faute. Il peut avoir été obtenu par une pression morale. D'ailleurs, comme l'avait dit M. Bernard au Sénat, la loi ne considère pas l'aveu comme une preuve, en vertu de la maxime *nemo auditur perire volens*. Sans doute celui-là serait mal venu à venir réclamer des dommages-intérêts, qui se serait accusé lui-même pour sauver le véritable auteur du délit ; mais un aveu surpris par contrainte ne saurait entraîner la déchéance du droit à l'indemnité, car la faute sociale est précisément plus grave dans cette hypothèse que dans toute autre. Ainsi l'aveu pourra, suivant les cas, constituer ou non une faute : le juge appréciera. Nous croyons donc que la loi du 8 juin 1895 doit être interprétée dans le sens de la responsabilité de l'Etat, limitée aux cas où le demandeur en révision n'a commis aucune faute grave. Une faute légère n'empêcherait sans doute pas la Cour ou le tribunal d'accorder des dommages-intérêts : ils pourront en abaisser le montant, grâce à leur pouvoir d'appréciation.

Conséquence logique de l'admission du principe de la responsabilité : tout le préjudice causé par la condamnation doit être réparé par les dommages-intérêts proportionnés à son étendue. Et le préjudice moral doit entrer en ligne de compte aussi bien que les dommages matériels. Cela est parfaitement juste, car le préjudice moral résultant d'une condamnation est au moins aussi considérable que le préjudice matériel, quelque important qu'il soit. Le plus souvent d'ailleurs les conséquences morales et matérielles de l'erreur judiciaire seront étroitement liées, et la honte infligée par la condamnation rejaillira sur les intérêts pécuniaires du condamné.

Le législateur, en supprimant dans le texte de l'article 446 le mot matériel, a manifesté clairement sa volonté de ne pas limiter la réparation aux pertes matérielles. Il a considéré avec raison que la difficulté d'évaluer le préjudice moral n'était pas un motif suffisant pour en interdire l'appréciation. Les juges pourront s'inspirer, pour la fixation des dommages-intérêts, de considérations de tous genres, telles que la nature de la condamnation, la durée de la privation de liberté, la situation sociale et le degré d'honorabilité de la victime de l'erreur : ils devront d'ailleurs se montrer très larges dans leur estimation, de façon à éviter des contestations pénibles.

La loi de 1895 n'établit de distinction entre le préjudice matériel et le préjudice moral qu'à un seul point de vue : celui de la transmission héréditaire du droit aux dommages-intérêts. Les alinéas 2 et 3 de l'article 446 disposent en effet : « *Si la victime de l'erreur judiciaire est décédée, le droit de demander des dommages-intérêts appartiendra, dans les mêmes conditions, à son conjoint, à ses ascendants et descendants. — Il n'appartiendra aux parents d'un degré plus éloigné qu'autant qu'ils justifieront d'un préjudice matériel résultant pour eux de la condamnation* (1) ».

Ainsi, le conjoint et les héritiers en ligne directe ont seuls la possibilité d'être indemnisés du préjudice moral subi par le défunt. Cette distinction est parfaitement logique. Certains membres de la famille, le conjoint, les ascendants et descendants, ont vécu de la même vie que le condamné : la honte de la condamnation a rejailli sur eux, ils ont vraiment éprouvé un préjudice moral. « Pourquoi, dit M. Bérenger, leur demander des justifications spéciales ? Ne suffit-il pas du préjudice général qui les a atteints dans leur considération, leur repos, leurs relations, leur vie tout entière pour légitimer leur demande ? » Un parent éloigné au contraire n'a pas éprouvé les mêmes souffrances, n'a pas partagé les tortures morales du condamné. Peut-être, dit M. Berlet (2), le législateur aurait-il mieux fait d'assimiler aux héritiers directs et au conjoint tous les parents portant le même nom que le condamné, car ils ont subi la même humiliation que lui, l'honneur d'une famille étant solidaire. Mais alors la difficulté aurait été d'assigner de justes limites aux deux catégories d'héritiers : pourquoi en effet distinguer

1. Une application de cette distinction a été faite par l'arrêt du 16 décembre 1897, dans l'affaire Vaux et Petit. En même temps que la Cour accordait une indemnité aux héritiers directs des deux condamnés, elle refusait des dommages-intérêts à un parent plus éloigné de Pierre Vaux, parce qu'il ne justifiait d'aucun préjudice matériel.

2. P. 94.

entre les parents du même degré, portant ou non le même nom que la victime de l'erreur judiciaire? La solution de l'article 446 a l'avantage de la simplicité.

Les dommages-intérêts ne seront accordés à la victime de l'erreur judiciaire ou à ses ayants cause que s'ils font l'objet d'une demande spéciale. L'alinéa 4 dispose que *cette demande sera recevable en tout état de la procédure de révision.*

Article 446, alinéa 5. — *Les dommages-intérêts alloués seront à la charge de l'Etat, sauf son recours contre la partie civile, le dénonciateur ou le faux témoin par la faute desquels la condamnation aura été prononcée. Ils seront payés comme frais de justice criminelle.*

Nous avons vu à la suite de quelles observations la commission du Sénat avait remplacé la phrase : sauf son recours contre ceux par la faute desquels la poursuite aura été ordonnée ou la condamnation prononcée, par le texte actuel. Au cours de la discussion, un sénateur avait proposé de laisser dans tous les cas la responsabilité à la charge de l'Etat, sans la faire retomber sur des particuliers. Cette opinion fut écartée, avec juste raison. L'Etat ne doit pas être rendu responsable de la faute d'autrui ; le dénonciateur doit donc en principe rembourser à l'Etat les dommages-intérêts alloués au condamné reconnu innocent. Mais le recours de l'article 446 alinéa 5, ne doit pas s'exercer contre le dénonciateur de bonne foi, qui a agi sans légèreté. L'article 30 du Code d'instruction criminelle ordonnant à toute personne qui aura été témoin d'un attentat d'en donner avis au Procureur de la République, celui qui aura commis une erreur légitime dans l'accomplissement de ce devoir ne

saurait être tenu de réparer le préjudice qu'il a involontai-
rement causé. Notre texte exige d'ailleurs, pour que le
recours soit possible, qu'il y ait eu faute de la part du dénonciateur (1).

Le recours sera également impossible contre la partie
civile qui n'a pas elle-même dénoncé l'inculpé. Renfermé
dans ces limites, l'article 446 alinéa 5 n'entravera nullement
l'exercice de l'action publique, et mettra seulement obstacle aux dénonciations calomnieuses ou imprudentes.

Les dommages-intérêts doivent être payés comme frais
de justice criminelle. Cette disposition se justifie aisément.
Faire payer directement les dommages-intérêts par les
dénonciateurs, les faux témoins ou la partie civile, c'eût
été rendre l'article 446 illusoire dans la plupart des cas, et
et exposer la victime de l'erreur judiciaire aux risques de
l'insolvabilité de ces personnes. Il était également impossible de les mettre à la charge des magistrats sous peine de
rendre leur tâche impraticable. Il fallait donc mettre le
paiement de l'indemnité à la charge de l'Etat.

La disposition finale de la loi du 8 juin 1895, qui constitue l'article 447 nouveau, était purement transitoire ; il est
même assez étrange qu'elle ait trouvé place dans le Code
d'instruction criminelle. En voici le texte : « *Dans tous les
cas où la connaissance par les parties de la condamnation
ou des faits donnant ouverture à révision serait antérieure
à la présente loi, les délais fixés pour l'introduction de la
demande courront à partir de sa promulgation* ».

Nous avons vu à la suite de quelles hésitations le législateur de 1895 avait refusé d'accorder aux inculpés recon-

____
1. Cf. Berlet, p. 139.

nus innocents des réparations pécuniaires. A ce point de vue, notre législation est dans le même état qu'en 1788, au temps de l'ordonnance de Louis XVI. On a pu contester, au moyen d'arguments très sérieux, l'opportunité d'une réforme absolue, accordant des dommages-intérêts à toute personne acquittée ou bénéficiant d'une décision de non-lieu après une détention préventive : ce serait, à notre avis, exagéré. On peut soutenir, au nom du principe de l'irresponsabilité de l'Etat, qu'il n'est tenu d'aucune dette, envers ceux-là même dont l'innocence est reconnue ; mais il n'est pas contestable que dans certains cas, l'impossibilité d'accorder aux personnes injustement poursuivies et détenues des dommages-intérêts entraînera des conséquences déplorables. On en a cité quelques-uns, à la Chambre et au Sénat, lors des travaux préparatoires, notamment celui d'un individu qui, arrêté sur une simple identité de noms et conduit d'Alger à la Flèche, n'avait pu obtenir, après la constatation de son innocence, qu'une feuille de route d'indigent pour retourner en Algérie. Il est absolument choquant que, dans une hypothèse de ce genre, aucune indemnité ne puisse être accordée. C'est du reste la principale lacune de la loi de 1895.

Nous avons terminé l'exposé de la théorie de la réparation des erreurs judiciaires dans notre droit français. Nous devons maintenant apprécier ce qu'elle vaut au point de vue législatif, en passant en revue les solutions consacrées par les législations étrangères. Au sujet de la question des indemnités aux personnes injustement condamnées ou poursuivies, nous avons à rechercher s'il existe véritablement envers elles une responsabilité civile à la charge de l'Etat et, dans le cas où nous admettrions l'affirmative, quel en est le fondement juridique. Nous indiquerons enfin les réformes qui, à notre avis, devraient venir compléter le système de la loi française sur la réparation des erreurs judiciaires. Ce sera l'objet de notre troisième partie.

TROISIÈME PARTIE

LA RÉVISION AU POINT DE VUE DU DROIT COMPARÉ

Presque toutes les législations ont admis l'institution de la révision. A travers les différences de détail, on retrouve chez presque toutes cette idée initiale, qu'il ne faut pas qu'une erreur judiciaire reste sans réparation possible, que le principe de l'autorité de la chose jugée doit céder le pas à l'intérêt supérieur de la justice. Mais la même unanimité n'existe pas au sujet de l'indemnisation des victimes d'erreurs judiciaires. Ici règne la plus grande diversité : tous les systèmes sont représentés, et parfois une législation en combine plusieurs. L'examen des législations étrangères constitue le complément nécessaire de notre étude ; en les comparant avec notre loi du 8 juin 1895, nous pourrons porter sur celle-ci un jugement plus éclairé. Nous n'avons pas l'intention de passer successivement en revue toutes les législations étrangères ; nous nous bornerons à indiquer celles qui présentent en notre matière certains traits caractéristiques.

Laissons de côté tout d'abord deux nations qui n'ont pas admis l'institution de la révision, l'Angleterre et les Etats-

Unis (1). La législation anglaise se contente du droit de
grâce : il est vrai que la grâce du souverain produit, en
Angleterre, le même effet que la révision, en ce qu'elle fait
disparaître la condamnation. De plus, le Parlement peut
dans certains cas, rendre un arrêt « de pardon et de réhabilitation », qui produit le même effet. — Cependant, une
tentative a été faite, il y a une vingtaine d'années, pour
introduire la révision dans la législation anglaise. Un projet
de Code d'instruction criminelle, déposé par le gouvernement à la Chambre des communes le 14 mai 1878 et rédigé
par le jurisconsulte Stephen, organisait une sorte de révision. Article 393. Une affaire terminée par la condamnation
de l'accusé peut-être instruite à nouveau dans trois cas :
1° si le juge qui a présidé les assises l'ordonne à la requête
du condamné ; 2° si, sur un recours en grâce, l'un des se-
crétaires d'Etat estime, pour une raison quelconque, que la
condamnation n'aurait pas dû être prononcée, et que la
Cour des appels criminels, saisie par lui de la question, soit
de cet avis ; 3° si, à la demande du condamné, la Cour
des appels criminels juge que la révision est rendue nécessaire par la circonstance qu'un nouveau jugement a condamné pour le même fait un autre accusé, ou qu'un des
témoins entendus a été depuis lors condamné pour faux
témoignage contre l'accusé. Le projet a été à peu près aban-
donné, et la grâce reste actuellement encore en Angleterre
la seule ressource des victimes d'erreurs judiciaires. Dans
le silence de la loi, elles ne peuvent être indemnisées du

1. Cf. sur ce point Le Poittevin, *Revue pénitentiaire*, 1895, et Glasson,
Histoire du Droit et des Institutions en Angleterre, VI, p. 796.

préjudice matériel ou moral qu'elles ont éprouvé qu'au moyen de lois spéciales.

Aux Etats-Unis, la révision est également inconnue. Peut-être faut-il chercher les raisons de cette lacune dans les garanties considérables données aux accusés lors du jugement. En Angleterre, la loi exige pour qu'il y ait condamnation l'unanimité du jury. De plus, les magistrats exercent une certaine surveillance sur les verdicts. D'après le Code de procédure criminelle de l'Etat de New-York, la Cour, en cas de verdict de culpabilité, renvoie ordinairement l'arrêt à une autre séance : l'article 465 permet à l'accusé, jusqu'à ce que la sentence soit prononcée, et s'il y a condamnation à mort, jusqu'à l'exécution, de demander un nouveau débat devant d'autres jurés : débat qu'on ne peut lui refuser, lorsqu'il est démontré « par affidavit » que le défendeur peut fournir une preuve qui, administrée plus tôt, aurait probablement modifié le verdict : pourvu que cette preuve soit découverte après le premier débat, qu'elle ne corrobore pas simplement celles qu'on a déjà fournies, et que le défaut de sa production lors du premier débat ne soit pas imputable à un manque de diligence. Il ne s'agit pas là d'une révision, mais seulement d'une sorte de recours contre le verdict, avant qu'il ait définitivement produit son effet.

Jusque dans ces terniers temps, la Hollande n'avait pas non plus d'institution destinée à réparer les erreurs judiciaires. A la suite d'un erreur sensationnelle (l'affaire des frères Hoogerhuis), quelques députés présentèrent une proposition de loi tendant à autoriser et à organiser devant la haute Cour (Cour de cassation) la révision des procès criminels. Le ministre de la justice s'associa à cette proposition. Voici quelles en étaient les dispositions principales : la Cour de cassation a qualité pour ordonner et faire la révision, quand il se rencontre quelque circonstance qui inspire un doute sérieux sur la valeur du jugement rendu. Toute la procédure de révision, réquisitoire et exposé de la demande par le Conseil du condamné aura lieu en audience publique. — Au cas où le condamné tomberait sous le coup d'un autre article de loi, la peine ne pourrait jamais être plus forte que celle d'abord prononcée. Si cette loi n'est pas encore votée à l'heure présente, elle ne tardera sûrement pas à l'être. — Il ne reste donc que l'Angleterre et les Etats-Unis qui n'aient pas inscrit dans leurs lois la révision.

Nous examinerons successivement les législations étrangères, d'abord au point de vue des conditions de recevabilité des demandes en révision ; puis au point de vue de procédure ; enfin au point de vue des indemnités à accorder aux victimes d'erreurs judiciaires. Sur chacun de ces points nous aurons l'occasion d'apprécier notre loi du 8 juin et de lui adresser peut-être certaines critiques.

CHAPITRE PREMIER

CONDITIONS DE RECEVABILITÉ DES DEMANDES EN RÉVISION DANS LES DIFFÉRENTES LÉGISLATIONS ÉTRANGÈRES.

La plupart des législations n'autorisent la révision d'un procès criminel, ou, pour employer l'expression qui désigne cette institution dans certains pays, la reprise d'une procédure terminée par un jugement passé en force de chose jugée, qu'au profit du condamné. En France notamment, déjà sous l'ancien droit et à une époque assez reculée, les lettres de révision n'étaient jamais accordées contre une personne précédemment acquittée. La raison en est facile à saisir : les erreurs judiciaires les plus graves sont celles qui frappent un innocent ; il est sans doute fâcheux qu'un coupable échappe à la justice par un acquittement immérité, mais le principe de l'autorité de la chose jugée exige que, lorsqu'une décision judiciaire est intervenue, elle soit tenue pour bonne. Lorsqu'un innocent a été condamné par erreur, il ne peut être question de maintenir intact un principe qui ne repose que sur une présomption, reconnue fausse en la circonstance : l'équité commande de réparer l'erreur dans la mesure du possible. Mais lorsqu'un coupable a été acquitté, alors même qu'il viendrait dans la suite avouer son crime, il ne doit plus être poursuivi pour le même fait : il n'y a pas ici de nécessité sociale qui oblige à porter atteinte à la stabilité des jugements.

Tel n'a pas été l'avis de certains législateurs, qui ont admis la révision aussi bien contre l'acquitté qu'en faveur du condamné. Ainsi l'article 402 du Code de procédure pénale *allemand* de 1877 dispose : « La procédure peut être reprise au préjudice d'un acquitté dans quatre cas : 1° Lorsqu'une pièce produite aux débats en sa faveur sera reconnue fausse ou falsifiée ; 2° lorsqu'un témoin ou un expert entendu sous serment se sera rendu coupable, sciemment ou par négligence, d'un manquement aux devoirs imposés par le serment en faisant une déposition ou en donnant un avis en sa faveur ; 3° lorsqu'un des juges, jurés ou échevins qui auront concouru au jugement aura commis, à l'occasion de l'affaire, un manquement aux devoirs de sa charge, de nature à entraîner des poursuites criminelles et une condamnation à une peine publique ; 4° Lorsque l'accusé, après son acquitement, aura fait en justice ou extrajudicairement un aveu digne de foi relatif au fait punissable. » Dans les trois premiers cas, la reprise de la procédure peut avoir lieu au préjudice d'un condamné dans le but de le frapper d'une peine plus forte ; mais l'aveu d'un accusé condamné recueilli postérieurement à la condamnation et portant sur l'existance de circonstances aggravantes écartées par le tribunal faute de preuves, ne saurait motiver la reprise de la procédure. Cela résulte d'un jugement du tribunal de l'Empire du 5 mars 1881. (1) Une disposition analogue existe dans le Code d'intruction criminelle *autrichien* de 1874, art. 352. — De même, dans le canton de *Berne*, le ministère public peut reprendre la procédure contre l'accusé acquitté qui postérieurement à son acquittement, a fait un aveu judiciaire ou extrajudiciaire de sa culpabilité.

Faut-il approuver cette extension de la révision ? Nous ne le pensons pas. L'autorité de la chose jugée s'attache à tous les jugements, à ceux d'acquittement comme à ceux de condamnation. Elle ne doit être écartée que dans des circonstances exceptionnellement graves, lorsqu'il s'agit, non seulement d'éviter un scandale public, mais un crime social. Il sera fâcheux sans doute qu'un individu vienne, après avoir été acquitté faute de preuves, avouer cynique-

1. Cf. Lemoine, thèse. p. 109.

ment sa culpabilité, sans courir le moindre risque ; mais le fait sera fort rare ; et, quand il se produira, il faudra se défier de la sincérité du prétendu coupable, qui n'aura probablement agi ainsi qu'en vue de sauver le véritable auteur du crime. Les autres faits énumérés par l'article 402 du Code d'instruction criminelle allemand comme pouvant donner lieu à une reprise de procédure contre un acquitté ne sont pas non plus de nature à prouver par eux-mêmes sa culpabilité ; le scandale résultant de l'impossibilité de nouvelles poursuites ne sera donc pas grand, puisqu'il n'existera que de présomptions, et non une certitude. Enfin, dernière considération, si l'on admet la reprise de la procédure contre un individu acquitté, il faut logiquement supprimer la prescription de l'action, car il est également choquant de voir un coupable avouer son crime en toute sécurité, lorsque les dix années sont écoulées.

D'autre part, un groupe assez nombreux de législations autorisent la révision même lorsque les moyens invoqués ne sont de nature à entraîner qu'une diminution de peine, et non un acquittement. Par exemple, le demandeur en révision soutiendra que, à raison de tel événement nouveau, l'acte qu'il a commis devait tomber sous le coup d'un texte de loi moins sévère que celui qu'on a appliqué. Ainsi l'article 353 § 2, du Code d'instruction criminelle *autrichien* admet la reprise de la procédure « quand le condamné allègue des faits de nature à entraîner une condamnation à une peine moindre ». Même disposition dans l'article 399 du Code de procédure pénale *allemand* : « Quand de nouveaux faits sont produits qui peuvent déterminer une condamnation à une peine moins forte, par suite de l'application d'une loi pénale moins sévère. — L'article 443 § 3 du Code d'instruction criminelle *belge* autorise la révision si « la preuve de l'application d'une loi pénale plus sévère que celle à laquelle le condamné a réellement contrevenu » paraît résulter d'un fait, etc. — Dans le canton de *St-Gall*, la révision est admise « lorsque, après une condamnation des circonstances nouvelles viennent.. diminuer la culpabilité du condamné ». — Citons encore l'article 935 du Code de procédure criminelle russe de 1877 qui permet la révision lorsque, « par suite d'erreur judiciaire, une peine d'un degré supérieur à celle qui était méritée a été prononcée ».

Il ne faudrait pas s'exagérer la portée de cette extension de la révision. L'article 403 du Code de procédure pénale allemand en donne la mesure exacte en déclarant que « la reprise de la procédure ne pourra avoir lieu afin de faire modifier la peine dans les limites de la pénalité fixée par la même loi ». Si l'on pouvait reprendre la procédure dans une hypothèse semblable, aucun jugement criminel n'y résisterait, la révision deviendrait une voie de recours ordinaire.

Ainsi limitée, nous croyons que cette extension est conforme au but de la révision. Que l'erreur judiciaire soit plus ou moins considérable, peu importe au point de vue des principes ; elle n'en existe pas moins, si, trompé par les apparences, on a considéré le fait commis comme plus grave qu'il n'était en réalité. Et cependant, il n'y a pas à s'étonner de ce que la législation française ait jusqu'à présent réservé la révision aux cas d'innocence reconnue. Le Code de 1808 regardait la révision comme une mesure tout à fait exceptionnelle, il ne l'admettait qu'en matière criminelle : la loi de 1867 ne l'étendit qu'aux condamnations correctionnelles à une peine supérieure à l'amende ; et la loi de 1895, en l'étendant à toutes les condamnations correctionnelles, l'écarta encore en matière de contraventions. Le législateur du Code d'instruction criminelle n'a pas considéré que la révision dût réparer toutes les erreurs judiciaires, mais seulement les erreurs judiciaires graves ; il a pensé que la découverte de faits atténuant la culpabilité du condamné n'était pas chose suffisamment importante pour mettre en mouvement tout l'appareil de la révision. Lorsque, en 1867 et en 1895, le législateur fut entré dans une nouvelle voie, il aurait dû se préoccuper aussi du sort des personnes condamnées par erreur à une peine trop forte. Nous espérons que le droit français ne tardera pas à suivre sur ce point l'exemple des législations que nous avons citées tout à l'heure.

Nous avons vu que le droit français n'admettait pas la révision en matière de contraventions. Au contraire, d'après les législations allemande et autrichienne notamment, la reprise de la procédure peut être demandée même quand il s'agit d'une simple contravention. Le principal avantage de la réforme serait de donner plus d'uniformité à la théorie ; mais le besoin pratique ne s'en fait pas sérieusement sentir.

Arrivons à l'énumération des cas de révision. Presque toutes les législations ont compris qu'il était impossible de prévoir toutes les hypothèses où une erreur judiciaire pourrait se manifester, et qu'il fallait chercher une formule générale permettant d'accorder la révision toutes les fois que l'erreur apparaîtrait d'une façon ou d'une autre. Nous citerons, parmi celle qui se bornent encore à prévoir des hypothèses spéciales, la législation *japonaise* (1) : l'article 439 du Code de procédure criminelle de 1880 autorise la révision dans cinq cas : 1° cas de l'existence de la personne prétendue homicidée, ou de sa mort antérieurement à l'acte incriminé ; 2° cas de deux condamnations inconciliables ; 3° cas de condamnation d'un témoin à charge pour faux témoignage, ou d'un officier public pour faux dans un rapport ou dans un procès-verbal constatant des faits à la charge de l'inculpé, si la pièce a été lue à l'audience ; 4° « si un ou plusieurs des juges ou jurés qui ont participé au jugement ont été condamnés pour corruption, à l'occasion de l'affaire dans laquelle la condamnation a été prononcée, sauf le cas où la corruption aurait été exercée par le condamné lui-même » ; 5° si un individu, condamné pour un crime ou un délit commis dans un temps et dans un lieu déterminés, prouve un alibi au moyen d'un acte authentique dressé en même temps dans un autre lieu. — Le Code de procédure pénale *italien*, qui n'a presque pas été modifié sur ce point lors de la refonte de 1890, est encore plus restrictif : il n'admet la révision que dans les cas déjà énumérés par le Code d'instruction criminelle français de 1808, sauf cette légère différence, que le témoin à charge qui s'est rendu coupable de réticences à la charge de l'accusé, est assimilé à celui qui a fait contre l'accusé un faux témoignage : dans l'un et l'autre cas le témoin

---

1. Cf. Boissonade, *Projet de Code de procédure criminelle pour l'Empire du Japon*, 1882. p. 863 et suiv.

peut être poursuivi et condamné, et il y a lieu alors à révision.

Nous avons déjà eu l'occasion de critiquer cette méthode ; quelque complète que soit l'énumération, quelques efforts qu'ait faits le législateur pour tout prévoir, il peut se présenter une hypothèse, en dehors de ses prévisions, où l'innocence d'un condamné éclatera. C'est pourquoi la plupart des autres législations ont adopté des formules générales, susceptibles d'assurer dans toutes les hypothèses possibles la réparation des erreurs judiciaires.

Les unes, et c'est dans cette catégorie que nous ferions rentrer la législation française, ont choisi une formule assez restrictive, que la jurisprudence est obligée d'étendre pour les besoins de la pratique. Ainsi, d'après la loi du 3 avril 1896 sur la réhabilitation des condamnés en *Portugal*, « la réhabilitation aura lieu par voie de révision des sentences de condamnation lorsque se seront produits des faits *établissant l'innocence des condamnés* ». L'article 478 du Code d'instruction pénale du canton de Genève du 25 octobre 1884, révisé par la loi du 1er octobre 1890 dispose que « lorsque, d'une manière d'une autre, *l'innocence d'un condamné vient à se révéler*, la révision du jugement peut être demandée à la Cour de cassation, etc. » De même le Code de procédure pénale du canton de *Neufchâtel*, du 25 septembre 1893, après l'inconciliabilité de deux jugements de condamnation, et la condamnation pour faux témoignage, a adopté cette formule, comme troisième cas de révision : « Lorsque, postérieurement à une condamnation, il est découvert des preuves de l'innocence du condamné ». Dans le même ordre d'idées, l'article 935 du Code de procédure

pénale *russe*, après avoir ajouté au troisième cas de révision
de la loi française, celui où il aurait été prouvé par jugement que les juges se sont laissés guider par un intérêt pécuniaire ou personnel en rendant la décision attaquée, autorise encore la demande, « lorsqu'on acquiert la certitude
de l'innocence du condamné. » — Citons encore la législation du canton de *St Gall*, qui admet la révision lorsque des
circonstances nouvelles viennent mettre au jour l'innocence du condamné.

D'autres législations, à l'inverse, ouvrent la porte à la
révision, par la largeur de la formule qu'elles emploient,
dans des hypothèses où l'innocence du condamné n'est pas
du tout certaine. Voici le texte de l'article 353 du Code
d'instruction criminelle *autrichien*, au titre De la reprise de
la procédure pénale (Wiederaufnahme des Strafverfahrens) :
« L'individu condamné par une décision ayant force de
« chose jugée pourra demander la reprise de la procédure,
« même après avoir subi sa peine : 1° quand il sera prouvé
« que sa condamnation a été déterminée par la falsifica-
« tion d'une pièce, par un faux témoignage, par la corrup-
« tion ou tout autre fait punissable commis par un tiers ;
« *2° Quand le condamné alléguera de nouveaux faits ou de*
« *nouveaux moyens de preuve qui, seuls ou joints aux*
« *preuves antérieurement faites, seront de nature à entraî-*
« *ner son acquittement ou une condamnation à une peine*
« *moindre*; 3° ou quand deux ou plusieurs personnes auront
« été condamnées par différentes décisions et qu'en com-
« parant ces décisions entre elles ainsi que les faits qui leur
« servent de fondement, on sera amené nécessairement à
« reconnaître l'innocence d'une ou plusieurs de ces per-

« sonnes » (1). Ainsi la loi autrichienne n'exige pas que les nouveaux faits ou moyens de preuve établissent l'innocence du condamné : il suffit qu'ils soient tels que, s'ils avaient été connus à l'époque où l'on a rendu le jugement attaqué, ils aient entraîné l'acquittement ; en d'autres termes, il suffit qu'ils fassent naître des doutes sérieux sur la culpabilité. A première vue, cela paraît très satisfaisant ; du moment qu'un doute suffisamment grave plane sur la culpabilité du condamné, qu'on révise le procès : si l'innocence apparaît, on prononcera l'acquittement ; dans le cas contraire, la condamnation sera maintenue. Mais les choses ne se passeront pas ainsi : la plupart du temps, lorsque la Cour saisie de la demande en reprise de la procédure aura admis cette demande à raison de doutes graves, ces doutes ne se transformeront pas en certitude, ni dans le sens de la culpabilité, ni dans le sens de l'innocence. Que fera en pareil cas la juridiction chargée de statuer au fond ? Elle acquittera selon toute vraisemblance. Le principe de l'autorité de la chose jugée aura été mis en échec par une simple présomption d'innocence.

Malgré la généralité des termes de l'article 353, le législateur autrichien n'a pas cru qu'ils fussent suffisamment larges pour assurer la réparation de toutes les erreurs judiciaires. Aussi, à côté de la révision ordinaire prévue par cet article, a-t-il organisé, dans l'article 362, une sorte de révision ex-

1. Nous avons jugé inutile de reproduire tous les cas de révision admis dans les différentes législations. En général ce sont les mêmes : condamnations inconciliables, faux témoignage, existence de la personne prétendue homicidée, corruption des juges. Nous avons cité en entier le texte de l'article 353 du Code d'instruction criminelle autrichien, la rédaction des paragraphes 1 et 3 nous ayant paru très bonne.

traordinaire : « La Cour de cassation est autorisée extraor-
« dinairement, après avoir entendu le Procureur général,
« à ordonner la reprise de la procédure dans l'intérêt d'un
« individu condamné pour crime ou délit, *sans être tenue*
« *de se conformer aux conditions indiquées dans l'article*
« *353.* Elle jouit de ce droit dans les cas où des doutes
« graves s'élèvent sur l'exactitude des faits servant de fon-
« dement au jugement, sans que ces doutes soient dissipés
« par les recherches ordonnées par elle ».

Le Code de procédure pénale *allemand* admet, dans son
article 399-5°, une formule presque identique à celle de
l'article 353-2° du Code autrichien (1). Nous lui ferons donc

1. Art. 399, C. pr. pén. allemand : « Une procédure criminelle terminée par un jugement passé en force de chose jugée sera reprise en
faveur du condamné : — 1° lorsqu'une pièce produite aux débats à son
préjudice aura été reconnue fausse ou falsifiée ; — 2° lorsqu'un témoin
ou un expert entendu sous serment se sera rendu coupable, sciemment
ou par négligence, d'un manquement aux devoirs imposés par le serment
en faisant une déposition ou en donnant un avis à son préjudice ; —
3° lorsqu'un des juges, jurés ou échevins qui auront concouru au jugement aura commis, à l'occasion de l'affaire, un manquement aux devoirs
de sa charge, de nature à entrainer des poursuites criminelles et une condamnation à une peine publique, pourvu toutefois que ce manquement
n'ait pas été provoqué par le condamné lui-même : — 4° lorsque le jugement criminel sera fondé sur un jugement rendu par un tribunal civil,
et que cette dernière décision aura été infirmée par un autre jugement passé
en force de chose jugée ; — 5° lorsque de nouveaux faits ou moyens de
preuves nouveaux seront produits qui, seuls ou rapprochés des preuves
antérieurement reçues, peuvent déterminer l'acquittement de l'accusé ou
une condamnation à une peine moins forte, par suite de l'application
d'une loi pénale moins sévère, etc. ». Le quatrième cas de révision exige
quelques explications [cf. Lemoine, thèse, p. 104 et suiv.]. Il fait allusion
au cas où le caractère délictueux d'un fait dépend de la décision à rendre
sur une question juridique de l'ordre civil. En vertu de l'article 261 du
Code de procédure pénale allemand, le tribunal criminel peut alors, à
son choix, ou bien statuer également sur cette question, en se conformant

le même reproche qu'à la législation autrichienne : celui de détourner la révision de son but véritable, en perdant de vue cette idée qu'il ne faut apporter d'exception au principe de l'autorité de la chose jugée qu'en cas de nécessité absolue, c'est-à-dire lorsque l'innocence d'un condamné vient à se manifester d'une façon quelconque.

Enfin le Code pénal du canton de *Berne* de 1854 part de la même idée en admettant la révision, « lorsque, postérieurement à la condamnation, des indices ont été découverts propres à motiver un acquittement ».

Entre ces deux groupes de législations, il en est une qui a adopté un système intermédiaire : c'est la législation *belge*. En Belgique, la question de la réparation des erreurs judiciaires est réglée par une loi du 18 juin 1894. Auparavant, on appliquait encore les articles 443 et suivants du Code d'instruction criminelle français de 1808. La loi de 1894 présente beaucoup d'analogies avec notre loi du 8 juin 1895, mais sur bien des points elle est, à notre avis, supérieure comme valeur juridique. Elle autorise les demandes

aux règles en vigueur pour la procédure et la preuve en matière pénale, ou bien suspendre l'instruction de l'affaire, fixer un délai aux intéressés pour introduire une action civile, et attendre, pour statuer sur la question pénale, que la décision de la justice civile soit intervenue. Dans ce dernier cas, le tribunal criminel peut tenir pour constants les faits dont le tribunal civil a reconnu l'existence, et se dispenser d'en faire faire de nouveau la preuve. Et dans ces conditions, si le jugement rendu par le tribunal civil vient à être infirmé dans la suite par un autre jugement passé en force de chose jugée, il est juste que la reprise de la procédure criminelle puisse être demandée. Autre observation : la loi allemande n'exige pas, dans le cas du paragraphe 2, que le faux témoignage soit constaté par une condamnation passée en force de chose jugée ; il suffit que l'introduction ou la continuation de la procédure pénale contre le faux témoin ait été rendue impossible par un motif autre que le défaut de preuves.

en révision dans les trois cas suivants : Article 443 : « 1° si
« des condamnations prononcées, contradictoirement ou
« non, à raison d'un même fait, par des arrêts ou juge-
« ments distincts, contre des accusés ou prévenus diffé-
« rents, ne peuvent se concilier, et que la preuve de l'inno-
« cence de l'un des condamnés résulte de la contrariété
« des décisions ; — 2° si un témoin entendu à l'audience,
« dans le cas d'un procès jugé contradictoirement par une
« Cour d'assises ou entendu, soit à l'audience, soit au
« cours de l'instruction préparatoire, dans le cas d'un pro-
« cès jugé par une autre juridiction ou par une Cour d'as-
« sises statuant par contumace, a subi ultérieurement pour
« faux témoignage contre le condamné, une condamnation
« passée en force de chose jugée ; — 3° *si la preuve de*
« *l'innocence du condamné, ou de l'application d'une loi*
« *pénale plus sévère que celle à laquelle il a réellement con-*
« *trevenu, paraît résulter d'un fait survenu depuis sa con-*
« *damnation ou d'une circonstance qu'il n'a pas été à*
« *même d'établir lors du procès* ».

On peut adresser un reproche aux législations qui ont
adopté une formule plus étroite, comme cas général de révision, à celles qui exigent par exemple « un fait établissant
« ou révélant l'innocence du condamné » : si la juridiction
chargée de prononcer sur les demandes en révision inter-
prète la loi restrictivement, si elle veut que l'innocence
soit dès à présent prouvée, bien des erreurs judiciaires res-
teront sans réparation, car il sera bien rare que les faits
invoqués à l'appui de la demande prouvent sans conteste
l'innocence du condamné. Cette critique a été exprimée
très exactement par M. Le Poittevin, à une séance de la

société générale des prisons, à propos du paragraphe 4 de
l'article 443 de la loi du 8 juin 1895 : « Avec cette formule
« vous exigez *ab initio* la certitude de l'innocence, avant
« d'admettre la révision et le nouvel examen au fond qui
« la feraient peut-être éclater. Si on ne s'affranchit pas en
« pratique de la lettre du texte, vous aurez le regret de re-
« jeter des plaintes intéressantes, et vous ne pourrez pres-
« que jamais accorder la révision quand vous ne serez pas
« dans les trois cas antérieurs à la loi de 1895 (1) ». Si le
tribunal doit élargir les termes trop étroits du texte, il serait
préférable de les modifier.

A l'inverse, la formule trop large des législations autrichienne ou allemande fait dévier la révision de son véritable
but : elles n'exigent même pas un fait faisant présumer gravement l'innocence, mais seulement un fait de nature à entraîner un acquittement. La législation belge nous semble
avoir adopté l'expression la plus exacte : « un fait d'où paraît
résulter la preuve de l'innocence du condamné (2) ». Et qu'on

1. *Revue pénitentiaire*, 1895, p. 977.
2. Nous avons dit, au début de notre étude, que ce qui faisait la difficulté principale de la matière de la révision, c'était la presque impossibilité
de trouver une formule assez large pour assurer la réparation de toutes
les erreurs judiciaires, et assez étroite en même temps pour écarter toutes
les demandes injustifiées. Aucune formule ne nous a paru entièrement satisfaisante, nous avons dû nous contenter d'un à peu près : c'est la formule
de la loi belge qui nous a semblé la moins défectueuse. Sans doute on peut
lui reprocher d'ouvrir largement la porte aux demandes en révision, de
porter atteinte au principe de l'autorité de la chose jugée : mais il en sera
de même de toute formule générale : le texte du paragraphe 4 de l'article
443 de la loi de 1895 n'a pas échappé lui-même à cette critique. Du moment
qu'on ne se borne pas à une énumération limitative des cas particuliers de
révision, des abus pourront se produire, car la Cour de cassation pourra
toujours interpréter la loi très largement. Plutôt que de s'en tenir à la formule de la loi de 1895 qui, pour employer l'expression de M. Le Poittevin,

ne dise pas qu'il n'y a là-dedans qu'une question de mots, et que dans toutes ces législations, le rôle de la révision étant partout le même, l'interprétation donnée sera indépendante du texte plus ou moins large ; il importe que, dans certains

force le juge à s'affranchir en pratique de la lettre du texte, il vaut mieux, croyons-nous, en adopter une un peu plus large. Si la Cour de cassation perd de vue le but véritable de la révision, cette formule pourra sans doute, comme n'importe quelle autre, entraîner des conséquences fâcheuses ; mais si elle se pénètre de cette idée, que la révision ne doit être accordée que si l'erreur judiciaire est à peu près certaine, aucun danger ne sera à craindre. Il ne faut pas se laisser influencer par l'affaire Dreyfus ; d'ailleurs, c'est une affaire tellement extraordinaire, et qui a passionné à tel point les esprits, que ce n'est pas une question de formule qui pourrait en modifier le moins du monde la solution. Mais il s'agit ici d'une affaire absolument exceptionnelle, et dont il faut faire abstraction lorsqu'on veut rechercher quelle serait législativement la meilleure formule à adopter comme cas général de révision.

On ne peut pas exiger que l'erreur soit pleinement démontrée au moment où la révision est prononcée : sinon il serait inutile de renvoyer l'affaire devant une autre juridiction ; la Cour, tout en conservant un léger doute, peut avoir de fortes raisons de penser que ce doute s'évanouira devant la juridiction de renvoi : le texte de la loi de 1895 ne nous paraît pas exprimer cette idée assez nettement. Il a de plus un autre inconvénient, que nous aurons bientôt l'occasion d'indiquer.

Il serait d'ailleurs inexact, à notre avis, de prétendre que cette formule un peu large nous ramènerait à la révision illimitée de l'ancien droit, et créerait en réalité une nouvelle voie de recours. Notre texte exige que la preuve de l'innocence paraisse résulter d'un fait postérieur à la condamnation ou d'une circonstance qui n'a pas pu être établie lors du procès. De plus, les demandes fondées sur ce cas de révision ne pourraient être formées que par le ministre de la justice, après avis de la commission de révision : cet examen préalable écartera la plupart des demandes injustifiées.

Entre le système du Code d'instruction criminelle ou de la loi de 1867, qui procédait par voie d'énumération des cas particuliers, et le système de l'ancien droit, qui faisait de la révision une voie de recours générale, nous croyons qu'on peut très bien prendre un moyen terme : c'est d'ailleurs ce qu'ont fait la plupart des législations. Nous ne nous faisons pas d'illusions sur les imperfections de la formule de la loi belge, mais c'est encore celle-là, relativement, qui nous a paru la plus exacte.

cas douteux, le juge puisse simplement appliquer la loi, au lieu d'avoir à l'interpréter.

Le texte belge a en outre sur le texte français un avantage très sérieux : lorsqu'en France la Cour de cassation, admettant la demande en révision fondée sur l'article 443, § 4, a déclaré par conséquent *qu'il existait un fait nouveau de nature à établir l'innocence du condamné*, la juridiction de renvoi, chargée de prononcer au fond sur la culpabilité du demandeur en révision après annulation de l'arrêt ou du jugement de condamnation, se trouve influencée dans une certaine mesure, par la décision de la Cour de cassation ; sans doute, elle n'a pas à en tenir compte pour se former sa conviction, elle doit considérer comme non avenus tous les arrêts précédemment rendus ; néanmoins si elle prononce une nouvelle condamnation, il existera en quelque sorte une contradiction entre l'arrêt de la Cour de cassation et la décision de la juridiction de renvoi. Et cela d'autant plus que la Cour de cassation, qui a une tendance à admettre assez facilement la recevabilité « *en la forme* » des demandes en révision, examine ensuite l'affaire d'une façon très complète pour statuer sur la recevabilité « *au fond* », et que ses considérants tranchent généralement par avance la question d'innocence ou de culpabilité. On ne saurait d'ailleurs lui en faire un reproche, car il est à peu près impossible de déclarer qu'il existe un fait nouveau de nature à établir l'innocence, et de motiver un arrêt en ce sens, sans donner en même temps son avis sur l'innocence du demandeur en révision (1).

1. Pour remédier à cet inconvénient, le législateur aurait le choix entre deux moyens : ou bien, ce qui serait, croyons-nous, préférable, remplacer

Cet inconvénient n'existe pas dans la législation belge ; en déclarant que « la preuve de l'innocence du condamné *paraît* résulter d'un fait survenu, etc. », la Cour d'appel qui, comme nous le verrons bientôt, est chargée en Belgique de statuer sur la recevabilité au fond, ne tranche pas du tout la question de l'innocence ; il n'y aura aucune contradiction entre les deux décisions, si la juridiction de renvoi condamne. La Cour d'appel a pensé qu'il y avait des doutes suffisamment graves sur la culpabilité pour qu'il fût utile de juger l'affaire à nouveau ; un examen plus approfondi a montré que le demandeur en révision était bien réellement coupable. Chacune des juridictions qui doivent intervenir dans la procédure de révision a son rôle déterminé, sans qu'il y ait jamais double emploi. D'ailleurs, nous le verrons bientôt, la procédure organisée par la loi belge de 1894 est également préférable à celle du droit français.

La loi belge a jugé nécessaire de prendre certaines précautions, pour éviter que la révision ne devînt une nouvelle voie de recours contre toute décision définitive. Elle exige que la demande soit appuyée par un avis motivé et favorable de trois avocats à la Cour de cassation ou de trois avocats à la Cour d'appel ayant dix années d'inscription au tableau. C'est le pendant de la disposition de notre loi du 8 juin 1895, qui exige que le ministre de la justice prenne l'avis

---

le terme trop restrictif : un fait de nature à établir, par un autre plus large, comme celui de la loi belge : un fait d'où paraît résulter la preuve de l'innocence ; ou bien autoriser la Cour de cassation, dans les cas où l'innocence du demandeur en révision lui paraîtrait éclatante, à prononcer l'annulation de la condamnation sans renvoi. Nous aurons à revenir sur cette question, aujourd'hui à l'ordre du jour, de l'annulation sans renvoi·

d'une commission spéciale, lorsque la demande est basée
sur le quatrième cas de révision ; seulement ici, l'avis est
exigé quel que soit le cas de révision invoqué : cela paraît
du moins résulter de la généralité des termes. La commission extra-parlementaire chargée de préparer le projet avait
proposé primitivement de subordonner la recevabilité de
la demande à l'avis préalable des magistrats ayant participé à l'arrêt ou au jugement, et, à leur défaut, de ceux
qui auraient connu de l'affaire à un titre quelconque, notamment comme juges d'instruction. Cette proposition fut
repoussée, parce qu'elle aurait conduit à écarter la révision
au cas où tous les magistrats seraient décédés, et l'on se
contenta de l'avis des trois avocats. Nous n'avons pas
trouvé de disposition analogue dans les autres législations.
Pour diminuer le nombre des demandes fondées sur la
prétendue application d'une loi pénale trop sévère, la loi
du 18 juin 1894 déclare que la demande en révision ne sera
pas recevable si la condamnation infligée ne dépasse pas
la peine ou le minimum de la peine « comminée » par la loi
moins sévère, contre l'infraction qui a été effectivement
commise : il est clair en effet qu'en pareil cas la demande
n'aurait pas d'objet.

La loi française du 8 juin 1895 établit, nous l'avons vu,
une prescription d'un an pour la recevabilité des demandes
en révision formées par les condamnés ou leurs ayants
cause ; peut-être même cette prescription s'étend-elle aux
demandes formées par le ministre de la justice. La plupart
des autres législations se sont montrées moins rigoureuses.
Ainsi la loi belge fixe à cinq ans la durée de la prescription,
lorsque la demande est basée sur la condamnation d'un

faux témoin, à compter de cette condamnation ; il n'existe pas de prescription dans les autres hypothèses, même pas la prescription de 30 ans. La loi japonaise, article 441, ne fixe aucun délai dans le premier cas de révision (existence de la personne prétendue homicidée), ni dans les quatre autres pour le ministère public ; dans les quatre derniers cas, le délai est de trois ans pour les parties intéressées, à partir du moment où le droit à la révision a été ouvert. En Autriche et en Allemagne, la reprise de la procédure peut être demandée quel que soit le temps écoulé depuis que le demandeur a eu connaissance du fait donnant ouverture à révision. Nous avons déjà dit pour quelles raisons le délai d'un an de la loi française nous paraissait suffisant.

Nous avons vu à quelles personnes l'article 444 accordait le droit de demander la révision. Dans le cas du paragraphe 4, ce droit est réservé au seul ministre de la justice. Cette restriction ne se retrouve pas dans les législations étrangères. On pourrait donc se demander, à première vue, pourquoi toutes ces législations ont maintenu, à côté du cas général de révision, des cas spéciaux plus ou moins nombreux, qui sont compris dans la formule générale. Dans le droit français, la demande en révision fondée sur le quatrième cas ne pouvant être formée que par le garde des sceaux, on comprend que le législateur ait maintenu d'autres cas, où le condamné peut agir lui-même ; mais la même raison n'existe plus, si le condamné ou ses ayants cause peuvent toujours demander eux-mêmes la révision. En réalité le maintien des cas spéciaux a une grande utilité, surtout dans les législations qui n'ont pas adopté une formule générale trop large. Dans l'hypothèse d'une condamnation pour faux témoignage, par exemple, on ne peut pas soutenir qu'il y ait là un fait nouveau prouvant, ou même paraissant prouver l'innocence du demandeur en révision. Et cependant le fait est assez grave pour qu'il y ait lieu de juger l'affaire à nouveau. On pourrait en dire autant en cas de corruption d'un des juges. Mais il ne faut pas multiplier ces cas spéciaux ; en principe la formule générale doit suffire. Seulement on pourrait sans inconvénient supprimer tous les cas qui rentrent manifestement dans cette formule ; ainsi le cas d'existence de la personne prétendue homicidée : c'est avec raison, selon nous, que la loi belge de 1894 l'a omis dans le nouvel article 443.

Il existe encore certaines différences de détail entre les lois française et étrangères, quant à l'énumération des personnes qui peuvent demander la révision : la loi belge n'accorde le droit de demander la révision après la mort du condamné ni à ses légataires universels ou à titre universel, ni à ceux qui en ont reçu de lui la mission expresse, ni à d'autres collatéraux que ses frères et sœurs : mais elle assimile au cas de décès du condamné celui de son interdiction. Le code d'instruction criminelle autrichien contient sur ce point une disposition assez particulière, l'art. 354 : « La demande en reprise de procédure en faveur de l'accusé pourra, même après sa mort, émaner des personnes qui ont le droit de former dans son intérêt un pourvoi en cassation ou d'interjeter appel. — Si le ministère public a connaissance d'une circonstance qui pourrait fonder une demande en reprise de procédure dans l'intérêt de l'accusé, il est de son devoir, soit de faire connaître cette circonstance à l'accusé ou à une personne ayant le droit de demander la reprise de la procédure, soit de former lui-même cette demande. » En Allemagne, la reprise de la procédure n'a jamais lieu d'office, mais seulement si elle est demandée par les parties intéressées. Art. 401 : « En cas de décès, le conjoint, les parents en ligne ascendante ou descendante, ainsi que les frères et sœurs de la personne décédée, auront le droit de former la demande en reprise de la procédure ». — Citons enfin la législation japonaise, qui donne le droit de demander la révision : au ministère public près le tribunal qui a prononcé la condamnation attaquée : — au Procureur général près la cour d'appel dans le ressort de laquelle la condamnation a été prononcée ; — au Procureur général à la Cour de cassation, agissant soit d'office, soit sur l'ordre du ministre de la justice ; enfin au condamné et, en cas de décès, à ses parents et alliés.

La législation japonaise exige encore une condition pour que la demande soit recevable : le condamné qui, pour une raison ou pour une autre, n'aurait pas subi sa peine, ne peut demander la révision sans se constituer prisonnier. Cette disposition est à rapprocher d'une disposition analogue de notre ancien droit français : sous l'ordonnance de 1670, tout demandeur en lettres de révision n'était admis à les présenter qu'autant qu'il s'était préalablement constitué prisonnier. La « mise en état » exigée aujourd'hui de tout individu condamné à une peine privative de liberté pour être recevable à se pourvoir en cassation, était ainsi étendue aux demandes en révision.

CHAPITRE II

PROCÉDURE DE RÉVISION

Et d'abord, par qui sera introduit le pourvoi en révision, par qui sera saisie la juridiction qui devra prononcer sur la validité de la demande ? — D'après la loi française, la Cour de cassation est toujours saisie « par son procureur général en vertu de l'ordre que le ministre de la justice aura donné, soit d'office, soit sur la réclamation des condamnés ». — Au contraire, d'après la loi belge, elle peut être saisie, soit par le réquisitoire du procureur général, soit par une requête, signée d'un avocat à la Cour, détaillant les faits et spécifiant la cause de révision. — La législation allemande admet, comme la législation belge, que la demande en reprise de la procédure peut être introduite par le condamné lui-même ou ses ayants cause : mais elle assujettit cette demande à des formes spéciales : la demande doit toujours énoncer le motif légal de la reprise de la procédure, ainsi que les moyens de preuve ; elle doit en outre, si elle émane de l'accusé, de son conjoint ou d'un de ses parents, être faite sous la forme d'un mémoire signé par le défenseur ou par un avocat-avoué, ou sous la forme d'une déclaration faite devant le greffier, qui en dressera procès-verbal (art. 405). — Une disposition analogue se retrouve dans le Code de procédure criminelle japonais : La demande en révision sera introduite par un mémoire en forme de requête adressée à la Cour de cassation, avec copie du jugement attaqué et des pièces à l'appui, etc. — A l'inverse, le Code de procédure pénale du canton de Neuchatel dispose, comme la loi française, que la demande ne peut être introduite que par le procureur général.

La législation belge contient, en notre matière, une disposition assez particulière (1). Tandis que la plupart des législations sont muettes sur le rôle de la partie civile dans la procédure de révision, elle la force à intervenir dans les débats, et, si la révision est admise, la partie civile doit restituer le montant, en principal, des dommages-intérêts qu'elle avait obtenus du condamné. Mais elle ne supporte jamais ni frais, ni dommages-intérêts, sauf le cas de dol personnel. Voici d'ailleurs le texte de l'article 444 *in fine* : « La partie civile sera tenue d'intervenir dans l'instance en révision, par requête à la Cour de cassation formulée au plus tard dans les deux mois de la sommation, faute de quoi l'arrêt de la Cour de la cassation sur la recevabilité de la demande en révision lui sera commun. — Elle sera dans ce cas, comme aussi si elle est intervenue, mise en cause devant la juridiction saisie du jugement au fond de la révision, et, soit qu'elle comparaisse, soit qu'elle ne comparaisse pas, l'arrêt lui sera commun. — Si la révision est admise, la partie civile perdra le bénéfice des condamnations obtenues à son profit, et sera condamnée à telles restitutions que de droit, sans néanmoins qu'elle puisse, sauf le cas de dol personnel, être condamnée à la restitution des fruits et intérêts, si ce n'est à partir de l'arrêt

1. Cf. *Annuaire de législation comparée*, 1894, p. 504 et s.

qui admettra la révision. — Hors le cas de dol personnel, elle ne pourra être condamnée à des dommages-intérêts envers le demandeur en révision : elle n'aura à supporter, ni les frais du procès primitif, ni les frais du procès en révision, qui seront à la charge de l'Etat, si la révision est admise ».

Quelles seront les juridictions compétentes au cours de la procédure de révision? Il existe sur ce point plusieurs systèmes législatifs.

Dans un premier système, la demande est portée devant la juridiction qui a rendu la sentence contestée. Cette juridiction examine si l'action en reprise de la procédure et recevable en la forme et admissible en fait, et, quand il y a lieu, elle statue au fond sur de nouveaux débats. Tel est le système du Code de procédure pénale *allemand*.

Art 407. La demande en reprise de la procédure doit être portée devant le tribunal dont émane le jugement attaqué. Ce tribunal statue d'abord sur la *recevabilité en la forme* (1). Art. 408, al. 1er. Si la demande n'est pas déposée en la forme prescrite, si elle ne fait valoir aucun motif légal autorisant la reprise de la procédure, ou si elle ne signale aucun moyen de preuve susceptible de l'appuyer, elle doit être rejetée comme non recevable.

Le tribunal recherche ensuite s'il existe au fond des motifs suffisants pour accorder la reprise de la procédure. « Si le tribunal estime qu'en principe la demande est recevable il commettra un juge pour recueillir les preuves si

---

1. Ces expressions de recevabilité en la forme et de recevabilité au fond ne nous satisfont pas entièrement ; nous les emploierons cependant pour plus de simplicité.

cela est nécessaire. Après la clôture de l'administration de la preuve le ministère public et l'inculpé sont invités à produire leurs observations dans un délai qui leur sera fixé. »

Article 410. Si le tribunal reçoit la demande, il ordonnera la reprise de la procédure et prescrira de recommencer les débats. Toutefois il pourra prononcer immédiatement l'acquittement ou rejeter la demande, si le condamné est décédé. Le tribunal pourra également dans d'autres cas prononcer immédiatement l'acquittement du condamné, s'il existe des preuves suffisantes à cet égard (art. 411, al. 2). Le tribunal prononcera, en même temps que l'acquittement, l'infirmation du premier jugement. A la suite des nouveaux débats, le tribunal confirmera le jugement primitif ou statuera à nouveau sur l'affaire après l'avoir infirmé (art. 413. al. 1er). En aucun cas, si la reprise de la procédure a été demandée au profit du condamné, le nouveau jugement ne pourra appliquer une peine plus forte que celle qui avait été prononcée par le premier. — Ainsi, lorsque le tribunal a tranché la question de recevabilité dans le sens de l'affirmative, il peut jouer, soit le rôle qu'aurait en droit français la juridiction de renvoi, soit celui que remplirait la Cour de cassation en cas de décès du condamné ; il peut même prononcer l'acquittement sans nouveaux débats, s'il juge qu'il existe dès à présent des preuves suffisantes de l'innocence du demandeur.

Art. 412. Toutes les décisions rendues en première instance par le tribunal sur une demande en reprise de procédure pourront être attaquées au moyen d'un pourvoi immédiat.

En *Autriche*, nous avons déjà vu qu'il existait deux sortes de reprises de la procédure : l'une devant la Cour de première instance, l'autre devant la Cour de cassation Voici quelques-unes des dispositions relatives à la première : « Article 357. La reprise de la procédure devra être demandée devant la Cour de première instance devant laquelle cette procédure était pendante : quand il aura été statué sur un fait qui constitue un crime par un tribunal de district, la demande devra être portée devant la Cour de première instance dans le ressort de laquelle se trouve ce tribunal de district. Le juge d'instruction devra examiner les faits qui servent de fondement à la demande ; ensuite le ministère public ou l'accusateur privé devra être entendu. La Cour de première instance, composée de quatre juges dont un président, devra statuer à huis-clos sur l'admissibilité de la demande en reprise de la procédure. Il n'y aura de recours contre cette décision que devant la Cour de deuxième instance ; et ce recours devra être dénoncé à la Cour de deuxième instance dans les trois jours. Si la Cour de deuxième instance admet la reprise de la procédure, elle pourra désigner une autre Cour pour diriger l'instruction. — Article 358. Par la décision admettant la reprise de la procédure, le jugement antérieur n'est déclaré non avenu que dans celle de ses dispositions concernant l'infraction à raison de laquelle la reprise a été admise. Les conséquences légales de la condamnation contenue dans ce jugement subsisteront provisoirement. — Article 360. La juridiction qui déclarera admissible la reprise de la procédure dans l'intérêt de l'accusé pourra, si l'accusateur y consent, rendre de suite un jugement prononçant l'acquittement de l'accusé ou faisant droit à sa demande relative à l'application d'une peine plus douce. Aucune voie de recours ne sera ouverte contre ce jugement.

Malgré des différences de détail, c'est le même système que celui du droit allemand. Il présente, à notre avis, un sérieux inconvénient : un tribunal ordinaire n'a pas une autorité suffisante pour anéantir un jugement passé en force de chose jugée ; qu'il remplace un jugement déjà annulé, rien de mieux : mais il serait plus conforme aux principes de donner compétence à la Cour de cassation pour statuer sur la recevabilité des demandes en révision.

C'est pourquoi nous nous rallions au deuxième système, le plus généralement admis, qui rend la Cour de cassation juge des questions de révisions. Mais quel sera exactement le rôle de la Cour de cassation ? Ici encore il existe des divergences entre les différentes législations. On peut concevoir, par dérogation aux attributions normales de la Cour de cassation, que son examen porte, non seulement sur les questions de droit soulevées par la demande, mais encore sur certaines questions de faits, sur l'instruction du pourvoi, ou même, ce pourvoi admis, sur le fond du procès. C'est le système de la loi française de 1895 ; non seulement la Cour de cassation statue sur le point de droit, sur la recevabilité en la forme, mais elle aprécie encore la valeur en fait des preuves invoquées, ainsi qu'il résulte de l'article 445 ; si l'affaire n'est pas en état, elle procède directement ou par commissions rogatoires à toutes enquêtes sur le fond, etc. En outre, lorsqu'elle admet la demande en révision, la Cour de cassation statue elle-même au fond sans renvoi lorsqu'il ne subsiste rien de l'accusation primitive qui puisse être qualifié crime ou délit, ou lorsqu'il ne peut être procédé à de nouveaux débats oraux contre toutes les parties.

On peut reprocher à ce système de détourner la Cour de cassation de ses attributions normales, en la rendant dans certains cas juge du fait. Cela peut entraîner des résultats fâcheux : ce qui fait l'autorité incontestée de la Cour de cassation, c'est que, étant juge uniquement des questions de droit, elle évite par là-même le reproche de partialité ; son prestige reste inébranlable, lorsqu'elle se contente de veiller à la stricte application des lois. Lorsqu'elle entre dans le domaine des faits, elle devient un tribunal comme un autre, elle se trouve exposée aux mêmes critiques. Cependant on comprend que le législateur français de 1808 et de 1867 ait donné compétence à la Cour de cassation pour statuer au fond, lorsque le demandeur en révision était décédé, ou que, pour une autre raison, il ne pouvait être procédé à de nouveaux débats contradictoires : les arguments invoqués en 1867 pour donner compétence exclusive, sur le fond, au jury ou au tribunal correctionnel, ne nous satisfont pas pleinement. Le législateur n'a pas cru qu'il y eût un grand inconvénient à déroger ici au principe que la Cour de cassation n'est juge que du droit, étant donnée la rareté des affaires de révision. Quand au droit de la Cour de cassation de procéder à des enquêtes ou interrogatoires sur le fond, il ne parait pas qu'il en ait été souvent fait usage avant la loi de 1895 ; en effet les termes restrictifs des trois cas de révision seuls admis jusque-là ne laissaient guère place au doute, et il n'était guère besoin d'une instruction pour savoir s'il y avait inconciliabilité entre deux condamnations ou si un témoin avait été condamné pour faux témoignage contre le demandeur.

Mais lorsque la loi du 8 juin 1895 eût introduit le quatrième cas de révision, et que la chambre criminelle eût à rechercher s'il y avait un fait nouveau *de nature à établir l'innocence du condamné*, elle devint en réalité juge du fond avant la juridiction de renvoi. Nous avons déjà critiqué la formule du paragraphe 4, qui entraîne cette conséquence, que la question de l'innocence du demandeur en révision est en somme jugée deux fois, ce qui sera très fâcheux si les deux décisions sont en sens contraire, et nous avons dit que, si on laissait la Cour de cassation juge de la recevabilité au fond, il n'existait à notre avis que deux remèdes à la situation : ou bien modifier les termes du paragraphe 4, ou bien permettre à la Cour de cassation, quand l'innocence lui paraîtrait manifeste, d'annuler la condamnation sans renvoi devant aucune juridiction.

Cette dernière solution rencontre actuellement d'assez nombreux partisans, et elle a été portée récemment, pour un cas particulier, à la tribune du Sénat par M. Bernard, sous la forme d'un amendement au projet qui est devenu la loi du 1er mars 1899. Voici les principaux arguments qu'on peut invoquer en sa faveur : d'abord l'exemple de certaines législations étrangères, puisque nous venons de voir qu'il existe en Allemagne et en Autriche des textes de loi permettant à la juridiction saisie de la demande en reprise de la procédure de prononcer immédiatement l'acquittement du condamné, s'il existe des preuves suffisantes de son innocence. Ensuite, et surtout, cette considération que, lorsque la Cour de cassation a admis qu'il existait un fait de nature à établir, etc., la juridiction de renvoi se trouve dans cette alternative, ou d'avoir à faire un simple enregistrement, ou de se mettre en contradiction avec la Cour suprême pour l'appréciation des mêmes faits. Si elle adopte le second parti, on se trouvera dans cette situation singulière : la Cour de cassation aura rendu un arrêt motivé concluant à l'innocence du demandeur en révision. ou du moins à l'absence de toute preuve suffisante de culpabilité, ce qui implique comme conséquence forcée l'acquittement ; la juridiction de renvoi rendra une décision contraire, non motivée, et cependant elle aura le dernier mot. C'est dire que cette décision n'aura aucune autorité morale. Si l'on objecte que la Cour de cassation sort de son rôle en essayant d'imposer sa décision à la juridiction de renvoi par des considérants proclamant l'innocence du demandeur, et qu'elle doit se borner à déclarer si, oui ou non, celui-ci se trouve dans un des cas prévus par l'article 443, on répondra avec raison qu'on ne saurait l'empêcher de motiver ses arrêts comme elle l'entend. Nous sommes d'accord avec les partisans de l'annulation sans renvoi pour reconnaître qu'il y a une modification à apporter à l'état de choses actuel ; mais nous pensons que la réforme devrait porter simplement sur le texte du paragraphe 4.

Nous avons déjà reproché, en effet, au législateur, en nous plaçant sur le terrain des principes, d'avoir donné à la Cour de cassation, en matière de révision, des attributions qui touchent au fond de l'affaire : il nous parait inutile de les augmenter encore. Il y aurait un danger, croyons-nous, à multiplier les cas où la Cour de cassation serait juge du fait : le jour où elle se laisserait influencer par les passions du dehors pour le règlement de telle ou telle affaire de révision, son prestige se tronverait gravement atteint et, le cas échéant, elle n'aurait plus une autorité suffisante pour assurer le triomphe final de la loi. Aussi, loin de vouloir étendre les pouvoirs de fait de la Cour de cassation, pensons-nous qu'il vaudrait peut-être mieux, comme dans la législation *belge*, limiter, même en matière de révision, son rôle à l'examen du point de droit.

D'après la loi du 18 juin 1894, la Cour de cassation n'a jamais à faire d'enquête ni d'instruction sur l'admissibilité en fait de la demande en révision, ni à statuer sans renvoi sur le fond du procès. C'est un texte constitutionnel qui le veut ainsi : article 95 : « Il y a pour toute la Belgique une Cour de cassation ; cette Cour ne connaît pas du fond des affaires. » Ce texte a été appliqué à la matière de la révision ; et voici jusqu'où a été la rigueur des principes : la commission du Sénat, lors de l'examen du projet, avait proposé, pour écarter les pourvois abusifs, un amendement qui lui paraissait conciliable avec la constitution : « Lorsque la révision sera demandée pour l'une des causes prévues au n° 3 de l'article 443, la Cour de cassation, *si elle ne rejette pas immédiatement la demande comme n'étant pas justifiée*, ordonnera, etc. » Cet amendement fut rejeté pour cette raison que la mission de la Cour de cassation ne s'étendant pas aux faits, elle pouvait seulement repousser immédiatement la demande comme n'étant pas recevable (en la forme), mais non l'écarter comme non justifiée.

En droit français, la Cour de cassation statue successivement sur la recevablilité en la forme et sur la recevabilité au fond. En Belgique, ces deux fonctions appartiennent à deux juridictions. La Cour de cassation se borne à vérifier si le demandeur invoque une cause légale de révision, et s'il n'existe pas de fin de non recevoir ; elle renvoie ensuite l'instruction sur le bien fondé du pourvoi, sur les preuves de l'erreur, devant une Cour d'appel ; si cette Cour, après une instruction régulière, est d'avis qu'il y a lieu à révision, la Cour de cassation annule la condamnation et renvoie l'affaire devant une Cour d'appel ou une Cour d'assises, sans prendre elle-même la charge du nouveau jugement à rendre sur le fond.

Lorsque la demande en révision est fondée sur l'un des deux premiers cas (inconciliabilité de deux jugements de condamnation ou faux témoignage) il n'y a pas à faire d'instruction ni d'enquête sur la recevabilité du fond. Aussi la Cour de cassation, si elle reconnaît que la demande est fondée, annule immédiatement les condamnations attaquées, et les renvoie devant une Cour qui n'en aura pas primitivement connu. Mais si la demande est fondée sur le troisième cas et si elle est déclarée recevable, la Cour de cassation commence par ordonner qu'il sera instruit sur la demande en révision par une Cour d'appel, qu'elle en chargera, afin de vérifier si les faits articulés à l'appui de la demande paraissent suffisamment concluants pour qu'il y ait lieu de procéder à la révision. Cette instruction a lieu à l'audience publique de la chambre civile, etc.

Il y a là une analogie assez grande avec la disposition de l'article 444 primitif du Code d'instruction criminelle d'après laquelle, dans le cas d'une demande en révision basée sur l'existence de la personne prétendue homicidée, la Cour de cassation pouvait « préparatoirement désigner

une Cour royale pour constater l'idendité de la prétendue
victime du meurtre, par audition de témoins et tous les
moyens, etc. » Comme ce texte était resté en vigueur en
Belgique jusqu'à la loi de 1894, on peut supposer qu'il a
servi de base à la réforme de la procédure ; la nouvelle loi
n'a fait que le généraliser ; elle a d'ailleurs jugé inutile de
le maintenir séparément, et l'a fait rentrer dans le cas général du paragraphe 3.

Si la Cour d'appel est d'avis qu'il y a lieu à révision, la
Cour de cassation annule la condamnation et renvoie l'affaire devant une Cour d'appel ou une Cour d'assises.
Cependant il est un cas où elle pourra annuler sans renvoi : article 445 *in fine* : « Lorsque la demande en révision
portera sur une condamnation pour homicide et que l'existence de la prétendue victime de l'homicide à une date
postérieure à celle de la condamnation sera établie, si le
condamné est vivant et si les constatations faites dans l'instruction laissent subsister contre lui des charges suffisantes
pour une inculpation criminelle ou correctionnelle, la Cour
d'appel le déclarera dans son arrêt et la Cour de cassation,
en annulant la condamnation, renverra l'affaire à une Cour
d'appel ou une Cour d'assises ; à défaut de cette déclaration, la Cour de cassation annulera la condamnation sans
renvoi. » C'est une disposition analogue à celle de l'ancien
article 447 de la loi du 29 juin 1867, qui a été étendue par
notre loi de 1895 à « tous les cas où l'annulation de l'ar-
« rêt ne laisse rien subsister qui puisse être qualifié crime
« ou délit. »

L'article 446 dispose que le renvoi à une Cour d'assises
n'a lieu que si la condamnation à réviser ou l'une des con-

damnations reconnues inconciliables a été prononcée par
une Cour d'assises. En cas de renvoi à une Cour d'assises,
un nouvel acte d'accusation sera dressé. La Cour d'assises
statuera avec l'assistance du jury, nonobstant contumace.

Voilà donc les trois systèmes législatifs au sujet de la
compétence en matière de révision. En Autriche (1) et en
Allemagne, la demande doit être portée devant la juridiction
qui a rendu la sentence attaquée : celle-ci statue sur la
recevabilité en la forme, sur l'admissibilité en fait, enfin
elle juge à nouveau le fond de l'affaire. En Belgique, la
demande doit être portée devant la Cour de cassation, qui
se borne à trancher la question de droit, la recevabilité en
la forme, puis renvoie l'instruction à une Cour d'appel :
si cette Cour se prononce en faveur de la révision, la Cour
de cassation annule la condamnation attaquée, et, sauf un
cas tout particulier, renvoie l'affaire, pour le jugement sur
le fond, à une Cour d'appel ou à une Cour d'assises, suivant
qu'il s'agit d'un délit ou d'un crime. Enfin en France,
la demande est encore portée devant la Cour de cassation,
mais celle-ci ne se borne plus à statuer sur la recevabilité
en la forme, elle procède elle-même, s'il y a lieu, à toutes
enquêtes, confrontations, etc., et ne renvoie même pas toujours
le jugement sur le fond à une autre juridiction.

On peut rapprocher du système français le système
Russe (2). En Russie, le soin de statuer sur les pourvois en

1. Nous avons dit qu'il existait en Autriche une reprise de la procédure
extraordinaire, devant la Cour de cassation. Les pouvoirs de cette Cour
sont alors plus étendus encore que dans le droit français : en effet, elle
peut rendre immédiatement un nouveau jugement acquittant l'accusé ou
lui appliquant une peine plus douce, à condition que cette opinion réunisse
l'unanimité des voix et l'assentiment du Procureur général.

2. Cf. Lemoine, p. 123.

révision appartient au Sénat. Une loi de 1864 a créé en effet au Sénat deux sections de cassation ayant pour mission de statuer sur les pourvois en cassation et en révision des jugements définitifs. Une décision du Conseil de l'Empire, approuvée par l'empereur, a organisé en 1877 une chambre réunie, présidée par le président de l'assemblée générale des deux sections, composée de deux sénateurs de la section criminelle, deux de la section civile, et deux de la première section du Sénat. C'est cette chambre réunie qui est chargée d'examiner les demandes relatives à la révision des affaires criminelles. Si cette chambre reconnaît le bien fondé du pourvoi en révision, elle prononce l'annulation de la sentence rendue et renvoie le procès devant le tribunal auquel appartient naturellement la connaissance de l'affaire.

Le système belge est certainement le plus juridique. Il a compris la nécessité de soumettre les demandes en révision à une juridiction jouissant d'une autorité considérable, puisqu'il s'agit d'écarter l'autorité de la chose jugée ; il n'a pas voulu d'autre part risquer de compromettre le prestige de la Cour de cassation en la faisant entrer dans le domaine des faits. C'est, à notre avis, le meilleur au point de vue législatif. Mais il ne faut pas non plus s'exagérer les inconvénients du système français : les affaires de révision sensationnelles sont en somme assez rares, et avant l'affaire Dreyfus, le rôle de la Cour de cassation en matière de révision avait toujours échappé aux critiques. Toutefois il suffit que le danger apparaisse pour qu'on se préoccupe d'y apporter remède ; la modification du texte du paragraphe 4, qui aurait l'avantage de supprimer toute équivoque sur le rôle de la Cour de cassation, serait peut-être une réforme insuffisante ; il faudrait alors adopter le système de la loi belge.

Quel est l'effet de la demande en révision sur l'exécution de la peine ? L'article 361 du Code d'instruction criminelle autrichien dispose que « la demande d'un condamné en reprise de la procédure ne suspend pas l'exécution de la peine, à moins que le tribunal appelé à statuer sur cette reprise n'estime, après avoir entendu l'accusateur, qu'il y a lieu, d'après les circonstances, de suspendre l'exécution. Mais lorsqu'un jugement passé en force de chose jugée a admis la reprise de la procédure, l'exécution de la peine doit être immédiatement suspendue, et il doit être statué sur l'emprisonnement de l'accusé conformément aux dispositions du chapitre 54. » — De même, article 400 du Code de procédure pénale allemand : « L'exécution du jugement ne sera pas suspendue par la demande en reprise de la procédure ; le tribunal pourra néanmoins ordonner un sursis ou une suspension de l'exécution ». — La loi belge n'a prévu nulle part un effet suspensif de l'instance en révision sur l'exécution de la peine : voici comment s'exprime sur ce point l'exposé des motifs : « Nous n'avons pas cru devoir le régler ; tant que la demande n'aura pas reçu de solution définitive, si le condamné n'a pas encore commencé à subir sa peine, il va de soi qu'aucun magistrat ne voudra encourir la responsabilité de faire exécuter une condamnation dont il sait que la révision est demandée ; la demande sera donc nécessairement suspensive dans ce cas. Si le condamné est déjà incarcéré, il restera légalement condamné tant que la Cour de cassation n'aura pas annulé le jugement de condamnation Dès que l'annulation sera prononcée, la détention ne sera plus que préventive, et restera par conséquent soumise aux règles légales ordinaires à cet égard ». Nous préférons le système de la loi du 8 juin 1895, qui permet au ministre de la justice, et ensuite à la Cour de cassation, dans son arrêt admettant la recevabilité, de suspendre l'exécution de la peine, si le condamné est en état de détention.

Les effets de la révision, si nous laissons de côté la question des indemnités, sont à peu près les mêmes dans toutes les législations. La condamnation attaquée est annulée avec tous ses accessoires (1), l'innocence du condamné est proclamée. Beaucoup de législations contiennent des dispositions relatives à l'affichage et à la publicité du jugement ou de l'arrêt qui proclame cette innocence : ainsi l'article 447 de la loi belge de 1894 : « Lorsque la Cour de cassation annulera, sans renvoi, une condamnation pour homicide, et lorsque la Cour de renvoi prononcera l'acquittement de l'accusé ou du prévenu, il sera déclaré dans l'arrêt que l'innocence de l'accusé ou du prévenu a été reconnue. L'arrêt sera publié, par extrait, à la demande de l'intéressé ou de ses ayants droit et à la diligence du Procureur général, dans le moniteur belge et dans un journal de la province où la condamnation annulée aura été prononcée. Il sera de plus, dans les mêmes conditions, affiché, tant dans la commune où l'infraction a été relevée que dans celle où la décision primitive a été rendue. Une expédition en sera transmise au ministre de la justice et

---

1. L'article 447 *in fine* du Code d'instruction criminelle belge dispose que l'amende perçue indûment sera remboursée, *avec les intérêts légaux depuis la perception.*

une autre expédition en sera délivrée au condamné ou au curateur à sa défense ». — Art. 411 du Code de procédure pénale allemand : « Sur la réquisition du demandeur, l'infirmation du jugement sera annoncée par la voie du moniteur officiel de l'empire allemand, et pourra l'être également au moyen de l'insertion dans d'autres feuilles, si le tribunal le juge convenable ». — Art. 447, Code de procédure criminelle Japonais. — Loi du 3 avril 1896 en Portugal sur la réhabilitation des condamnés : « Si l'accusation est jugée mal fondée, le tribunal devra déclarer nulle la sentence de condamnation et proclamer le condamné réhabilité. Cette décision sera publiée dans le Journal officiel (*Diario do governo*) pendant trois jours consécutifs, et affichée par extrait à la porte du tribunal du domicile ou de la résidence du réhabilité et à la porte du tribunal qui aura prononcé le jugement » (1).

Si nous cherchons à tirer une conclusion pratique de ce rapide examen des législations étrangères. voici quelles seraient, à notre avis, les modifications à apporter à la loi du 8 juin 1895, au point de vue des conditions de recevabilité et de la procédure de révision :

D'abord, admettre la révision, non seulement en cas d'innocence du condamné, mais aussi lorsqu'il serait prouvé que l'acte délictueux commis aurait dû tomber sous le coup d'un texte moins rigoureux que celui qu'on a appliqué. Il peut arriver en effet, bien que l'hypothèse ne paraisse pas bien pratique, qu'un individu soit condamné

---

1. Cette loi contient une disposition assez curieuse : lorsqu'une première demande en révision aura échoué, une seconde révision ne pourra être autorisée que sur l'initiative du Procureur général).

pour meurtre alors qu'il n'a commis qu'un homicide par imprudence ; si plus tard la vérité vient à se découvrir, il est de toute nécessité qu'on substitue à la peine prononcée une autre beaucoup plus douce. L'hypothèse pourra se présenter plus souvent en matière de vol ; l'auteur sera condamné pour vol qualifié, et on reconnaitra plus tard qu'il ne s'agissait que d'un vol simple.

En second lieu, remplacer la formule du paragraphe 4 par une autre, que la Cour de cassation n'aurait qu'à appliquer, au lieu d'être forcée comme aujourd'hui d'élargir un texte trop étroit. Seulement quelle formule adopter ? Celle qui avait été votée à la Chambre des députés, « un fait d'où parait résulter la non-culpabilité », avait l'inconvénient, qu'à très bien montré M. Le Poittevin, de laisser croire qu'un doute pourrait suffire pour accorder la révision, ce qui serait en contradiction directe avec le but de l'institution. Nous repoussons à plus forte raison les formules des législations autrichienne ou allemande (un fait pouvant déterminer l'acquittement de l'accusé). Le texte le moins défectueux nous parait être celui de la loi belge de 1894, que nous reproduisons encore une fois : « Si la « preuve de l'innocence du condamné ou de l'application « d'une loi pénale plus sévère que celle à laquelle il a « réellement contrevenu parait résulter d'un fait survenu « depuis sa condamnation ou d'une circonstance qu'il n'a « pas été à même d'établir lors du procès ». Ce texte ne tranche pas par avance la question dans le sens de l'innocence du condamné et il n'est pas tellement large qu'il empêche un juge clairvoyant d'écarter les demandes abusives. Bien entendu, comme par le passé, le ministre de la justice aurait seul le droit de demander la révision dans ce cas, après avis de la commission consultative.

Enfin, retirer à la Cour de cassation tous les pouvoirs de juge de fait que lui reconnait la loi actuelle, et qui sortent de ses attributions normales : enquêtes sur le fond, confrontations, reconnaissances d'identité, etc. ; et surtout le jugement sur le fond, qui lui appartient toutes les fois que, pour une raison quelconque, il ne peut plus être procédé à de nouveaux débats contradictoires contre toutes les parties. Comme dans la loi belge, la Cour de cassation statuerait seulement sur la recevabilité en la forme : s'il était nécessaire de faire une instruction sur l'admissibilité en fait de la demande, elle en chargerait une Cour d'appel et, suivant l'avis de cette Cour, elle accueillerait ou rejetterait le pourvoi. Dans le premier cas, elle annulerait la condamnation attaquée, et, s'il ne restait plus à la charge du demandeur rien qui pût être qualifié crime ou délit, la procédure serait ainsi terminée, par la constatation de son innocence. S'il restait un fait délictueux à juger, elle en renverrait la connaissance à une Cour d'assises, ou une Cour d'appel, suivant qu'il s'agirait d'un crime ou d'un délit.

Ici se présente une objection : est-il possible de confier le jugement sur le fond au jury, lorsque le condamné dont on poursuit la réhabilitation est décédé? Le jury n'est vraiment bon juge que s'il se prononce à la suite des débats contradictoires. Nous répondrons que n'importe quelle juridiction juge mieux lorsqu'elle a entendu la défense personnelle de l'accusé : s'ensuit-il qu'elle ne puisse pas juger sans cela? Le législateur, dit-on, en déniant formellement au jury le droit de juger un accusé qui s'enfuit, a manifesté la volonté de l'écarter toutes les fois qu'il ne pourrait y avoir de débat contradictoire. Rien n'est moins certain, et la législation belge n'a pas hésité à donner compétence au jury dans un cas particulier de contumace : article 446 : En cas de renvoi à la Cour d'assises, celle-ci statuera avec le jury, nonobstant contumace. Si d'ailleurs on craignait de soumettre au jury une affaire où l'accusé serait décédé, il n'y aurait qu'à donner en pareil cas compétence à une Cour d'appel.

Quoi qu'il en soit, cette réforme, que nous croyons désirable au point de vue des principes, ne sera pas réalisée d'ici de longues années. Lorsqu'il s'agit de modifier une compétence établie depuis longtemps, les considérations de pur droit n'ont pas grande valeur : seules les circonstances de fait peuvent influer sur l'esprit du législateur. Les deux premières réformes que nous avons indiquées sont au contraire faciles à opérer, et nous ne voyons pas quels arguments sérieux on pourrait leur opposer. Le législateur de 1895, dans la crainte d'ouvrir la porte à des abus, s'est montré trop réservé : ces deux réformes viendront compléter son œuvre en en comblant les lacunes principales.

CHAPITRE III

DES INDEMNITÉS A ACCORDER AUX VICTIMES D'ERREURS JUDICIAIRES.

Nous avons déjà fait l'historique de la question de la réparation pécuniaire des erreurs judiciaires en droit français, jusque dans les travaux préparatoires de la loi du 8 juin 1895 ; nous avons expliqué l'article 446 de cette loi, qui y est relatif. Mais nous ne sommes pas entrés dans l'examen détaillé des différents systèmes sur lesquels on essaye de fonder juridiquement cette indemnité ; nous nous sommes bornés à reproduire les principaux arguments invoqués au Conseil d'Etat, à la Chambre ou au Sénat en faveur de l'un ou de l'autre d'entre eux. Avant d'indiquer les solutions consacrées par les législations étrangères, tant à l'égard des personnes injustement poursuivies qu'à l'égard des condamnés reconnus innocents, nous croyons utile de rechercher, au point de vue des principes généraux du droit, et non plus au point de vue de l'interprétation de tel ou tel texte de loi, s'il existe à la charge de l'Etat une responsabilité vis-à-vis des victimes d'erreurs judiciaires.

Nous diviserons donc ce chapitre en trois sections : dans la première, nous rechercherons quel est le fondement juridique de l'indemnité ; nous examinerons ensuite, au point de vue du droit comparé, dans notre deuxième section, la question des indemnités dues aux condamnés reconnus innocents, après révision : la troisième section sera consacrée aux personnes injustement poursuivies, qui ont été l'objet d'un acquittement ou d'une décision de non-lieu.

SECTION I. — Du fondement juridique de l'indemnité à accorder aux victimes d'erreurs judiciaires.

Il existe sur cette question deux grandes théories opposées : suivant les uns, toute victime d'erreur judiciaire a droit à une indemnité : l'Etat est responsable du dommage même involontaire qu'il a causé à un innocent. Suivant les autres, il n'existe à la charge de l'Etat qu'un devoir moral d'assistance ; il accordera un secours aux condamnés reconnus innocents, comme aux victimes d'une guerre ou d'une catastrophe quelconque, sans qu'il soit tenu envers eux d'une obligation civile. Entre ces deux systèmes absolus sont apparues des théories intermédiaires.

Si l'on admet que l'erreur judiciaire crée au profit de la victime « une véritable dette de l'Etat, une obligation dans le sens juridique du mot, un titre parfait de créance », il en résultera logiquement les conséquences suivantes (1) :

1° Les dommages-intérêts devront compenser entièrement le préjudice causé, quand même la situation de fortune du condamné lui permettrait de le supporter aisément : « une dette existe par elle-même, que le créancier ait ou non besoin de son argent » ;

2° Une réparation devra être accordée toutes les fois qu'un dommage aura été éprouvé : non seulement en cas de condamnations injuste, non seulement en cas d'acquittement ou de non-lieu après une détention préalable, mais toutes les fois qu'il y aura une poursuite injustifiée, même sans détention préventive : le préjudice, pour être moins considérable, n'en existe pas moins Mais il faut toujours, pour qu'il y ait lieu à réparation, que l'innocence soit certaine ; si l'acquittement ou l'abandon des poursuites résultaient seulement de ce que la culpabilité n'est pas suffisamment établie, rien ne prouverait qu'on ait eu tort de poursuivre. « L'Etat profite du doute et ne

1. Cf. Le Poittevin, *Revue pénitentiaire,* 1895, p. 1242 et s.

paye pas, comme l'inculpé profite du doute et n'est pas puni » ;

3° L'allocation des dommages-intérêts et la fixation de leur montant rentreront naturellement dans les attributions judiciaires : c'est une question contentieuse, un véritable procès, une dette à reconnaître et à liquider.

Si l'on admet au contraire que l'erreur judiciaire ne crée qu'un devoir d'assistance, une obligation dans le sens moral, un titre imparfait de créance, analogue à celui que peut invoquer toute personne atteinte par le malheur, l'intervention de l'Etat s'arrêtera d'elle-même aux limites qu'il lui conviendra de fixer : on pourra tenir compte, pour la détermination du montant de l'indemnité, de toutes les considérations qui peuvent rendre inutile ou modérer la générosité de l'Etat. L'indemnité n'atteindra pas nécessairement tout le préjudice causé : on pourra négliger le préjudice moral et considérer, en présence du dommage matériel, l'aisance ou les besoins de l'inculpé.

L'Etat se bornera probablement à réparer les erreurs judiciaires les plus graves, celles qui ont consisté dans la condamnation d'un innocent : il laissera de côté les personnes injustement poursuivies. Cependant on concevrait très bien, même avec ce système, que l'on accordât des indemnités aux personnes qui n'ont subi que la détention préventive : c'était sur le devoir d'assistance et de solidarité sociale de l'Etat que s'appuyait Target lorsqu'il écrivait, comme rapporteur de la commission instituée par l'arrêté du 7 germinal an IX pour la préparation d'un Code pénal : « C'est une pensée noble et belle que d'accorder aux « innocents soumis aux rigueurs d'une procédure criminelle

« et acquittés, un témoignage public d'honneur, *et une*
« *indemnité à ceux que l'état de leur fortune réduit à l'im-*
« *puissance de supporter le dommage que ces épreuves leur*
« *ont coûté.* A l'égard des autres que leur destinée a placés
« dans un état d'aisance, les pertes qu'ils ont éprouvées
« sont un tribut triste, mais nécessaire, qui leur est imposé
« en échange, et pour prix de leur sûreté personnelle. »

Enfin, dernière conséquence de l'adoption de ce système,
l'autorité judiciaire ne sera plus compétente pour accorder
l'indemnité (1) et « si, par un défaut de logique, cette mission est conférée aux tribunaux, ce sera pratiquement parce
que, connaissant mieux l'affaire et la personne, ils arbitre-
ront mieux la somme suffisante : mais ils ne jugent pas, ils
deviennent les ordonnateurs éclairés d'un secours librement
alloué par l'Etat. »

On voit donc tout l'intérêt qu'il y a à prendre parti entre
ces deux systèmes. La théorie de la responsabilité de l'Etat
est certainement préférable au point de vue de l'équité,
mais peut-elle se justifier au point de vue des principes du
droit ?

Nous avons vu qu'il était impossible de chercher le fondement de cette responsabilité dans l'application du droit
civil, car il faudrait prouver que le représentant de l'Etat
a commis une faute, ce qui n'est généralement pas. On a
soutenu que le fait de l'erreur judiciaire prouvait l'existence
d'une faute à la charge de l'Etat : c'est la *théorie de la faute*

1. M. Nicolas, partisan de la théorie du devoir moral, admettait l'option,
au point de vue de la compétence, entre la voie administrative et la voie
judiciaire : il proposait un moyen terme, consistant dans la création d'une
commission spéciale composée de conseillers d'Etat, de conseillers à la
Cour de cassation et d'avocats.

sociale. Si la fonction judiciaire avait été exécutée de manière à satisfaire entièrement la loi, elle n'aurait nui à personne : du moment qu'un innocent a été frappé, il y a eu faute de la part des autorités chargées par l'Etat du soin de poursuivre les délits. « Si une erreur a été commise, si un homme a été à tort poursuivi, arrêté, condamné, c'est qu'il y a une faute quelque part, un vice dans les institutions ou une inadvertance dans leur application ; en fin de compte, un reproche imputable à ceux qui ont organisé les lois répressives ou à ceux qui les mettent en œuvre, c'est-à-dire aux représentants de la société, donc à la société elle-même ». [Le Poittevin, *Revue pénitentiaire* 1895] (1).

A cela on peut répondre que, si l'on base le droit à l'indemnité sur l'idée de faute, il faut prouver cette faute. Il ne suffit pas de dire que le malheur résulte d'un vice quelconque, indéterminé : il faut le démontrer, de même que, dans un procès entre particuliers, la victime d'un accident doit établir la faute de celui qu'elle accuse. L'Etat ne peut pas être rendu responsable de la fatalité, des cas fortuits ; malgré toutes les précautions du législateur et la sagacité

---

1. On expose quelquefois cette théorie sous une forme un peu inexacte : Par cela seul qu'un innocent a été condamné, il y a, dit-on, une présomption de faute : toute victime d'erreur judiciaire pourra se prévaloir d'une présomption de faute à la charge de l'Etat et aura le droit de réclamer une indemnité ; tandis que, dans l'application ordinaire de l'article 1382, c'est à celui qui réclame une indemnité à prouver que son adversaire a commis la faute, ici celui qui demandera l'indemnité se prévaudra de la présomption de faute et ce sera ensuite à l'Etat, représenté par le ministère public, à détruire la présomption. Ainsi l'Etat pourrait, en prouvant qu'il n'est pas en faute, se dégager de toute responsabilité. Mais, par hypothèse la faute consiste dans l'existence même du dommage : on ne pourra donc jamais détruire la présomption.

des magistrats, il y aura toujours des erreurs judiciaires, il y a des concours de circonstances qui déconcertent toutes les prévisions humaines. Et si le droit à l'indemnité est subordonné à la preuve de la faute, il sera à peu près illusoire.

M. Bérenger défend la théorie de la faute sociale en disant qu'il faut faire abstraction ici de l'idée de faute individuelle. On demande la réparation, non contre un homme, mais contre la société : il suffit de prouver que la société est en faute, sans qu'on ait à rechercher de quel agent elle émane ; la faute de la société est certaine ; elle est dépositaire de la justice, elle a eu le devoir de l'assurer ; une injustice a été commise, elle a donc manqué à son devoir. Peu importe que la cause de la faute ne soit pas apparente, il suffit de prouver le dommage pour démontrer l'existence de la faute sociale.

On a formulé cette théorie d'une façon un peu différente, à la Chambre des députés autrichienne, lors des travaux préparatoires de la loi de 1892 (1). Chaque citoyen a le droit de rester libre de toute poursuite et de toute condamnation en matière criminelle, tant qu'il n'a commis aucun acte punissable ou qu'il ne s'est pas fait injustement accuser par sa propre faute. L'Etat ne peut assurer à chaque citoyen le respect absolu de ce droit : cela ne le libère pas de l'obligation de réparer le dommage causé à une personne qui n'a commis aucune faute. L'Etat est en réalité coupable d'une sorte de quasi-délit, puisque, faisant œuvre de justice en souverain, il ne laisse pas aux citoyens le libre choix des moyens pouvant les soustraire aux dangers qu'engendre

1. Cf. de Krzymuski, *Revue pénitentiaire*, 1894, p. 806.

l'exercice du pouvoir judiciaire. La règle « *casum sentit dominus* » est d'ailleurs universellement reconnue en droit civil : l'Etat, agissant en maître, doit donc être le seul à supporter le dommage causé par le mal inévitable, qui résulte de la faillibilité humaine, et qui consiste à détenir ou à condamner, sans la moindre faute de sa part, une personne innocente (1).

On fait bien encore ici intervenir l'idée de faute, mais une autre idée se dégage, l'idée de *risque*. La théorie de la faute sociale, prouvée par le seul fait de l'erreur judiciare, a quelque chose d'un peu artificiel. Aussi a-t-on cherché, pour soutenir la théorie de la responsabilité de l'Etat, à éliminer l'idée de faute présumée pour considérer uniquement la lésion. « La procédure, l'instruction criminelle et la détention ont eu lieu dans l'intérêt de tous, car la répression est d'intérêt collectif ; elles ont cependant porté sur les droits d'un seul, sur le premier de ses droits, la liberté individuelle. Il lui est donc dû compensation du sacrifice immérité qu'il a dû subir au nom de l'utilité générale. *L'erreur judiciaire devient ainsi un risque inhérent à l'exercice même de la fonction judiciaire.* »

Cette théorie a été soutenue notamment par M. Larnaude,

---

1. Cette application de la règle *casum sentit dominus* nous paraît inexacte. L'Etat, dit-on, étant maître en ce qui concerne l'œuvre de justice, doit aussi être le seul à subir le dommage qu'elle peut occasionner par cas fortuit. Mais la règle invoquée a pour unique but de ne rendre personne responsable d'un dommage causé à quelqu'un par cas fortuit. Appliquée à notre sujet, elle ne peut avoir d'autres conséquences que celle-ci : l'Etat seul doit subir le coup porté au prestige de son œuvre de justice ; la personne lésée seule doit souffrir du dommage dont un cas fortuit a été la cause.

dans une discussion à la Société générale des prisons (1). L'argument principal des adversaires de la responsabilité de l'Etat était que la fonction judiciaire confinant à la souveraineté, la responsabilité de l'État devait être nulle, conformément au principe posé par M. Laferrière, que nous avons cité plus haut. M. Larnaude combat cet argument : « Il faut décomposer la souveraineté de l'Etat, prendre une à une ses différentes manifestations ; il en est à propos desquelles l'Etat encourt une véritable responsabilité... La souveraineté législative entraîne sans aucun doute l'irresponsabilité (sauf dans un pays comme les Etats-Unis où les droits des citoyens sont mis sous la sauvegarde de la constitution, et où une loi peut être déclarée inconstitutionnelle par les tribunaux). Mais ce qu'il faut bien remarquer, c'est que, lorsqu'une loi qui intervient lèse des intérêts, ces intérêts sont lésés d'une manière générale, en quelque sorte impersonnelle ; le dommage n'est donc qu'indirect. Peut-on en dire autant du dommage causé par une condamnation ou une arrestation qui sont les conséquences d'une erreur ? Toutes les fois que l'acte souverain sera en quelque sorte impersonnel, il ne saurait être question de responsabilité ; si au contraire l'Etat s'en prend à un individu déterminé, il ne saurait s'en tirer à aussi bon compte. Lorsqu'un innocent a été privé de sa liberté, peut-être condamné, le dommage est personnel et direct, l'Etat doit donc être responsable.

« Lorsque l'Etat agit par la voie administrative, en principe l'acte peut être attaqué ; il n'y a d'exception que pour les actes de gouvernement ; si on veut assimiler l'action de de l'Etat en matière judiciaire à son action en matière ad-

1. Cf. *Revue pénitentiaire*, 1896.

ministrative, c'est à la règle qu'il faut se référer, et non à l'exception.

« Lorsque la procédure criminelle était accusatoire, il y avait un véritable procès entre l'accusateur et l'accusé : on cherchait à maintenir l'égalité entre les parties en présence, la détention préventive les frappait tous deux, l'accusateur qui succombait devait subir la peine qu'il avait demandée. L'Etat, en prenant la place de l'accusateur s'est bien gardé d'assumer les obligations redoutables qu'elle comportait ; est-ce aller trop loin que de lui faire encourir au moins une responsabilité pécuniaire ? »

La responsabilité de l'Etat étant ainsi justifiée rationnellement, quel en est le fondement juridique ? M. Larnaude la fonde sur le simple dommage. « La théorie individualiste de la faute est en train de disparaître même dans les rapports entre personnes privées, elle ne peut plus suffire dans les conditions nouvelles faites à l'industrie. C'est aujourd'hui la *théorie du risque professionnel* qui forme la base de toutes les lois récentes sur la responsabilité en cas d'accidents dans l'industrie. Il y a une foule d'accidents dont la cause est inconnue ; peut-on cependant laisser sans indemnité l'ouvrier victime d'un accident, parce que le patron n'est pas en faute ? Il est plus équitable de grever de cette indemnité les frais généraux de la production industrielle.

« C'est une idée analogue que nous devons faire intervenir ici. Lorsque cette grande machine qui s'appelle l'Etat a blessé quelqu'un, il faut que tous ceux dans l'intérêt de qui elle fonctionnait en causant ce préjudice viennent le réparer. Ainsi l'exigent les principes de solidarité et de mutualité qui sont le fondement même de nos institutions. »

M. Larnaude montrait ensuite que cette théorie, basée uniquement sur le dommage, concordait beaucoup mieux que celle de la faute sociale avec les arguments d'analogie au moyen desquels on essayait de fonder la responsabilité de l'Etat à l'égard des victimes d'erreurs judiciaires. L'un de ces arguments était tiré de la comparaison avec la responsabilité civile de l'Etat vis-à-vis des personnes expropriées pour cause d'utilité publique. Il y a des cas où nous subissons des actes qui semblent constituer des actes de souveraineté et où l'Etat répare le préjudice. « Quand l'Etat veut exproprier quelqu'un, il ne le peut sans accorder en retour une indemnité ; s'il a enlevé à un particulier plus qu'un bien corporel, la liberté, peut-être la vie, ne doit-il pas également de ce chef une indemnité lorsque la peine a été injuste ? » Dans les deux cas, un acte très normal de l'Etat a privé l'individu d'un de ses droits dans l'intérêt général : dans les deux cas il doit réparer le préjudice qu'a causé à l'individu cette atteinte à l'un de ses droits.

On objecte que, dans le cas d'expropriation, l'Etat paye un prix parce qu'il a reçu un équivalent ; mais le prix de l'expropriation représente non pas le profit qu'en retire l'Etat, l'utilité publique acquise à la société, mais bien le montant du préjudice éprouvé par le particulier, le droit lésé. Peu importe donc que l'Etat ait porté atteinte aux droits de l'individu en vue d'un enrichissement, ou pour remplir sa mission de sauvegarde sociale. L'objection n'est pas fondée. Si on fait intervenir l'idée de faute de l'Etat, si l'on soutient qu'il n'est tenu qu'à raison d'une faute présumée, la comparaison n'est plus possible ; avec l'idée de risque au contraire, on peut en tirer un argument sérieux dans le sens de la responsabilité de l'Etat.

On peut également rapprocher la responsabilité de l'Etat en cas d'erreur judiciaire de celle de la commune à l'égard des propriétaires dont les maisons ont dû être démolies pour arrêter les progrès d'un incendie, ou dont les bestiaux suspects de maladies contagieuses ont dû être abattus : il n'y a eu dans le fait de l'incendie ou de la maladie ni faute de la part de la commune, ni profit pour elle.

Poussant jusqu'au bout la comparaison avec l'expropriation. M. Larnaude terminait ainsi l'exposé de son système : « Dans l'ancien droit, lorsque le souverain absolu préten-« dait avoir un droit de propriété sur tous les biens de ses « sujets, il n'y avait pas un droit reconnu et organisé à l'in-« demnité en cas d'expropriation. Ce n'est que lorsque « l'idée d'un droit de propriété absolu, opposable à l'Etat « lui-même, eût pénétré dans la législation, que le droit à « l'indemnité a été proclamé et organisé. Le principe de la « réparation de l'erreur judiciaire suit une marche analo-« gue : *il s'agit ici du droit de liberté individuelle*, droit de « date bien plus récente que le droit de propriété. Il est « encore en voie de formation, ce qui explique les luttes « que suscite tout essai nouveau de le protéger contre celui « qui le menace le plus, c'est-à-dire l'Etat. Mais il faut faire « entrer cette protection dans la législation positive ».

Les partisans de la responsabilité de l'Etat essayent de se défendre sur le terrain pratique en soutenant que, même avec la théorie du devoir moral, il serait possible d'accorder des indemnités à toutes les victimes d'erreurs judiciaires, et que l'Etat serait toujours libre d'intervenir pour réparer les lésions injustes qu'il aurait causées dans l'exercice de ses pouvoirs de souveraineté. Cela est exact : mais les objections que ces mêmes auteurs opposent à l'indemnisation des personnes injustement poursuivies montrent bien qu'ils ne désirent pas une pareille extension de la théorie de l'obligation morale. Si l'on veut que ces sortes de victimes d'erreurs judiciaires puissent obtenir une réparation, il faut écarter le système de l'irresponsabilité.

Mais serait-il bon de reconnaître en législation un droit à une indemnité en faveur des accusés ou prévenus acquittés ou renvoyés des poursuites après une détention préventive? Il ne s'agirait jamais, bien entendu, que des accusés ou prévenus reconnus innocents : d'où une première difficulté : la nécessité de modifier le Code d'instruction criminelle en ce qui concerne les énonciations contenues dans les jugements d'acquittement, les décisions de non-lieu et les verdicts du jury : dans l'état de choses actuel, on ne peut pas savoir si l'acquittement ou l'abandon des poursuites est dû au défaut de preuves ou à la certitude de l'innocence. De plus, il y aurait un grave danger à ce que la question des indemnités fît l'objet d'un débat public devant les tribunaux : la demande en dommages-intérêts prendrait l'allure d'une sorte de prise à partie dirigée contre la poursuite : les tribunaux seraient naturellement portés à arrêter ces débats, qui tourneraient rapidement au scandale : or telle serait, dit-on, la conséquence forcée de la reconnaissance du droit à l'indemnité. Ce danger a paru assez considérable à certains auteurs pour leur faire écarter la théorie de la responsabilité de l'Etat, qui entraîne au profit des victimes d'erreurs judiciaires le droit à une indemnité, et leur faire adopter un système intermédiaire.

D'après M. Seligman (1) l'Etat, agissant dans l'exercice de sa souveraineté, ne peut commettre ni une faute ni un quasi-délit engageant sa responsabilité : mais une sorte de justice supérieure devrait amener la société à ne jamais laisser l'innocent subir seul le poids d'un service public qui profite à tous. Plus généralement, l'équité exige que toute atteinte, même légitime et nécessaire, à un droit, soit toujours compensée, lorsqu'elle porte sur un individu déterminé. Cette théorie ne reconnait pas à l'individu un droit absolu : mais elle met à la charge de l'Etat plus qu'un devoir moral d'assistance, une véritable obligation : il est tenu, non pas en vertu des principes du droit civil, mais à raison de cette conception supérieure qui devrait dominer tout le droit public, qu'il faut tendre à compenser toujours le dommage causé à une personne dans l'intérêt de tous.

L'indemnité repose donc sur « une notion large des devoirs de l'Etat, et une orientation générale vers un état de droit supérieur où l'on demandera à la liberté individuelle le moins de sacrifices, où l'on réparera les préjudices le plus complètement et le plus sûrement ». M. Péan a formulé cette théorie d'une manière assez heureuse : si l'Etat peut réparer l'erreur, et dans la mesure où il le peut, il le doit. Et M. Le Poittevin a développé cette idée en disant : « Une justice parfaite obligerait la société à réparer intégralement tout préjudice imposé dans l'intérêt général à une personne déterminée. Mais le droit public est un ensemble de principes, souvent en conflit, qui se limitent réciproquement. Le principe de la liberté individuelle s'incline

1. Cf. *Revue politique et parlementaire*, juillet 1895, p. 91.

devant certaines nécessités sociales, surtout devant les exigences de la détention préventive. Le premier devoir de l'Etat consiste à maintenir l'ordre : il l'accomplit, entre autres moyens, par la justice pénale. *Le principe de réparation intégrale ne comporte d'application pratique que dans la mesure où il ne contrarie pas cette fonction essentielle de l'Etat,* dans la mesure où il peut se concilier, sans l'affaiblir, avec l'indépendance et la force indispensables au pouvoir répressif ».

Il y a quelque chose d'un peu choquant dans cette théorie, au point de vue des principes du droit : par hypothèse, l'Etat n'est pas seulement tenu d'un devoir moral, mais d'une véritable obligation, découlant de l'idée d'équité et de justice ; et cependant il n'y a aucun droit véritable à l'indemnité pour les victimes d'erreurs judiciaires. M. Seligman a triomphé de cette objection au moyen d'une comparaison ingénieuse : entre l'obligation civile et l'absence d'obligation, le droit reconnait certaines obligations de conscience, qui sont susceptibles de devenir des obligations civiles lorsqu'elles ont été volontairement assumées par celui qui en a la charge. Il y a, pour les Etats comme pour les individus, des *obligations naturelles* de charité et de solidarité sociale qu'il convient de sanctionner et dont on doit chercher à assurer l'exécution. La société, n'étant tenue que d'une obligation naturelle, est libre d'en reconnaitre l'existence dans la mesure qu'il lui plaira.

Il semble qu'il n'y ait là qu'une question de mots, et qu'on en revienne à l'idée du devoir moral, à l'indemnité à titre gracieux. Ce qui distingue les deux théories, c'est que, tout en refusant compétence, pour statuer sur les demandes en indemnité, aux tribunaux ordinaires, afin d'enlever aux réparations allouées le caractère d'un succès remporté de haute lutte contre l'action publique, on introduit cependant, dans le système basé sur le droit public, la forme contentieuse : dans chaque ressort, une commission centrale, indépendante, composée de magistrats, de personnalités administratives, de membres des corps élus, d'avocats, instruirait les demandes, recevrait les avis et propositions des juges d'instruction, des parquets, des tribunaux et des jurés qui seraient amenés à expliquer leur verdict hors séance dans la Chambre des délibérations. Il n'y aurait devant ces commissions aucune espèce de publicité. Toutes ces demandes ainsi réunies dans chaque ressort seraient ensuite portées devant une commission centrale, qui répartirait les indemnités sur tout le pays, aussi bien au cas de relaxe qu'au cas de révision.

Cette théorie intermédiaire a été consacrée par la loi autrichienne du 16 mars 1892. Comme elle est susceptible de recevoir toutes les interprétations possibles, suivant la conception qu'on se fait des devoirs de l'Etat, on n'a accordé d'indemnité, en Autriche, qu'aux victimes de condamnations injustes, après révision, et non aux prévenus reconnus innocents. On voit par là qu'au point de vue des conséquences pratiques ce système ne diffère pas beaucoup du système de l'obligation morale, qui peut également être entendu plus ou moins largement suivant les temps et les besoins. Il ne faut pas se faire illusion sur la différence apparente qui existe entre les deux théories relativement à l'autorité compétente pour accorder l'indemnité ; même avec la théorie du devoir moral, l'indemnité sera allouée, dans la plupart des législations, dans la forme contentieuse, par les tribunaux ; d'ailleurs, que ce soit l'autorité administrative, une commission ou un tribunal ordinaire qui statue, au fond l'indemnité sera toujours gracieuse, puisqu'en l'absence de tout droit reconnu, elle pourra être accordée ou refusée arbitrairement.

Les fondateurs de cette théorie nouvelle ont voulu prendre un moyen terme entre le système de la responsabilité de l'Etat, qui leur paraissait dangereux par ses conséquences pratiques, et celui de l'irresponsabilité absolue, qui leur semblait avec raison contraire aux principes de justice et d'équité. Ils n'ont réussi qu'à édifier une théorie fragile et artificielle, qui n'est au fond que la théorie du devoir moral présentée sous une autre forme. Nous estimions qu'elle doit être écartée ; il ne reste donc en présence que les deux systèmes opposés, l'un admettant, l'autre rejetant le droit à l'indemnité, entre lesquels il faut opter.

Soit qu'on fonde la responsabilité de l'Etat sur l'idée de faute sociale, soit plutôt qu'on la fonde sur cette autre idée, que l'erreur constitue un risque inhérent à l'exercice de la fonction judiciaire, nous croyons qu'on peut trouver au droit à l'indemnité une base parfaitement juridique. D'autre part, il est clair que cette théorie est plus satisfaisante au point de vue de l'équité, que celle qui fait de l'indemnité une charité librement accordée par l'Etat.

Seulement les conséquences pratiques qu'elle entraîne ont soulevé des objections très sérieuses (1) et c'est princi-

---

1. Cf. plus bas, troisième section.

palement sur ce terrain qu'on se place aujourd'hui pour combattre le système de la responsabilité de l'Etat. Ces objections, nous le verrons bientôt, ne sont pas irréfutables : cependant la reconnaissance, au profit de toutes les personnes injustement poursuivies, du droit à une indemnité, conséquence logique du principe de la responsabilité, exigerait une modification importante à notre Code d'instruction criminelle, et cette modification fera peut-être longtemps encore hésiter le législateur. Mais les difficultés pratiques n'enlèvent pas, croyons-nous, sa valeur à notre théorie : il faudrait opérer prudemment les réformes nécessaires. Il a fallu bien des hésitations pour arriver à accorder des dommages-intérêts après révision ; il faudra peut-être plus de temps encore pour reconnaitre un droit analogue à toute personne injustement poursuivie. Mais rien n'empêcherait, dès à présent, de poser nettement le principe de la responsabilité de l'Etat, quitte à n'en tirer que peu à peu toutes les conséquences logiques. On pourrait même (et c'était l'idée émise déjà par M. Le Poittevin, en 1895, à la société des prisons) chercher, en cas d'acquittement ou de non-lieu, une solution provisoire dans un système de procédure gracieuse. Mais il ne s'agirait là que de mesures transitoires. Nous croyons que la théorie de la responsabilité de l'Etat vis-à-vis des victimes d'erreurs judiciaires, qui se concilie parfaitement, non seulement avec l'idée de justice supérieure, mais avec les principes positifs du droit, sera tôt ou tard consacrée par notre législation, comme elle commence à l'être par certaines autres. Cette réforme nous paraît d'ailleurs exigée par la protection du droit de liberté individuelle.

SECTION II. — Des indemnités à accorder aux victimes de condamnations injustes

Il ne faut guère chercher dans la pratique de législation ayant appliqué, avec toutes ses conséquences logiques, l'une ou l'autre des théories que nous venons d'exposer. Nous trouverons telle législation admettant le droit à l'indemnité en faveur des condamnés reconnus innocents, et n'accordant même pas une indemnité gracieuse aux personnes injustement poursuivies ; telle autre reconnaît un droit dans le premier cas, une simple faculté dans le second ; plusieurs législations qui basent l'indemnité sur l'idée d'un devoir moral de l'Etat donnent cependant compétence aux tribunaux pour statuer sur cette indemnité. Cela s'explique très bien par ce fait que le législateur se laisse influencer le plus souvent par des considérations pratiques, et que l'édification d'une théorie logique est le moindre de ses soucis. D'ailleurs il n'est pas douteux qu'en notre matière le législateur pouvait être assez disposé à accorder un droit aux condamnés reconnus innocents, et se montrer beaucoup plus circonspect vis-à-vis de simples accusés ou prévenus. La loi du 8 juin 1895 nous fournit un exemple frappant des contradictions du législateur : la proposition votée à la Chambre des députés accordait un droit absolu en cas de condamnation, elle laissait toute faculté au juge en cas de poursuites ; cependant, dans les deux cas, c'étaient les tribunaux, le pouvoir judiciaire, qui statuaient sur l'indemnité. Dans la rédaction définitive, si l'on admet que c'est le système de l'irresponsabilité, celui du Conseil d'Etat, qui a prévalu, il est illogique d'avoir laissé la compétence aux tribunaux ; si l'on admet au contraire que c'est le système de la commission du Sénat, il est non moins illogique d'accorder un droit en cas de condamnation, et de refuser toute indemnité, même facultative, en cas de poursuites.

D'ailleurs, il ne semble pas que le Sénat, en 1894, ait très bien vu la question : cela tient à ce que la théorie de la responsabilité de Etat avait été présentée sous deux formes différentes, par M. Bernard et par M. Bérenger, le premier accordant une indemnité au condamné reconnu innocent dans tous les cas, le second refusant l'indemnité en cas de faute. Le Sénat, lors de la première délibération, se prononça dans le même sens que M. Bérenger, et écarta l'amendement Bernard ; mais il ne manifesta nullement l'intention d'écarter le droit à l'indemnité. Lors de la deuxième délibération, le garde des sceaux soutint que ce premier vote, en refusant d'accorder des dommages-intérêts dans tous les cas sans exception, avait rejeté la théorie de la responsabilité de l'Etat pour admettre celle du devoir moral ; il persuada au Sénat qu'on voulait le faire revenir sur une décision prise, alors qu'on voulait lui faire prendre parti sur le point intéressant, entre le système du Conseil d'Etat et celui de la commission du Sénat. Si bien que le Sénat se prononça deux fois sur un point accessoire, celui de savoir si la faute du condamné reconnu innocent devait supprimer son droit à l'indemnité, et ne se prononça pas du tout sur la question essentielle, de savoir si le droit existait ou non.

Le Sénat a-t-il eu raison de rejeter l'amendement Bernard, qui accordait l'indemnité à tous les condamnés reconnus innocents sans exception ? Il est certain, tout d'abord, que si l'on trouvait trop large la formule : « dans tous les cas des dommages-intérêts devront être alloués », on pouvait ajouter un deuxième paragraphe à peu près ainsi conçu : cependant, au cas où le condamné aura donné lieu par sa faute aux poursuites et à la condamnation, l'arrêt ou le jugement, etc., pourra lui refuser des dommages-intérêts ; il ne fallait pas adopter le texte amphibologique de la commission du Sénat, qui semblait laisser une faculté aux tribunaux, même en dehors du cas de faute. Mais était-il même bien nécessaire de mettre dans la loi une réserve expresse supprimant l'indemnité en cas de faute de la victime de l'erreur ? Comme les tribunaux pouvaient abaisser le montant des dommages-intérêts jusqu'à 1 fr., le danger n'était pas bien grand. De plus on pouvait faire le raisonnement suivant : ou bien la prétendue faute résulte de ce que l'individu était profondément troublé, atterré, et alors on ne peut rien lui reprocher, ou bien son acte est réellement frauduleux, et c'est une règle constante en droit qu'on ne vient pas en aide à la fraude et au dol. Nous ne pensons donc pas qu'il y ait de restriction à apporter au droit à l'indemnité reconnu au condamné après révision.

Arrivons à l'examen des législations étrangères. Nous les rangerons en trois groupes, suivant qu'elles se rapprocheront plus ou moins des trois systèmes que nous avons exposés : système de l'obligation juridique, système du devoir moral, système basé sur le droit public.

Le type des législations du premier groupe est la législation *danoise*. La loi du 5 avril 1888 proclame de la façon la plus formelle le droit à l'indemnité, non seulement à

l'égard des condamnés reconnus innocents, mais aussi à
l'égard des personnes détenues préventivement. Voici les
textes relatifs aux dommages-intérêts accordés après révision : Article 5 : Lorsqu'une peine prononcée par jugement
a été subie en tout ou en partie, et qu'il vient à être régulièrement prouvé que cette peine n'était pas justifiée, le
condamné a *droit* à une indemnité sur le Trésor public,
pour les tort, préjudice et perte pécuniaire qui en sont
résultés pour lui. L'action en indemnité doit être intentée
devant le tribunal de première instance qui a connu de
l'instance pénale, par assignation à l'autorité supérieure,
et à celui ou ceux des juges qui ont prononcé la condamnation, ou directement devant le tribunal immédiatement
supérieur, à moins que ce ne soit la Cour suprême. Article 6. La *créance* d'indemnité pour perte pécuniaire appartient après la mort de l'intéressé à son conjoint et à ses
descendants. Article 7. Les indemnités alloués en exécution de la présente loi seront payées par le Trésor, qui
aura recours contre le juge, lorsque ce dernier se sera
rendu coupable d'abus d'autorité, de négligence, ou d'autre faute inexcusable.

Les termes de cette loi ne laissent aucun doute sur l'existence du droit : la personne injustement condamnée a le
droit de poursuivre l'Etat devant les tribunaux ordinaires,
afin de lui demander une compensation pour le dommage,
matériel ou moral (tort, préjudice et perte pécuniaire),
dont la condamnation a été la cause. La loi danoise, qui
a pris soin de supprimer expressément le droit à l'indemnité en cas de détention préventive, lorsque l'intéressé
y aurait donné lieu lui-même par sa conduite, ne contient

aucune disposition analogue en cas de condamnation injuste : les tribunaux pourront toujours réduire les dommages-intérêts à une somme dérisoire. C'est en Danemark que la reconnaissance du droit à l'indemnité a trouvé son plus complet développement.

Le Code d'instruction criminelle *norvégien* du 1er juillet 1887 pose également d'une façon très nette le principe de la responsabilité de l'Etat, paragraphe 469 : Le Trésor doit une indemnité à celui qui, après avoir subi sa peine, sera reconnu innocent.

L'article 12 de la loi du 3 avril 1896 en *Portugal* sur la réhabilitation des condamnés consacre le même principe : La sentence de réhabilitation accordera au condamné, s'il en a fait la demande, une juste indemnité à raison du préjudice subi par le fait de l'accomplissement de la peine. — Le droit à l'indemnité, en faveur des condamnés reconnus innocents, est encore admis par les législations de certains cantons suisses, notamment celui de *Neufchâtel* (depuis 1875).

La reconnaissance du droit à l'indemnité parait bien encore résulter des termes du projet de réforme du Code de procédure criminelle *Hongrois* (1). — Art. 578. Celui qui, en conséquence d'un jugement définitif, a subi une peine privative de liberté ou une peine d'amende, est en *droit* d'obtenir une réparation pécuniaire : 1° si, par suite de la révision du procès, il est acquitté par un jugement définitif; — 2° si, par suite de la révision du procès, il est condamné

---

1. Ce projet a été soumis à la Chambre des députés par le ministre de la justice Erdelyi, le 4 mai 1895. — Cf. *Revue pénitentiaire* 1896, p. 970 et s.

par un jugement définitif à une peine inférieure à celle
qu'il avait subie en vertu du jugement annulé (1). — Art.
579. Ne peut réclamer aucune indemnité : 1° celui qui s'est
faussement dénoncé lui-même ou qui a faussement avoué :
— 2° celui qui, dans le premier procès, a avec préméditation
passé sous silence les preuves sur lesquelles le tribunal,
saisi de la demande en révision, a basé sa sentence : — 3°
celui qui n'a eu recours à aucun moyen d'appel contre le
jugement qui a déclaré punissable un fait qui ne l'était pas ;
— 4° celui qui, condamné à une peine privative de liberté,
s'est mis en demeure de subir sa peine avant que le jugement fût devenu définitif (2). Le législateur a pensé avec
raison que, dans tous ces cas, il y avait de la part du demandeur en indemnité une faute suffisamment grave pour
écarter toute réparation pécuniaire. — Le projet fixe à six
mois le délai pendant lequel l'indemnité peut être demandée. — Après la mort de la victime de l'erreur, le droit à
l'indemnité passe à « ceux qui, en vertu d'une loi ou d'une
coutume légale, avaient le droit de demander des aliments
au défunt ». (Art. 582). Ils ont également un délai de six

1. L'indemnité ne sera accordée, en cas de réduction de peine, que si le
demandeur a déjà *subi* une peine d'une durée supérieure à celle qui est
prononcée en second lieu. Cette disposition est fort juste, et nous ne
croyons pas qu'on puisse soutenir que le principe de la responsabilité de
l'Etat exigerait dans tous les cas, en l'absence de faute, l'allocation de
dommages-intérêts au demandeur en révision dont la peine est seulement
réduite : l'indemnisation n'a pas de raison d'être si la durée de la peine
subie ne dépasse pas encore la durée de celle qu'on aurait dû prononcer.

2. Ce dernier cas fait allusion à la disposition de l'article 506 du même
projet : « L'accusé qui, se reconnaissant coupable, veut se libérer le plus
tôt possible de sa peine, peut se constituer prisonnier avant le terme pres-
crit pour la validité définitive du jugement ».

Sevestre 20

mois, à compter du jour où ils ont eu connaissance de la mort.

De même, l'article 583 dispose : « Au cas où une sentence judiciaire devenue définitive décide que tel individu qui a été condamné à la peine de mort et exécuté eut dû être acquitté, ceux de ses parents qui pouvaient réclamer de lui des aliments, ont droit, *s'ils en ont besoin*, à une indemnité en argent comptant correspondante à la pension alimentaire qu'ils ne peuvent plus recevoir. Le délai court du jour à partir duquel le parent a reçu connaissance de l'ordonnance de non-lieu devenue définitive ou de l'arrêt d'acquittement. »

Au point de vue de la compétence, nous avons vu que l'article 5 de la loi danoise de 1888 laissait aux tribunaux ordinaires la mission de statuer sur la demande en dommages-intérêts. Le projet de réforme hongrois a organisé une procédure un peu différente : — Article 584. L'action en indemnité doit être introduite devant la Cour de justice qui, dans la cause en question, a été saisie comme tribunal de première instance, ou dans le ressort de laquelle se trouve le tribunal d'arrondissement qui a été saisi en première instance : — Article 587. Après la fin du procès, la Cour de justice soumet l'ensemble des pièces à la Cour suprême royale, qui statue définitivement sur le droit à l'indemnité et sur l'existence du dommage. *Si elle donne suite à l'affaire elle renvoie le procès au ministre de la justice.* Suivant le fond de la décision rendue par la Cour suprême royale, le ministre de la justice fixe le montant des dommages-intérêts. L'article 588 organise les recours de l'Etat contre les personnes responsables de l'erreur judiciaire : L'Etat a

un recours jusqu'à concurrence du montant des dommages-intérêts contre tout individu dont les actes ou les né-
gligences sont la source du préjudice causé. L'Etat n'a
de recours contre un juge, officier de justice, ou un membre du ministère public royal, qu'au cas où il sera prouvé
par un arrêt définitif que l'acte ou l'omission de ces agents,
source du préjudice, constitue une faute disciplinaire ou
un acte criminel.

La théorie du devoir moral de l'Etat, qui fait de l'indemnité un secours librement accordé par la société au nom
d'un principe supérieur de justice et de charité, est représentée par la loi *suédoise* du 12 mars 1886 « concernant
l'indemnité à accorder aux frais de l'Etat aux innocents
arrêtés ou condamnés ». Cette loi accorde une réparation
pécuniaire, à titre facultatif, en cas de condamnation à une
peine privative de liberté rétractée ou adoucie après une
nouvelle instruction. La demande en indemnité n'est pas
portée devant les tribunaux : l'article 3 de la loi dispose :
« Les requêtes à fin d'indemnité dans les termes de la loi
seront adressées au roi, et devront, pour être instruites, être
présentées au ministère de la justice dans le délai d'un an,
compté, dans le cas de l'article 2, du jour, où la force de
chose jugée aura été acquise au jugement prononçant l'acquittement du prévenu ou sa condamnation à une peine
moindre que la peine déjà subie ». L'individu qui veut obtenir une indemnité, s'il se trouve dans les conditions légales, adresse sa requête au roi par l'intermédiaire du ministre ; la demande est instruite par le ministre, l'indemnité
est allouée par le roi et sa décision n'est soumise à aucun
recours. Ce n'est pas une demande contentieuse, c'est une

concession bénévole du pouvoir social. « C'est par l'intervention gracieuse du souverain, dit M. de Krzymuski, que doit être levé le désaccord pouvant se manifester dans certains cas entre cette règle formelle du droit, que sans une faute quelconque il ne peut y avoir aucune responsabilité, et l'idée d'équité, qui ferait considérer comme injuste qu'une personne injustement condamnée ou détenue fût privée de tout dédommagement de la part de l'Etat, alors même qu'il n'y a pas la moindre faute de sa part ». Le roi, gracieusement, au nom de la société, accorde une indemnité équitable, résultant des devoirs d'assistance de l'Etat. Ceux qui, par une faute quelconque, ont provoqué la condamnation, n'ont droit à aucune réparation.

Enfin la théorie de l'obligation naturelle de l'Etat, de l'indemnité basée sur les principes du droit public, est représentée par la loi *autrichienne* du 16 mars 1892. Article 1er. Celui qui, à la suite d'une action punissable poursuivie d'après la loi pénale, a été condamné définitivement, a *le droit* de demander à l'Etat une indemnité proportionnée au préjudice *matériel* que sa condamnation injustifiée lui a fait éprouver, si, à la suite d'une reprise de la procédure, intervient une ordonnance de non-lieu ou un rejet définitif de l'accusation, et en général dans tous les cas où il y a postérieurement acquittement. L'Etat est responsable vis-à-vis des victimes d'erreurs judiciaires, non comme fisc, mais en sa qualité d'organe faisant œuvre de souveraineté. Seulement à cette responsabilité de l'Etat ne correspond, malgré les termes de cet article premier, aucun droit appartenant aux personnes condamnées par erreur.

Le projet voté par la Chambre des députés reconnaissait

aux victimes d'erreurs judiciaires un droit à l'indemnité, et organisait une procédure assez compliquée, divisée en trois phases : instruction préparatoire devant le juge qui avait prononcé en première instance l'admissibilité de la demande en reprise de la procédure ; puis, débats oraux et contradictoires devant la Cour d'appel (Cour de deuxième instance) chargée de juger en premier ressort la demande en indemnité ; enfin, en cas de recours, procédure devant la Cour suprême statuant en dernier ressort. Lorsque la théorie de l'obligation naturelle, soutenue à la Chambre des seigneurs, eût définitivement prévalu, la procédure ne fut pas complètement modifiée. La demande en indemnité, d'après la loi du 16 mars 1892, doit être adressée au tribunal qui a rendu en première instance le jugement annulé par la voie de la révision ; mais son rôle se borne à faire une instruction préparatoire, et, celle-ci une fois close, à renvoyer les pièces avec compte rendu au ministre de la justice chargé de statuer sur la demande et de fixer, au cas où en principe il trouverait juste d'y acquiescer, le montant de l'indemnité à accorder. Cette décision est susceptible d'un recours porté devant la *Cour de l'Empire*, tribunal qui a pour fonction de juger, outre les litiges en matière de compétence, les prétentions de tous ceux qui se croient lésés par l'Etat à l'occasion d'un acte touchant à la souveraineté.

A la différence du projet de réforme hongrois, la loi autrichienne donne compétence au ministre de la justice, non seulement pour fixer le montant des dommages-intérêts, mais pour statuer sur la demande en indemnité. Sans doute, la décision du ministre peut être attaquée devant la Cour de l'Empire, ce qui distingue le système autrichien du système suédois, où la sentence du roi n'est susceptible d'aucun recours : mais l'indemnité n'en reste pas moins facultative. La théorie de la responsabilité de l'Etat entraîne la procédure contentieuse ; c'est par un certain manque de logique que le projet hongrois charge le ministre de fixer le montant de l'indemnité. La théorie de l'irresponsabilité entraîne la forme gracieuse : la loi suédoise de 1886 en fournit un exemple. La théorie intermédiaire admise par la loi autrichienne devrait entraîner une compétence spéciale ; M. Seligman proposait l'organisation des commissions composées de magistrats, de fonctionnaires et d'avocats ; la loi de 1892 a organisé une procédure gracieuse, susceptible d'un recours contentieux.

L'indemnité ne pourra être accordée si la victime de l'erreur était responsable de sa condamnation : « La réclamation n'est pas admise, si la condamnation résulte d'un fait intentionnel du condamné, ou si, en cas de condamnation par contumace, il a omis de former opposition ». La loi autrichienne se montre très restrictive en exigeant, pour accorder une indemnité, l'existence d'un préjudice matériel ; par contre, elle n'exige pas que l'innocence du condamné soit formellement reconnue ; nous avons déjà critiqué les termes trop larges de l'article 353 du Code d'instruction criminelle autrichien, qui autorise la révision lorsque le condamné allègue un fait nouveau de nature à entraîner son acquittement ; de même ici, la loi autrichienne se contente d'un non-lieu ou d'un acquittement intervenant à la suite de la reprise de la procédure. A ces deux points de vue, la loi française, qui se contente d'un préjudice moral et qui exige la certitude de l'innocence, nous paraît bien préférable (1).

Nous ferons rentrer dans le même groupe que la loi autrichienne la loi *belge* du 18 juin 1894. Cette loi distingue suivant que l'innocence aura été reconnue, ou que la peine aura seulement été réduite, parce qu'on avait appliqué primitivement un texte de loi trop rigoureux. Dans le premier cas, l'article 447 dispose qu' « une indemnité *sera* allouée à la charge du Trésor public, soit au condamné, soit à ses ayants droit » ; dans le deuxième, une indemnité *pourra être* allouée (2) Il semble que la loi reconnaisse l'existence d'un droit, au moins dans le premier cas. Mais au lieu d'attribuer compétence aux tribunaux ordinaires, elle charge le gouvernement d'accorder ou de refuser les dommages-intérêts, et d'en fixer le montant. Si le législateur de 1894 avait voulu consacrer la responsabilité de l'Etat vis-à-vis des victimes d'erreurs judiciaires, il n'aurait pas retiré à l'autorité judiciaire une compétence qui lui revenait de droit, puisqu'il s'agissait de statuer sur une dette véritable, sur une obligation juridique de l'Etat.

Une loi récente du 20 mai 1898 a introduit également dans la législation pénale *allemande* le droit, pour les victimes d'erreurs judiciaires, d'obtenir une indemnité pécuniaire. Le Reichstag avait déjà émis un vote en ce sens en 1886. Au point de vue du fond, cette loi se rapproche beau-

---

1. Cf. Berlet, p. 144.

2. Nous reproduisons ici la même observation que nous avons faite à propos de la loi hongroise : jamais une indemnité ne sera allouée si la durée de la peine déjà subie n'atteint pas la durée de la deuxième peine prononcée.

coup de la législation autrichienne. Mais elle paraît bien reconnaître au profit des personnes injustement condamnées un droit à une indemnité. Bien qu'elle donne compétence à l'administration de la justice pour fixer le taux des dommages-intérêts, elle semble consacrer, comme le projet de réforme hongrois, le principe de la responsabilité de l'Etat. D'après cette loi, l'indemnité ne peut être accordée qu'au condamné qui a subi, au moins partiellement, la condamnation prononcée à tort contre lui, et à ceux de ses parents qui ont droit à une pension alimentaire. La réparation doit toujours être limitée au préjudice matériel. Aucune indemnité n'est due si le condamné avait, dans sa défense, commis une négligence grave de nature à justifier l'erreur judiciaire dont il est reconnu victime à la suite d'une procédure en révision ; mais le fait d'avoir négligé une voie légale de recours n'est pas considéré comme une négligence grave. — Une indemnité peut être accordée, non seulement à l'individu acquitté à la suite de la reprise de la procédure, mais même à celui à l'égard de qui la révision a fait écarter une circonstance aggravante, et qui, par ce motif, demeure définitivement condamné à une peine moins grave que la peine prononcée par le précédent jugement. — La juridiction qui prononce sur la révision reconnaît le droit à l'indemnité, sans pouvoir toutefois en déterminer le quantum : sa décision en ce qui concerne le droit à une réparation pécuniaire n'est même pas lue publiquement à l'audience, elle est seulement notifiée à l'intéressé, et celui-ci, pour en recueillir le bénéfice, adresse à peine de déchéance une requête au parquet dans les trois mois de cette notification. Le ministre de la justice de l'État fédéré ou le chancelier de l'Empire, suivant que l'indemnité à payer est à la charge du Trésor public de l'un des Etats confédérés ou du Trésor de l'Empire, arbitre le montant de la somme due : sa décision est susceptible d'un recours de la part de l'intéressé dans un nouveau délai de trois mois, soit devant le tribunal régional, soit devant la Cour suprême de l'Empire (1). Le Trésor qui paye une indemnité est subrogé aux recours pouvant appartenir au condamné contre les individus qui, par un acte illégal, ont causé l'erreur judiciaire.

Une première observation qui se présente à l'esprit après cet examen des législations étrangères, c'est que, dans la pratique, la manière dont sera calculée l'indemnité est absolument indépendante de la théorie qu'a adoptée le législateur comme fondement de la réparation. La loi suédoise, tout en proclamant l'irresponsabilité de l'Etat, se montre beaucoup plus large que la loi autrichienne, ou même que la loi allemande, qui reconnaît le droit à une indemnité : ces deux législations n'accordent en effet de dommages-intérêts qu'en cas de préjudice matériel. Cette restriction est absolument injustifiée, si l'on admet une certaine responsabilité à la charge de l'Etat, et les législations ont été beaucoup mieux inspirées, qui n'ont pas distingué entre le dommage matériel et le dommage moral.

Au sujet des fautes qui doivent exclure pour le condamné reconnu innocent la possibilité d'obtenir une indemnité,

---

1. Pour savoir si l'indemnité est à la charge du Trésor d'un Etat particulier ou du Trésor de l'Empire, il faut rechercher quelle était la juridiction compétente pour connaître en première instance des faits qui ont motivé la condamnation révisée.

plusieurs lois étrangères ont cherché à en donner une énumération. Il vaut mieux adopter une formule générale, comme celle de la loi allemande (une négligence grave de nature à justifier l'erreur judiciaire) et laisser aux tribunaux le soin d'apprécier si la faute commise est suffisamment grave pour empêcher l'indemnisation. L'accusé a pu se trouver dans un état d'esprit tel que la faute ne lui soit pas imputable : il faut que le tribunal ait toujours la faculté d'accorder une indemnité. C'est d'ailleurs cette idée qui a fait repousser au Sénat l'amendement Trarieux.

En ce qui concerne les condamnés reconnus innocents, on ne peut essayer de combattre la théorie de la responsabilité de l'Etat qu'en se plaçant sur le terrain des principes ; or nous croyons avoir montré que cette responsabilité trouvait un fondement juridique très suffisant dans cette idée que les erreurs judiciaires constituent pour la société des risques qu'elle doit supporter. Au point de vue pratique, le droit à l'indemnité ne peut avoir aucun inconvénient ; il ne faut donc pas craindre de poser en principe, dans la loi, que des dommages-intérêts *devront* être alloués au condamné après révision. Quant aux fautes par lesquelles le condamné a pu se désigner lui-même aux poursuites, nous ne croyons pas qu'il soit nécessaire de leur consacrer une disposition spéciale, puisque l'indemnité peut être abaissée jusqu'à 1 fr. Si cependant le législateur le juge utile, il pourra donner aux tribunaux la faculté, et non l'obligation, de refuser les dommages-intérêts au cas où le condamné aurait été responsable de sa condamnation.

La conséquence logique de la reconnaissance du droit à l'indemnité sera de donner compétence aux tribunaux pour statuer sur l'indemnité et en fixer le montant. Nous repoussons le système adopté par la loi allemande et par le projet de loi hongrois, qui consiste à confier aux tribunaux le soin de statuer sur l'existence du droit, et au gouvernement celui de déterminer le quantum des dommages-intérêts.

Il faut reconnaître que, dans la pratique, l'admission de l'une ou de l'autre des théories n'entraînera pas des conséquences bien différentes au sujet des dommages-intérêts à accorder aux condamnés après révision. Même dans les législations qui proclament l'irresponsabilité de l'Etat, les victimes de condamnations injustes recevront toujours, sauf le cas de faute, une indemnité raisonnable. Mais il importe de savoir à quel titre elles recevront cette réparation. L'équité exige que cette réparation ait le caractère d'une dette de l'Etat, et non celui un peu humiliant d'une charité. De plus la reconnaissance du droit à une indemnité au profit des condamnés reconnus innocents entraînera tôt ou tard, comme conséquence logique, l'indemnisation, peut-être d'abord facultative, puis obligatoire, des personnes dont l'innocence apparaît à la suite d'une détention préventive ; en attendant la généralisation de ce principe, qui assurera la protection de la liberté individuelle contre les empiétements de la collectivité : toute atteinte, même légitime et nécessaire, à un droit, doit toujours être compensée lorsqu'elle porte sur un individu déterminé.

SECTION III. — **Des indemnités à accorder aux personnes injustement poursuivies.**

Avant de passer en revue les solutions des législations

étrangères, nous devons rechercher si la réforme qui consisterait à accorder des dommages-intérêts, en cas d'innocence reconnue, à toutes les victimes de poursuites injustifiées, est pratiquement réalisable, ou si au contraire les objections qu'on lui adresse de toutes parts sont assez fortes pour la faire écarter. Nous allons donc reprendre les principales de ces objections, pour essayer d'y répondre.

Une première objection, assez forte à première vue, est celle-ci : si l'individu acquitté ou celui qui a bénéficié d'une ordonnance ou d'un arrêt de non-lieu a le droit de réclamer une indemnité, il va s'élever un débat public, devant le tribunal chargé de prononcer sur la demande, entre le demandeur et le juge d'instruction ou le procureur de la République. La juridiction civile sera chargée de juger les décisions des tribunaux criminels et les actes des juges d'instruction. Ce débat public, qui aura toutes les allures d'une prise à partie, sera de nature à porter une grave atteinte au prestige de la magistrature. Cette objection ne s'adresse pas en réalité au principe même de l'indemnité, mais à une certaine forme de procédure. Il est certain que si, dans l'état actuel de la législation, on se bornait à poser en principe que toute personne acquittée ou renvoyée des poursuites a le droit de demander une indemnité à condition de prouver son innocence, en lui laissant la faculté de s'adresser aux tribunaux civils, il en résulterait un grand nombre de contestations périlleuses pour le pouvoir judiciaire. Mais si le tribunal criminel, en prononçant l'acquittement, où le juge d'instruction en rendant son ordonnance de non-lieu étaient chargés par la loi de déclarer si l'innocence est démontrée, si le droit de demander une indemnité était expressément subordonné à cette déclaration d'innocence, en dehors des cas tout à fait exceptionnels où, postérieurement à la décision mettant fin aux poursuites, un fait nouveau viendrait établir cette innocence, il n'y aurait plus aucun scandale de ce genre à craindre. Le tribunal civil devant lequel serait portée la demande en indemnité, n'aurait qu'à constater si le demandeur a été reconnu innocent lors de l'acquittement ou du non-lieu, ou s'il se trouve dans un des cas déterminés par la loi : et, dans l'affirmative, il serait forcé de l'accorder, à moins que le prévenu n'eût attiré sur lui les poursuites par sa faute : en dehors du cas de faute, son rôle se bornerait à fixer le montant des dommages-intérêts.

Nous ferons une réponse analogue à cette autre objection, que la reconnaissance du droit à l'indemnité ouvrirait à l'État une perspective d'un nombre considérable de procès, et pourrait avoir des conséquences désastreuses pour ses finances. Cette critique serait juste si toute personne renvoyée des poursuites pouvait réclamer des dommages-intérêts : mais si le droit n'est accordé qu'à ceux dont l'innocence est reconnue, le danger disparaît entièrement. Il est rare qu'après un acquittement le tribunal ou le jury soient certains de l'innocence de l'acquitté ; il est encore plus rare que le juge d'instruction, en abandonnant les poursuites, n'ait plus aucun soupçon sur la culpabilité. Sans doute, si une réforme législative vient donner à ces juridictions la mission de se prononcer sur l'innocence, en cas d'acquittement, le nombre des demandes pourra augmenter ; il ne sera jamais bien considérable.

Mais, dira-t-on, si l'on conçoit à la rigueur que le tribunal correctionnel ou le jury donnent les motifs de l'acquittement qu'ils prononcent, comment admettre que le juge d'instruction ou la Chambre des mises en accusation motivent l'arrêt ou l'ordonnance de non-lieu? Le Code d'instruction criminelle autorise la reprise des poursuites, après une décision de non-lieu, si des charges nouvelles apparaissent. Quelle sera la situation du juge d'instruction qui aura proclamé l'innocence du prévenu, et qui lui aura fait ainsi obtenir des dommages-intérêts, si postérieurement on découvre de fortes présomptions dans le sens de la culpabilité? Nous répondrons que le juge d'instruction ne devra s'avancer dans cette voie qu'avec une extrême prudence. Après un acquittement, les poursuites ne peuvent plus être reprises pour le même fait : la fausse déclaration d'innocence n'aurait donc pas grand inconvénient ; au contraire l'ordonnance de non-lieu n'étant pas une mesure définitive, il ne faudra mettre obstacle à de nouvelles poursuite, par une déclaration d'innocence, qu'en cas de certitude absolue. Une semblable certitude sera sans doute rare, mais elle peut se produire ; il sera bon en pareil cas de pouvoir accorder au prévenu des dommages-intérêts.

Autre objection : les magistrats instructeurs, préoccupés dans l'exercice de leurs devoirs par cette idée qu'une erreur commise dans l'arrestation d'un prévenu pourra entraîner contre l'Etat une responsabilité pécuniaire, ne seront plus aussi libres pour prendre toutes les mesures qu'exige la sauvegarde sociale, et hésiteront souvent à ordonner les arrestations nécessaires. L'action répressive affaiblie et énervée, les poursuites des crimes et des délits paralysées, la sécurité générale compromise, telles seraient donc les conséquences directes de la réforme proposée. La réponse à cette objection a été faite par M. Bérenger, à la tribune du Sénat : les magistrats n'auront pas lieu d'être préoccupés, puisque, s'ils commettent une erreur, elle pourra être réparée ; de plus la responsabilité de l'Etat ne les atteint en aucune façon. Il s'agit donc, là encore, d'un danger chimérique. Dans le même ordre d'idées, on a dit que, si l'acquitté avait la faculté de demander des dommages-intérêts, le jury se montrerait peut-être moins indulgent et acquitterait moins volontiers. De semblables raisonnements sont injurieux pour les magistrats et pour le jury.

Nous arrivons à un argument plus sérieux. En n'accordant de dommages-intérêts qu'aux acquittés dont l'innocence sera reconnue, on va créer deux catégories d'acquittés : les uns innocents, ceux qui auront obtenu une indemnité, les autres présumés coupables. La présomption d'innocence, qui s'étend actuellement à tous les individus acquittés, se retournera contre ceux de la seconde catégorie en une présomption de culpabilité Le tribunal auquel les dommages-intérêts seront réclamés devra motiver son refus, et les considérants de sa décision atteindront presque toujours l'acquitté dans son honneur ; d'autre part toute personne renvoyée des poursuites sera obligée de demander l'indemnité, sinon la présomption d'innocence résultant pour elle de l'acquittement ou du non-lieu se changerait aussitôt en présomption de culpabilité. On répond souvent que ces deux catégories existent déjà en fait, puisque l'individu acquitté peut se voir refuser les dommages-intérêts qu'il réclame à la partie civile, ou qu'il peut être condamné envers elle à une indemnité. Mais, comme l'a dit très justement M. Jacquin dans son rapport, le terrain du débat n'est pas du tout le même dans les deux cas : entre la partie civile et l'accusé, c'est la responsabilité civile résultant du dommage causé qui est en jeu ; entre l'Etat et l'acquitté, ce sera la question de culpabilité qui se débattra à nouveau. On exagère à dessein, pour refuser toute indemnité aux personnes injustement poursuivies, la situation inférieure dans laquelle se trouveront celles qui ne l'auront pas obtenue. Il ne s'agit pas, nous le répétons encore, d'accorder le droit de demander une indemnité à tout individu acquitté, mais seulement, sauf exception, à ceux en faveur desquels le tribunal ou la Cour, en prononçant l'acquittement, auront rendu une déclaration d'innocence ; les autres n'auront rien à réclamer. Seront-ils pour cela présumés coupables ? En aucune façon : ils seront dans la situation où se trouvent aujourd'hui tous les acquittés. Faut-il, pour maintenir une égalité qui ne répond pas à la réalité des faits, laisser planer le doute sur tous les acquittés, alors que certains d'entre eux seraient en mesure de prouver leur innocence ? Nous ne le pensons pas. S'il y a des cas dans lesquels la lumière ne peut éclater, ce n'est pas une raison suffisante pour la fuir, quand un honnête homme, publiquement atteint dans sa considération, arrive à établir sa parfaite innocence.

« Nos tribunaux, dit M. Le Poittevin, (et pourquoi n'en serait-il pas de même du juge d'instruction, malgré le caractère légalement provisoire des ordonnances de non-lieu?) discernent déjà fort bien plusieurs catégories d'acquittés dans leurs considérants : l'un est accablé par des motifs qui le dénonceraient comme coupable, réserve d'un doute qui lui laisse la liberté ; l'autre voit son innocence démontrée, il ne subsiste plus à sa charge le plus léger soupçon. » La réforme que nous proposons ne serait donc que la généralisation d'une pratique qui tend de plus en plus à se développer. — Même en matière d'ordonnances de non-lieu, voici comment s'exprimait M. Guillot, juge d'instruction à Paris, dans son ouvrage sur les principes du nouveau Code d'instruction criminelle, en 1884 : « Il serait à souhaiter que le juge d'instruction motivât ses ordonnances de non-lieu, au lieu de se servir de la formule un peu trop énigmatique : attendu que la prévention n'est pas suffisamment établie... »

Nous verrons bientôt que cette objection n'a pas arrêté certaines législations étrangères. Déjà dans notre ancien droit, on distinguait deux espèces de jugements d'absolution. « On met les parties hors de Cour, dit Pothier (1), lorsque l'innocence de l'accusé n'est pas pleinement justifiée ; l'autre espèce de sentences d'absolution, qui donne à l'accusé congé de la plainte, est la plus honorable pour lui ; elle le justifie pleinement. » On objectera peut-être que, si la réforme est réalisable en ce qui concerne les jugements des tribunaux correctionnels, ou même les ordonnances de non-lieu, elle se heurterait à de grosses difficultés en ce qui concerne les verdicts du jury. Le jury ne motive pas sa décision : il se borne à répondre oui ou non à la question de culpabilité. On ne peut songer évidemment à faire motiver les verdicts du jury par les magistrats de la Cour, car on s'exposerait à de singulières

1. Cf. *Procédure criminelle*, 150.

contradictions ; mais pourquoi ne pas poser au jury une question supplémentaire, en cas d'acquittement, relativement à l'innocence, de même qu'on pose, en cas de condamnation, la question des circonstances atténuantes ? On pourrait même imiter la législation écossaise, dans laquelle il y a trois verdicts : coupable, non-coupable, non-prouvé. La déclaration de non-culpabilité serait réservée au cas où l'innocence de l'accusé serait absolument démontrée. — Ainsi, à condition de n'accorder de dommages-intérêts que si l'innocence du prévenu apparaît clairement, ce qui sera assez rare, la situation des autres ne sera guère empirée ; et si après tout cette réforme entraîne pour eux une légère défaveur, le mal ne sera pas très grand : comme le disait M. Chiché à la Chambre des députés en 1892, les accusés qui bénéficient du doute ou de la pitié n'ont droit qu'à un acquittement dédaigneux.

Le système que nous défendons, qui consiste à faire prononcer la déclaration d'innocence, seule base possible de l'indemnité, par la juridiction même qui vient de rendre la sentence d'acquittement ou l'ordonnance de non-lieu, évite la plupart des critiques adressées aux propositions présentées à la Chambre des députés lors de la discussion de la loi de 1895. La question de culpabilité ne sera pas, de cette façon, jugée deux fois. On ne rouvrira pas un nouveau débat, où la personne injustement poursuivie devrait peut-être, pour prouver son innocence, établir, comme le prévoyait le 2° de la proposition de la commission du Sénat, qu'un autre était l'auteur du fait imputé : ce qui avait attiré cette objection de la part des adversaires de la proposition : il ne faut pas que, dans un simple but pécuniaire, on remette en question l'honneur d'un mort, ou de celui que protège toute autre présomption d'innocence. La Cour d'assise ou le tribunal correctionnel, au lieu de rechercher uniquement si la culpabilité est établie, auront à donner également leur avis sur l'innocence du prévenu ou de l'accusé ; s'ils ne constatent pas l'innocence, aucune indemnité ne pourra en principe être réclamée ; si au contraire ils la proclament, des dommages-intérêts pourront être demandés, dans un certain délai (c'est une simple question de procédure à régler) et devront être accordés, à moins que le prévenu ne se soit lui-même désigné aux poursuites par sa propre faute.

A propos de cette faculté, pour la juridiction chargée de statuer sur la demande en indemnité, de la repousser en cas de faute du demandeur, on a soulevé l'objection suivante : lorsque le prévenu acquitté réclamera des dommages-intérêts, le magistrat pourra presque toujours de très bonne foi soutenir que c'est l'attitude du prévenu qui a fait naître de graves présomptions de culpabilité. Mais cette objection s'appliquerait aussi bien au condamné reconnu innocent : il n'y a pas plus à en tenir compte dans un cas que dans l'autre. Il faut que la faute ait été suffisamment grave et qu'elle soit imputable à la personne poursuivie : une faute légère pourrait tout au plus entraîner une diminution du montant des dommages intérêts.

Il est d'ailleurs indispensable d'exclure la réparation pécuniaire en cas de faute du demandeur ; autrement on verrait sans cesse se produire des dénonciations mensongères, des aveux intéressés, et des crimes ou des délits simulés, ayant pour but de préparer des recours en vue d'une indemnité.

Une dernière critique, adressée au droit à l'indemnité, est celle-ci : où s'arrêtera la réforme ? Logiquement elle conduirait à accorder une indemnité à ceux qui n'ont reçu qu'un simple mandat de comparution. Cela est peut-être exagéré ; car il y a dans l'ordre judiciaire des nécessités qui ne peuvent donner lieu à aucune compensation pécuniaire. Mais nous pensons que la théorie de la responsabilité de l'Etat vis-à-vis des victimes d'erreurs judiciaires exige l'indemnisation des personnes injustement poursuivies, alors même qu'elles n'auraient pas subi de détention préventive. Sans doute, le préjudice étant beaucoup moindre, la réparation sera plus faible ; mais il y a eu atteinte portée au droit qu'à tout individu de rester à l'abri de poursuites judiciaires lorsqu'il ne commet aucun acte tombant sous le coup de la loi : si un dommage résulte de cette atteinte, il doit être réparé.

Nous ne croyons pas que, réduite à ces proportions, l'indemnisation des personnes injustement poursuivies puisse entraîner des résultats fâcheux. L'objection la plus grave qu'on puisse lui adresser. c'est que nous ne sommes peut-être pas préparés, en France, à l'heure actuelle, à la réforme consistant à faire motiver les arrêts ou jugements d'acquittement ; surtout en ce qui concerne les verdicts du jury. cette innovation entraînerait peut-être des surprises dans l'économie générale de la procédure. Mais ce ne serait qu'un inconvénient momentané, que ne peut tenir en échec l'intérêt supérieur de l'équité, qui exige que l'innocence des individus poursuivis soit formellement déclarée, toutes les fois qu'elle sera établie par des preuves suffisantes.

L'indemnisation des personnes injustement poursuivies

a été consacrée par plusieurs législations étrangères. Le mouvement d'opinion qui, en France, n'a pas encore abouti à une réforme législative s'est manifesté également à l'étranger : en septembre 1863, le congrès international de Gand émettait à l'unanimité le vœu « que la société doit indemniser les inculpés détenus préventivement et plus tard reconnus complètement innocents du fait qui leur était imputé. » Des vœux analogues furent émis par les congrès des jurisconsultes allemands de Nuremberg, en 1875, et de Salzbourg, en 1876. Plus récemment la fédération des avocats belges, en 1890, votait une résolution ainsi conçue : une indemnité doit être allouée aux personnes détenues préventivement qui ont été relaxées des poursuites. Cette résolution était trop générale, puisqu'elle n'exigeait pas que l'innocence fût reconnue : s'il n'y a pas certitude d'erreur, il ne peut y avoir aucun droit à une réparation.

Les législations qui étendent la réparation pécuniaire des erreurs judiciaires en dehors du cas de révision offrent la plus grande diversité. Les unes accordent une indemnité en cas d'acquittement et non en cas de non-lieu ; certaines n'exigent pas qu'il y ait eu détention préventive ; il en est même qui indemnisent des prévenus dont l'innocence n'est pas reconnue. Suivant qu'elles admettent ou non le principe de la responsabilité de l'Etat, elles accordent ou non un droit à l'indemnité.

Citons d'abord, parmi les plus larges, la loi *norvégienne*. D'après le Code d'instruction criminelle de 1887, § 469 : Une indemnité est due à celui qui, après avoir subi une détention préventive, a été acquitté, ou en faveur de qui une ordonnance de non-lieu a été rendue, *la préven-*

tion n'étant pas suffisamment établie. — § 470 : Il n'y aura pas lieu à indemnité, si l'accusé lui-même a donné lieu à l'accusation, soit par sa faute, soit en essayant d'égarer l'instruction ou d'influencer les témoins. Ainsi, celui-là même qui n'a été renvoyé des poursuites que faute de preuve a droit à une indemnité. Cette disposition est d'autant plus étrange, dans la loi norvégienne, qu'elle n'indemnise en cas de condamnation que celui dont l'innocence a été reconnue. De plus, comme le fait remarquer M. Berlet (p. 145), il est assez étonnant d'accorder une réparation à celui dont l'innocence est au moins douteuse, et de la refuser à celui qui est responsable des poursuites dirigées contre lui, même s'il est sûrement innocent.

Le Code pénal du canton de *Berne*, de 1854, est également très extensif ; en matière d'ordonnance de non-lieu, il décide que « lorsqu'après une poursuite il interviendra une ordonnance portant qu'il n'y a ni crime ni délit ni contravention, *ou qu'il n'existe pas d'indices suffisants*, le juge d'instruction allouera à l'inculpé, sur sa demande, des dommages-intérêts, et les liquidera immédiatement sous réserve d'un recours à la Chambre d'accusation. Cette Chambre sera autorisée à mettre en tout ou en partie les frais d'instruction à la charge du prévenu, lorsque, par des actes ou propositions contraires aux lois ou répréhensibles, qui peuvent lui être imputées à faute, il aura lui-même provoqué les soupçons qui ont motivé l'instruction ». D'autre part, art. 343. Tout jugement du tribunal correctionnel déclarant l'accusé non coupable décidera en même temps s'il lui est dû une indemnité pour le préjudice que lui a causé l'instruction et fixera cette indemnité.

L'article 443 étend cette disposition à la procédure devant la Cour d'assises. Le prévenu contre lequel il n'aura pas été relevé d'indice suffisants de culpabilité pourra donc obtenir une indemnité.

De même, l'article 1er de la loi du canton de *Bâle-ville* du 9 décembre 1889 dispose que « lorsqu'une personne a été incarcérée par ordre des pouvoirs publics, *si la procédure instruite contre elle n'aboutit pas au renvoi de l'inculpé devant les tribunaux*, elle a droit, après la clôture de l'instruction, à une indemnité proportionnée au tort qui lui a été causé et à la durée de l'incarcération, pourvu toutefois qu'il n'y ait pas de sa faute. La demande en dommages-intérêts devra être formée dans un délai de quinze jours ». Ici encore, des dommages-intérêts peuvent être accordés sans que l'innocence soit pleinement démontrée.

La loi la meilleure, à notre avis, celle qui renferme dans les limites les plus exactes le droit à l'indemnité, est la loi *danoise* du 5 avril 1888. Art. 1er. Celui qui, après avoir été soumis à la détention préventive, est ensuite acquitté ou mis en liberté, sans que l'affaire soit poursuivie jusqu'au jugement, a droit à une indemnité à fixer par le juge, pour le tort, le préjudice et la perte pécuniaire qu'il a subi par suite de la privation de sa liberté, *lorsqu'il résulte nécessairement des explications fournies qu'il était innocent du délit pour lequel il a été détenu*. Art. 2. Le droit à l'indemnité ci-dessus déterminée cesse lorsque l'intéressé a lui-même donné lieu par sa conduite à la détention préventive. Toutefois, lorsque le juge reconnaît que la conduite suspecte du prévenu peut avoir été déterminée par la peur, le trouble ou une erreur excusable, il peut lui allouer une indemnité réduite en proportion. Article 3. Si l'affaire reçoit jugement sans qu'il y ait d'accusateur contre l'intéressé, celui-ci peut, s'il le désire, demander que l'indemnité qui lui est due soit réglée par jugement prononcé au moment où l'affaire se termine. En tout autre cas, la demande d'indemnité pour détention préventive doit faire l'objet d'une instance civile particulière dirigée contre l'Etat. Assignation sera donnée au préfet et au juge d'instruction qui a conduit la procédure. Le demandeur pourra saisir, à son choix, le tribunal de première instance du lieu où il avait été détenu, ou directement le tribunal supérieur duquel relève le juge d'instruction, à moins que ce ne soit la Cour suprême. Art. 4. Toute instance en indemnité pour détention préventive injustifiée doit être intentée dans l'année du jour où l'intéressé a eu connaissance des circonstances sur lesquelles il fondait sa demande.

Nous n'adresserons à cette loi que deux critiques de détail : peut-être aurait-il mieux valu ne pas limiter le droit à l'indemnité au cas de détention préventive, car le simple fait des poursuites peut entrainer un grave préjudice. De plus, en autorisant le prévenu acquitté à prouver son innocence au moyen d'explications postérieures à l'acquittement on s'expose à un grand nombre de réclamations injustifiées. La formule de la loi danoise est très bonne au point de vue théorique, en pratique elle peut être dangereuse.

Le Code pénal *mexicain* du 15 septembre 1880 n'indemnise que les acquittés et ne s'occupe pas des personnes bénéficiant d'un non-lieu après une détention préventive. « Lorsque l'accusé poursuivi d'office sera acquitté, non par suite de l'insuffisance des preuves, mais *après avoir justifié de sa complète innocence* au sujet du délit qui lui était imputé, et auquel il n'aura pas donné lieu par sa conduite antérieure à la poursuite, *la sentence définitive le proclamera d'office*, et si l'accusé le demande, le juge, après avoir entendu le ministère public, *fixera* le montant des dommages-intérêts qui lui seront alloués. Les dommages-intérêts, dans ce cas, seront payés sur le fonds commun des indemnités, si les juges ne sont pas responsables conformément à l'article 348, ou si, l'étant, ils sont insolvables ». La responsabilité des juges au regard des prévenus est organisée, au Mexique, d'une façon plus rigoureuse que dans notre droit français : — Art. 348. Les juges et tous autres fonctionnaires publics, seront civilement responsables, lorsqu'ils auront fait des dénonciations arbitraires, lorsqu'ils auront ordonné des arrestations injustes, lorsqu'ils auront prolongé la détention d'un citoyen au delà du terme fixé par la loi, lorsqu'ils auront causé un préjudice quelconque par leur impéritie ou leur « morosité » dans l'expédition des affaires. Le fond commun des indemnités comprend le tiers des amendes et une partie peu importante du produit du travail des prisonniers.

Ces législations accordent d'une façon plus ou moins large un *droit* à une indemnité. Il en est d'autres qui se contentent de donner, soit aux tribunaux, soit à l'autorité administrative, la *faculté* d'accorder des dommages-intérêts. C'est d'abord la loi *suédoise* du 12 mars 1886 : Art. 1er : « Lorsqu'un individu aura été arrêté comme inculpé d'un délit, et que la poursuite intentée contre lui aura été ensuite abandonnée, ou que le prévenu aura été acquitté, il pourra lui être alloué ou, à son défaut, à sa femme ou à ses enfants abandonnés, aux frais de l'Etat, une indemnité, pour la suppression ou la restriction de ses moyens d'existence provenant de la privation de la liberté qu'il a subie, s'il résulte de l'instruction que le délit pour lequel il était poursuivi n'a pas été commis, ou qu'il a eu pour auteur un autre que le prévenu, ou que de toutes façons il n'a pas pu être commis par lui, et que, dans les deux derniers cas, il n'y a pas lieu de le considérer comme complice. Cette indemnité ne pourra être allouée à celui qui aura cherché, par la fuite ou autrement, à se soustraire à l'instruction ou à empêcher la découverte de la vérité par la suppression de preuves ou d'objets, ni à celui qui, à dessein, par un aveu mensonger, fait en justice ou ailleurs, ou en se dénonçant faussement lui-même, ou de toute autre manière, aura été cause que l'instruction ait été intentée ou poursuivie contre lui ». La requête à fin d'indemnité devait être adressée au roi, comme après la révision d'une condamnation injuste.

La loi suédoise applique, d'une façon parfaitement logique, la théorie de l'obligation purement morale de l'Etat. Cette théorie, nous l'avons dit, permet très bien d'indemniser les personnes injustement poursuivies ; mais l'indemnité ne sera plus exactement proportionnée au préjudice, matériel ou moral : elle apparaît comme l'exécution d'un simple devoir de charité. La loi suédoise est donc restée en complète harmonie avec le principe, en limitant l'indemnité au préjudice matériel consistant dans « la suppression ou la restriction des moyens d'existence par la privation de la liberté ».

Le Code de procédure pénale du canton de *Vaud*, de 1850, accorde une réparation aux personnes injustement poursuivies soumises à une détention préventive, puis relaxées : « Le prévenu libéré qui estime avoir droit à une indemnité s'adresse par requête au tribunal d'accusation dans la quinzaine de l'avis de l'ordonnance de non-lieu. L'indemnité ne peut être accordée qu'à l'unanimité ; le montant est déterminé à la majorité. Le Procureur général donne préalablement son avis. » Aucune disposition n'accorde d'indemnité aux prévenus acquittés : c'est l'inverse de ce qui a lieu dans le Code mexicain ; dans les deux cas il y a un grave défaut de logique, qui s'explique, pour le canton de Vaud, par l'époque très ancienne à laquelle remonte cette loi (1).

La législation du canton de *Fribourg* permet à l'acquitté de réclamer à l'Etat des dommages-intérêts en cas d'ordonnance de non-lieu après une détention préventive, elle donne un délai de quinze jours pour former la demande par voie de requête adressée à la Chambre d'accusation.

Le canton de *Neufchâtel*, qui admet un droit à l'indemnité en cas de révision, ne reconnaît qu'une simple faculté après ordonnance de non-lieu ou acquittement, et seulement s'il y a eu détention préventive.

Le Code de procédure pénale du canton de *Genève* du 1ᵉʳ janvier 1885 n'accorde aucune indemnité après une détention préventive injustifiée : cela est remarquable, car la constitution genevoise de 1794, art. 13, accordait en pareil

---

1. Les statistiques dressés pour le canton de Vaud, de 1881 à 1886, montrent que l'indemnisation des individus relaxés après une détention préventive ne sera jamais une charge bien ruineuse pour le budget. Pour une population de plus de 400.000 habitants, le total des indemnités n'a jamais atteint mille fr. pour une année.

cas une certaine réparation. Dans chaque affaire, le jury émettait deux verdicts : le premier sur la question suivante : le prévenu est-il auteur ou complice du fait incriminé ? le second sur la culpabilité et l'application de la peine. Si, dans le premier verdict, la majorité des voix se prononçait en faveur de l'accusé, il pouvait réclamer sept florins par jour de détention ; s'il y avait unanimité, il avait droit à quinze florins par jour et à une réparation publique par impression et affiche du jugement d'absolution (1).

Le projet de Code de procédure pénale *hongrois*, qui paraît bien avoir reconnu la responsabilité de l'État vis-à-vis des condamnés reconnus innocents, semble également accorder un droit à une indemnité en cas de détention préventive. Art. 576. Celui que le tribunal a renvoyé acquitté des fins de la plainte ou à l'égard duquel la poursuite a été définitivement abandonnée peut réclamer une indemnité, s'il a subi, sur l'ordre de justice, une arrestation préalable ou une détention préventive, pourvu qu'il satisfasse à l'une des conditions suivantes : 1° qu'il n'ait pas commis l'acte reproché ; 2° que cet acte n'ait aucunement été commis ; 3° que cet acte, bien qu'accompli, ne soit pas répréhensible au sens de la loi pénale. Art. 577. En cas d'arrestation préalable ou de détention provisoire injustifiée, ne peut réclamer aucune indemnité : 1° celui qui a tenté de fuir ou qui a pris la fuite ; 2° celui qui s'est faussement dénoncé lui-même ou qui a faussement avoué ; 3° Celui qui s'est efforcé d'influencer les témoins, les co-accusés ou les experts en

1. Cf. Jardin, thèse de Doctorat, 1897, p. 266.

vue d'obtenir d'eux, soit une fausse déposition, soit une expertise favorable, soit une abstention complète de témoignage ou d'expertise, afin d'effacer les traces du fait. L'article 588 parle des *droits* aux dommages intérêts.

Un assez grand nombre de législations, qui accordent une indemnité après révision, la refusent après une détention préventive. En dehors de la France et du canton de Genève, citons la Belgique, l'Autriche, le Portugal et l'Allemagne. Dans ce dernier pays, divers projets ont été soumis en ce sens au Reichstag, depuis 1882. La commission chargée de les étudier a élaboré un texte dont voici le paragraphe premier : « Une indemnité pourra être accordée au prévenu, mis hors de poursuite ou acquitté, pour le dommage qu'il a subi par la prison préventive dans ses affaires de fortune, son industrie, sa propriété, si la mise hors de poursuites ou l'acquittement du prévenu a été prononcé parce que l'action dont on l'accuse n'a pas été commise, ou ne l'a pas été par lui, ou parce que les preuves apportées contre lui comme auteur de cette action ont été écartées ».

On voit que tous les systèmes possibles sont représentés dans les législations étrangères. Ecartons immédiatement celles qui n'exigent pas, pour accorder une indemnité, que l'innocence soit pleinement reconnue. La responsabilité de l'Etat n'existe que lorsque l'erreur est certaine : un acquittement ou un non-lieu n'entraînent pas par eux-mêmes cette certitude. C'est pourquoi nous repoussons le contre-projet rédigé en 1883 par M. Coulet à l'occasion de la proposition de M. Pieyre à la Chambre des députés, d'après lequel, au moyen d'une question analogue à celle des circonstances atténuantes, le jury, en prononçant l'acquittement, avait

toujours la faculté d'accorder des dommages-intérêts (1).
Si l'acquittement est déterminé par des mobiles autres que
la certitude de l'innocence, il ne peut être question de
dommages-intérêts : il serait inadmissible que le jury eût
le droit d'indemniser un acquitté qu'il saurait coupable.

Il faut donc que l'innocence de la personne renvoyée des
poursuites soit constatée : mais comment se fera cette
constatation? On pourrait théoriquement songer à permettre
à tout individu acquitté ou bénéficiant d'une ordonnance de
non-lieu de demander des dommages-intérêts, à ses risques
et périls : s'il ne parvenait pas à prouver son innocence,
il serait condamné aux dépens. Mais ce système exposerait
l'Etat à un nombre considérable de procès, et, pour justifier, au point de vue pratique, l'indemnisation des personnes
injustement poursuivies, nous avons dû l'écarter complètement. La plupart des législations étrangères autorisent
cependant la demande en dommages-intérêts lorsque la
personne renvoyée des poursuites peut établir d'une façon
quelconque son innocence ; c'est ce qui résulte, par exemple, de la loi danoise, qui reconnaît le droit à l'indemnité
« lorsqu'il résulte nécessairement des explications fournies
que le demandeur était innocent du délit pour lequel il a
été détenu ». A l'inverse, la loi suédoise n'accorde d'indemnité que *s'il résulte de l'instruction* que le prévenu était
innocent. Pour éviter toutes les objections, il faudrait en

1. Addition à l'article 341 du Code d'instruction criminelle : « Le président avertit en outre le jury à peine de nullité que, s'il pense, à la majorité, qu'il existe en faveur d'un ou de plusieurs accusés, sur l'accusation
desquels le jury aura à répondre négativement, un droit à des dommages-
intérêts, il doit en faire la déclaration en ces termes : à la majorité, l'accusé a droit à des réparations ».

effet que l'innocence fût constatée par la juridiction même qui aurait prononcé l'acquittement ou rendu la décision de non-lieu. Il suffirait, pour réaliser cette réforme dans notre droit, d'introduire en matière criminelle une innovation consistant à poser au jury une question spéciale, lorsqu'il aurait déclaré l'accusé non coupable : si l'innocence lui paraissait prouvée, il devrait le déclarer expressément ; dans le cas contraire, il garderait le silence.

Ainsi limitée, l'indemnisation des personnes injustement poursuivies n'entraînerait évidemment aucun abus. Mais peut-on se borner à accorder des dommages-intérêts lorsque la décision mettant fin aux poursuites aura constaté l'innocence, ou au contraire l'équité n'exige-t-elle pas que, si un individu, qui n'a pu prouver son entière innocence au moment de son acquittement, se trouve plus tard, à la suite d'un fait nouveau tel que la condamnation du vrai coupable, en mesure de l'établir, il obtienne une réparation pécuniaire proportionnée au préjudice causé ? Peut-être pourrait-on lui refuser tout recours avec la théorie du devoir moral, qui permet à l'Etat de limiter l'indemnité comme il l'entend : c'est ainsi que la loi suédoise refuse toute indemnité si la preuve de l'innocence ne résulte pas de l'instruction. Mais avec la théorie de la responsabilité de l'Etat, la logique oblige, aussi bien que l'équité, à indemniser ceux dont un fait postérieur à l'acquittement vient démontrer l'innocence. Seulement la difficulté est celle-ci : si l'on adopte une formule générale au lieu d'énumérer les faits nouveaux qui pourront donner lieu à une demande en indemnité, on retombe dans le danger que nous voulons éviter, et l'on expose l'Etat à une série ininterrompue de procès en dommages-intérêts. En réalité, il n'y a guère qu'un fait qui soit de nature à établir d'une façon absolue l'innocence de l'acquitté postérieurement à l'acquittement : c'est la condamnation du vrai coupable. Tous les autres faits invoqués laisseraient place au doute : s'il s'agit d'un alibi, par exemple, on ne voit pas bien pourquoi il n'a pu être établi lors de l'acquittement, et les témoignages qui tendraient à l'établir après coup seront suspects. Il faut que le fait nouveau n'ait pas pu être connu lors du jugement ; sinon, en reconnaissant l'innocence et en accordant des dommages-intérêts le tribunal civil se mettrait en contradiction avec la première juridiction, qui a estimé qu'elle n'était pas établie.

On peut concevoir que la culpabilité d'un autre que l'acquitté puisse être prouvée sans qu'il y ait eu condamnation ; mais ici intervient une autre considération : si la personne présumée coupable est morte ou protégée par une prescription, un simple intérêt pécuniaire suffit-il pour qu'on remette son honneur en question ? Cela est au moins douteux.

Nous croyons donc qu'il n'y aurait pas grand inconvénient à n'autoriser la demande en dommages intérêts, en l'absence d'une constatation d'innocence faite au moment de l'acquittement ou du non-lieu, qu'en cas de condamnation postérieure du véritable auteur du délit. Nous arrivons donc finalement à proposer une rédaction dans le genre de celle-ci : « Toute personne qui, après avoir été inculpée d'un crime ou d'un délit, aura été acquittée, ou aura été l'objet d'une ordonnance ou d'un arrêt de non-lieu, aura droit à une indemnité proportionnée au préjudice éprouvé, dans les cas suivants : 1° s'il résulte de la décision mettant fin aux poursuites que son innocence a été reconnue : 2° s'il est établi avec certitude, par une condamnation prononcée contre un tiers, qu'un autre a été l'auteur du fait imputé. Le droit à l'indemnité cesse lorsque l'intéressé a lui-même donné lieu aux poursuites par sa conduite : toutefois, lorsque le juge reconnaît que la conduite suspecte du prévenu peut avoir été déterminée par la peur, le trouble ou une erreur excusable, il peut lui allouer une indemnité réduite en proportion (Texte de l'art. 2 de la loi danoise) ».

Cette rédaction se rapproche un peu de celle de la commission du Sénat ; mais elle en diffère sur plusieurs points. Tout d'abord, nous n'exigeons pas qu'il y ait eu détention préventive : une simple poursuite peut en effet occasionner un sérieux préjudice, le principe de la responsabilité de l'Etat exige qu'il soit réparé. — L'indemnité devient obligatoire, et non plus facultative, réserve faite du cas de faute. — Le texte de la commission du Sénat accordait une indemnité « s'il résultait de la décision mettant fin aux poursuites que le fait imputé ne constituait ni crime ni délit ». M. Guérin fit remarquer que la plupart du temps, le fait imputé, tout en ne constituant pas un délit tombant sous le coup de la loi, constituait un acte de grave indélicatesse (1). Allait-on donc accorder en pareil cas des dommages-intérêts, par le seul fait qu'aucune disposition pénale ne serait applicable ? M. Béranger répondait que l'acte d'indélicatesse constituerait une faute, et par conséquent mettrait obstacle à l'indemnisation. Mais le juge aurait donc

1. Cf. Berlet p. 125.

Sevestre

à statuer sur la moralité d'une personne que la loi ne déclarait pas punissable, il pourrait en quelque sorte refaire la loi pénale, puisqu'il refuserait des dommages-intérêts dans le cas où, suivant lui, le législateur aurait dû édicter une peine. — Nous croyons préférable de ne pas indemniser en principe les inculpés relaxés ou absous pour un motif de droit : sans doute il pourra se faire que l'inculpé n'ait commis aucun acte contraire à la morale, mais la décision mettant fin aux poursuites pourra toujours en pareil cas lui donner droit à une indemnité en constatant son innocence.

Le texte de la commission du Sénat permettait de faire la preuve de la culpabilité d'un autre que le demandeur en indemnité, « au moyen de faits ou documents révélés postérieurement à l'acquittement ou à la décision de non-lieu », c'est-à-dire en dehors de toute condamnation. Nous avons dit pour quels motifs nous l'écartions.

Nous croyons utile de remplacer le membre de phrase excluant l'indemnité en cas de faute, si légère soit-elle, par un deuxième alinéa, qui n'est d'ailleurs que la reproduction de la loi danoise. Il faut que le tribunal qui statue sur l'indemnité ait un pouvoir complet d'appréciation, qu'il puisse, si la faute n'est pas très grave, se borner à diminuer le montant des dommages-intérêts. Et à ce propos, remarquons qu'il vaut mieux adopter comme fondement du droit à l'indemnité la théorie du risque que celle de la faute sociale ; avec cette dernière, on pourrait tenir le raisonnement suivant : la faute de l'inculpé, si légère soit-elle, supprime ou excuse la faute sociale ; il n'en est pas de même avec la théorie qui considère l'erreur judiciaire et la réparation qu'elle entraîne comme un risque inhérent à l'exercice de la fonction judiciaire. Enfin nous n'exigeons pas, comme la commission du Sénat, que la personne injustement poursuivie ait souffert un préjudice *matériel*.

Réduite à ces proportions, la réforme nous paraît parfaitement réalisable ; et, comme disait M. Bérenger à la tribune du Sénat, on pourrait plutôt lui reprocher de ne pas être allé assez loin. Mais il faut se montrer très prudent, lorsqu'on cherche à introduire dans une législation une innovation importante. Peut-être la crainte de voir toutes les personnes renvoyées des poursuites actionner l'État en dommages-intérêts, si on les autorise à prouver leur innocence d'une façon quelconque, est-elle chimérique, et l'exemple de certaines législations étrangères, comme la loi danoise, semble bien l'indiquer ; il n'y en a pas moins là un danger possible, propre à faire reculer un législateur trop prudent. Plus tard, quand le principe de la responsabilité de l'État aura été définitivement admis, et que l'indemnisation des prévenus reconnus innocents ne paraîtra plus, comme aujourd'hui, une innovation dangereuse, il sera peut-être possible de faire une généralisation qui, à l'heure actuelle, risquerait de faire échouer entièrement la réforme.

Quelle doit être la juridiction compétente pour statuer sur les dommages-intérêts ? La plupart des législations étrangères décident que la demande devra être portée devant les tribunaux civils. Tel était le système du projet voté à la Chambre des députés et de la proposition de la commission sénatoriale. Il est certain que, dans les cas où la demande sera possible après l'acquittement ou la décision de non-lieu, si l'innocence n'a pas été constatée à ce moment, la juridiction civile sera seule compétente. D'autre part, bien que M. Pascaud ait proposé de donner aux juges d'instruction et aux chambres des mises en accusation la mission de statuer sur le montant des indemnités, il serait préférable de donner compétence en pareil cas au tribunal civil. Mais lorsqu'il s'agit d'un acquittement prononcé par le tribunal correctionnel ou la Cour d'assises, pourquoi ne pas permettre à cette juridiction d'examiner la demande en dommages-intérêts, lorsqu'elle a constaté elle-même l'innocence de l'acquitté ? On dit que l'acquittement une fois prononcé, la juridiction répressive se trouve dessaisie : mais en vertu de plusieurs articles du Code d'instruction criminelle, elle reste compétente pour connaître des demandes en dommages-intérêts formées par l'acquitté ou la partie civile ; il n'y a aucune raison pour distinguer ; d'ailleurs la juridiction répressive, dessaisie au criminel, demeure saisie de la demande civile formée au cours des débats, elle doit donc statuer sur cette demande.

Il y aurait de plus des avantages pratiques à déférer sur-le-champ à la juridiction répressive les demandes en indemnité formées par les acquittés reconnus par elle innocents. Connaissant mieux que toute juridiction civile les faits qu'elle viendrait de juger, elle éprouverait moins de difficultés à déterminer le montant des dommages-intérêts. Tout retard serait évité, de nouveaux frais seraient épargnés (1). Si la demande est portée devant le tribunal civil, il n'y aura pas d'ailleurs à craindre de contradiction, puisque le rôle

1. Cf. Berlet, p. 135.

du tribunal se bornera à enregistrer la déclaration d'innocence, ou à constater la condamnation du vrai coupable, et à fixer le montant des dommages-intérêts : il ne pourra les refuser qu'en cas de faute grave. On pourrait donc, en cas d'acquittement et de déclaration d'innocence, donner compétence, soit au tribunal répressif, soit au tribunal civil, au choix du demandeur ; en l'absence d'une déclaration d'innocence, ou en cas de non-lieu, la compétence appartiendrait toujours au tribunal civil.

Mais jamais le montant de l'indemnité ne devra être fixé par le jury : en matière criminelle, c'est la Cour d'assises qui devra statuer sur les dommages intérêts (1). Il n'y aura aucune contrariété de décisions possible : si la Cour n'accorde à l'acquitté qu'une réparation minime, il n'y aura là qu'une appréciation du dommage et non de l'innocence ; et et si même elle refuse complètement l'indemnité, c'est qu'elle aura jugé que l'acquitté, bien qu'innocent, avait donné lieu aux poursuites par une faute grave et inexcusable. Le jury a été institué pour statuer sur la culpabilité, et non pour traiter d'intérêts pécuniaires ; il n'est pas préparé, par une longue habitude, à un examen de cette nature. La Cour statuera au contraire sur les dommages-intérêts réclamés à l'Etat, comme elle statue déjà sur les dommages-intérêts réclamés à ou par la partie civile.

En résumé, nous croyons que l'extension du droit à réparation aux inculpés reconnus innocents n'est pas une réforme aussi difficile à opérer ni aussi dangereuse qu'on a bien voulu le dire au Sénat en 1894. Elle suppose une modifica-

1. Cf. Berlet, p. 100.

tion préalable, consistant à faire déclarer par chaque juridiction, lorsqu'elle renverra un prévenu des poursuites, si elle est convaincue de son innocence ; en matière d'acquittements correctionnels ou de décisions de non-lieu, il n'y aurait rien à changer à la loi actuelle, puisqu'il n'y aurait qu'à généraliser une pratique actuellement existante ; en matière criminelle, il faudrait permettre au jury, au moyen d'une question spéciale, d'affirmer, le cas échéant, l'innocence de l'acquitté : il y a loin de là au bouleversement du Code d'instruction criminelle dont on a parlé. Quant aux deux principaux arguments qu'on oppose à l'indemnisation des personnes injustement poursuivies, la création de deux catégories d'acquittés et le danger qu'il y aurait pour l'Etat à être perpétuellement actionné en dommages-intérêts, nous avons déjà répondu au premier qu'on exagérait l'infériorité de situation dans laquelle se trouveraient ceux qui n'auraient pas obtenu d'indemnité, et que d'ailleurs il était juste que les acquittés réellement innocents ne fussent pas assimilés à ceux à l'égard desquels un doute subsisterait. La seconde objection serait exacte si tout acquittement ou non-lieu pouvait donner lieu à une réclamation de dommages-intérêts ; mais nous pensons que cette réclamation devra toujours être subordonnée en principe à une déclaration d'innocence émanant de la juridiction qui a mis fin aux poursuites ; la demande basée sur un fait nouveau postérieur à l'acquittement ou à la décision de non-lieu ne devra jamais être qu'exceptionnelle, même si l'on adopte une formule générale ; de même que la révision n'est qu'un recours exceptionnel, bien que la loi de 1895 l'ait autorisée dans un cas général. Nous ne croyons pas que l'on doive permettre la demande d'indemnité à toute personne se prétendant en mesure de prouver son innocence, pas plus qu'on n'accorde le droit de demander la révision en dehors des cas prévus par la loi ; il y a en quelque sorte chose jugée par le fait que la juridiction qui a prononcé l'acquittement n'a pas considéré l'innocence comme certaine ; si l'acquitté ne peut pas invoquer un fait nouveau qui, s'il avait été connu de cette juridiction, aurait probablement entraîné sa conviction, il sera mal venu à réclamer, de la part du tribunal civil, une décision qui serait en contradiction avec celle de la juridiction répressive.

L'exemple de plusieurs législations étrangères suffit à prouver que cette réforme est pratiquement réalisable. Cependant il est à remarquer que jusqu'ici l'indemnisation des personnes injustement poursuivies n'a été consacrée que dans des Etats de second ordre : aucune grande puissance ne l'a encore adoptée. Mais maintenant que l'expérience est faite, et que dans des pays comme le Danemark ou le canton de Berne, où le droit aux dommages-intérêts est reconnu de la façon la plus large, il n'a donné lieu à aucun abus, il est probable que tous les Etats qui accordent une indemnité aux condamnés reconnus innocents ne tarderont pas à indemniser également les prévenus renvoyés des poursuites. En France notamment, où le droit aux dommages-intérêts est, sauf controverse, admis après révision, le principe de la responsabilité de l'Etat exige la reconnaissance d'un *droit* analogue après un acquittement ou un non-lieu. Et si cette réforme doit se faire encore longtemps attendre, nous émettons le vœu que, provisoirement, la loi pénale accorde au moins la faculté, soit à la Cour d'assises, soit au tribunal correctionnel, soit au juge d'instruction, d'allouer une indemnité aux prévenus dont l'innocence serait entièrement reconnue, et qui aurait subi un préjudice peut-être considérable.

CONCLUSION

En commençant notre étude sur la réparation des erreurs judiciaires, nous avons dit que ce qui faisait la difficulté de cette matière au point de vue législatif, c'était la nécessité de concilier deux principes absolument opposés, l'intérêt supérieur de l'équité, qui exige que toute condamnation erronée soit anéantie, et l'autorité de la chose jugée, sans laquelle il ne peut y avoir aucune stabilité dans les décisions de la justice. Pendant longtemps, le législateur ne se préoccupa guère de cette conciliation ; en droit romain, l'institution dans laquelle on recherche ordinairement les origines de la révision parait avoir été une voie de recours ordinaire, une sorte d'appel ; elle est d'ailleurs trop peu connue pour qu'on puisse en tirer argument ; mais dans l'ancien droit, il est certain que la révision était fort différente de ce qu'elle est aujourd'hui. Les lettres de proposition d'erreur, et après elles les lettres de révision, furent le remède général apporté aux nombreuses erreurs causées par une procédure criminelle défectueuse. Elles n'étaient soumises à aucune condition spéciale de recevabilité. Bien que leur obtention fut assujettie à des formalités nombreuses, qui mettaient suffisamment obstacle aux demandes injustifiées, on peut dire que la révision ainsi entendue portait atteinte à la chose jugée ; cette voie de recours était ouverte à tout individu qui invoquait une erreur de fait, comme l'est aujourd'hui la cassation à toute personne qui se prévaut d'une erreur de droit. Ce qui n'a aucun inconvénient lorsqu'il s'agit de rechercher simplement si la loi a été exactement appliquée, pouvait être dangereux lorsqu'on demandait de juger à nouveau un procès déjà définitivement jugé. Il était d'ailleurs assez naturel que l'ancien droit établit un parallèle entre la révision et la cassation, puisque pendant longtemps, ces deux institutions avaient été confondues en une seule. Autre particularité : la révision était du domaine de la justice retenue : le nom même de lettres de révision le prouve. C'étaient là autant de différences avec notre droit actuel.

Les rédacteurs du Code d'instruction criminelle surent dégager le véritable caractère de la révision ; grâce à la réforme de la procédure criminelle, qui devait diminuer dans des proportions considérables le nombre des erreurs judiciaires, ils purent limiter strictement les cas où elle pourrait être demandée ; dès lors elle devint une voie de recours exceptionnelle. Les jugements répressifs cessant d'être suspects à raison de la rigueur de la procédure, l'autorité de la chose jugée cessa d'être une fiction pour devenir dans la grande majorité des cas, une réalité : elle ne devait donc être écartée qu'en cas de certitude de l'erreur. Le législateur de 1808 avait cru que cette certitude ne pourrait se rencontrer que dans trois cas : l'expérience montra qu'il s'était trompé ; mais l'idée se maintint, que la révision ne devait pas être une voie de recours ouverte à tout individu se prétendant victime d'une erreur de fait, mais qu'on devait au contraire la refuser à toute personne qui ne serait pas en mesure d'établir son innocence dans les conditions fixées par la loi. On enleva à la révision le caractère de mesure gracieuse, que semblait lui attribuer le nomde *lettres* de révision. La Cour de cassation fut chargée de statuer sur l'admissibilité des demandes en révision ; le législateur pensa avec raison que, dans une matière aussi grave, lorsqu'il s'agissait d'écarter l'autorité de la chose jugée, la plus haute des juridictions pouvait seule être compétente.

D'après le Code de 1808, la Cour de cassation ne devait guère examiner que la question de droit ; il n'était pas nécessaire d'entrer dans le détail des faits pour savoir si deux condamnations étaient inconciliables, ou si un témoin avait été condamné pour faux témoignage ; dans le cas d'existence de la personne prétendue homicidée, où une enquête pouvait être nécessaire, la Cour de cassation devait confier cette enquête à une Cour d'appel. Plus tard, les législateurs de 1867 et de 1895 donnèrent à la Cour suprême des pouvoirs de juge de fait ; peut-être ont-ils été en cela moins sages que le législateur belge de 1894, qui conserva intact ce principe fondamental, que la Cour de cassation ne devait jamais connaître que des questions de droit ; en tous cas, s'il y a maintenant un défaut d'uniformité dans les attributions de cette Cour, dans la pratique le système de la loi française n'a pas donné jusqu'à présent de mauvais résultats.

La principale critique que nous ayons adressée à la loi du 8 juin 1895, en ce qui concerne les conditions de l'organisation de la révision, se réfère au texte du cas général, contenu dans le paragraphe 4 de l'article 443. Ce texte est, à notre avis, un peu trop étroit : son interprétation littérale conduirait à refuser la révision dans des hypothèses où l'innocence du condamné, tout en n'étant pas évidente *a priori*, pourrait très bien se manifester dans de nouveaux débats ; il a de plus l'inconvénient de ne pas assez tenir compte de la procédure actuellement en vigueur ; lorsque la Cour de cassation a admis l'existence d'un fait nouveau de nature à établir l'innocence du condamné, nous avons déjà dit, et nous répétons encore ici que la juridiction de renvoi est dans une certaine mesure influencée par la décision de la Cour suprême, et qu'elle est dans l'alternative, ou de faire un simple enregistrement, ou de se mettre en contradiction avec elle ; tel n'a certainement pas été le but du législateur, lorsqu'il a divisé la procédure de révision en deux phases distinctes. Nous proposons donc de substituer au paragraphe 4 actuel une formule analogue à celle de la loi belge : « Lorsque l'innocence d'un condamné paraît résulter d'un fait nouveau, etc. ».

D'autre part, on ne voit pas pourquoi la révision, qui est l'institution destinée à réparer les erreurs judiciaires, ne serait pas possible lorsqu'on acquerrait la preuve que le tribunal ou le jury, trompés par les apparences, ont déclaré un individu coupable d'un crime ou d'un délit plus graves que celui qu'il avait commis en réalité. Et qu'on ne se laisse pas prendre par l'objection tirée de l'indignité de la victime ; de ce qu'elle a commis une infraction, il ne s'ensuit pas qu'elle eût été capable de commettre le crime, peut-être beaucoup plus grave, pour lequel elle a été condamnée : un individu coupable de « coups et blessures ayant entraîné la mort », et condamné pour meurtre, doit pouvoir faire diminuer sa peine, s'il est à même de faire sa preuve. Nous proposons donc d'étendre la révision aux cas où « une loi pénale plus sévère que celle à laquelle il a été réellement contrevenu » aurait été appliquée.

Quant à la réparation pécuniaire des erreurs judiciaires, nous croyons qu'un jour arrivera où le principe de la responsabilité de l'État, tant vis-à-vis des prévenus reconnus innocents, qu'à l'égard des victimes de condamnations injustes, sera consacré dans notre législation. La thèse artificielle de l'irresponsabilité de l'État est incompatible avec l'idée de justice. Une condamnation ou une poursuite injustifiées constituent de graves atteintes au droit de liberté individuelle : le dommage qu'elles ont pu causer doit être réparé. Mais la reconnaissance du droit à l'indemnité a soulevé, nous l'avons vu, de nombreuses objections, théoriques et pratiques, qui ont réussi jusqu'à présent à faire écarter le principe. Même en ce qui concerne les condamnés après révision, les tribunaux n'avaient pas, avant la loi du 8 juin 1895, la faculté de leur accorder une réparation pécuniaire ; si, déjà sous l'ancien régime, à la suite de l'affaire Calas, une indemnité de 36.000 livres fut allouée à la veuve et aux enfants de la victime, ce fut une mesure purement gracieuse de la part du souverain ; et si, dans le cours de ce siècle, un certain nombre de victimes de condamnations injustes reçurent de l'administration une compensation, elle ne fut jamais proportionnée au préjudice éprouvé.

Aujourd'hui la loi de 1895 permet aux tribunaux d'accorder des dommages-intérêts aux condamnés après révision ; mais elle n'a rien fait en faveur des personnes acquittées ou bénéficiant d'une ordonnance de non-lieu. Nous croyons avoir montré qu'on pouvait très bien limiter de telle sorte le droit à réparation en faveur de ces personnes, qu'aucun abus ne fût véritablement à craindre. Il est fâcheux que le Sénat ait refusé de voter l'article 447 de la proposition de la commission : la réforme n'aurait pas encore, à notre avis, été complète : mais l'essentiel était de permettre aux tribunaux d'accorder une indemnité à ceux qui pourraient démontrer leur innocence après une détention préventive, sans qu'il y ait eu faute de leur part. Peut-être, avant d'en arriver à la reconnaissance entière du droit à l'indemnité, faudra-t-il s'arrêter à une première étape, et donner aux tribunaux une faculté, avant de leur imposer une obligation ; mais les victimes d'erreurs judiciaires ne trouveront dans la loi une protection suffisante que le jour où la théorie de la responsabilité de l'Etat aura triomphé. Nous proposons donc de modifier le texte de l'article 446 de façon à montrer qu'il s'agit bien là d'une obligation, et que les tribunaux ont seulement la faculté de refuser des dommages-intérêts, lorsque le demandeur était lui-même responsable de sa condamnation. Quant aux personnes injustement poursuivies, il faudrait adopter un texte analogue à celui que nous avons indiqué précédemment.

Ces diverses réformes nous paraissent nécessaires pour que le Code d'instruction criminelle contienne une théorie complète de la réparation, morale et pécuniaire, des erreurs judiciaires.

TABLE DES MATIÈRES

Laval. — Imprimerie parisienne, L. BARNÉOUD & Cie.